教育部　财政部中等职业学校教师素质提高计划成果
财政事务专业师资培训包开发项目(LBZD056)

财政事务专业教学法

Caizheng Shiwu Zhuanye Jiaoxuefa

教育部　财政部　组编
金双华　主编
金双华　刘雪清　执行主编

中国财政经济出版社

图书在版编目（CIP）数据

财政事务专业教学法/金双华，刘雪清执行主编．—北京：中国财政经济出版社，2011.10
教育部、财政部中等职业学校教师素质提高计划成果　财政事务专业师资培训包开发项目（LBZD056）
ISBN 978－7－5095－3158－7

Ⅰ.①财…　Ⅱ.①金…　②刘…　Ⅲ.①财政学－教学法－中等专业学校－师资培训－教材
Ⅳ.①F810

中国版本图书馆CIP数据核字（2011）第197285号

责任编辑：张　军　　　　责任校对：李　丽
封面设计：陈　瑶　　　　版式设计：董生平

内容提要

本书是教育部和财政部“中等职业学校教师素质提高计划”中“财政事务专业师资培训包开发项目（LBZD056）”的成果之一，介绍了针对财政事务的不同教学内容，具体如何有效地应用各种教学方法。全书分两部分，第一部分是财政事务专业教学特点分析，有四块内容；第二部分是财政事务专业教学法的应用，共六个单元，介绍了案例教学法、项目教学法、引导文教学法、思维导图教学法、模拟教学法、头脑风暴法、角色扮演法、四阶段教学法等八种教学方法。

本书可作为中等职业学校财政事务专业教师上岗层级、提高层级和骨干层级的培训指导用书。

中国财政经济出版社出版

URL：http：//www.cfeph.cn
E－mail：cfeph@cfeph.cn

社址：北京市海淀区阜成路甲28号　邮政编码：100142
营销中心电话：88190406　北京财经书店电话：64033436　84041336
涿州市新华印刷有限公司印刷　各地新华书店经销
787×1092毫米　16开　15.75印张　374 000字
2011年12月第1版　2011年12月北京第1次印刷
定价：37.00元
ISBN 978－7－5095－3158－7/F·2673
（图书出现印装问题，本社负责调换）
本社质量投诉电话：010－88190744

教育部　财政部中等职业学校教师素质提高计划成果
系列丛书

教育部　财政部中等职业学校教师素质提高计划成果
系列丛书

财政事务专业师资培训包开发项目
(LBZD056)

项目牵头单位　东北财经大学
项 目 负 责 人　金双华

出版说明

根据2005年全国职业教育工作会议精神和《国务院关于大力发展职业教育的决定》（国发［2005］35号），教育部、财政部2006年12月印发了《关于实施中等职业学校教师素质提高计划的意见》（教职成［2006］13号），决定“十一五”期间中央财政投入5亿元用于实施中等职业学校师资队伍建设相关项目。其中，安排4 000万元，支持39个培训工作基础好、相关学科优势明显的全国重点建设职教师资培养培训基地牵头，联合有关高等学校、职业学校、行业企业，共同开发中等职业学校重点专业师资培训方案、课程和教材（以下简称“培训包项目”）。

经过四年多的努力，培训包项目取得了丰富成果。一是开发了中等职业学校70个专业的教师培训包，内容包括专业教师的教学能力标准、培训方案、专业核心课程教材、专业教学法教材和培训质量评价指标体系5方面成果。二是开发了中等职业学校校长资格培训、提高培训和高级研修3个校长培训包，内容包括校长岗位职责和能力标准、培训方案、培训教材、培训质量评价指标体系4方面成果。三是取得了7项职教师资公共基础研究成果，内容包括中等职业学校德育课教师、职业指导和心理健康教育教师培训方案、培训教材，教师培训项目体系、教师资格制度、教师培训教育类公共课程、职业教育教学法和现代教育技术、教师培训网站建设等课程教材、政策研究、制度设计和信息平台等。上述成果，共整理汇编出300多本正式出版物。

培训包项目的实施具有如下特点：一是系统设计框架。项目成果涵盖了从标准、方案到教材、评价的一整套内容，成果之间紧密衔接。同时，针对职教师资队伍建设的基础性问题，设计了专门的公共基础研究课题。二是坚持调研先行。项目承担单位进行了3 000多次调研，深度访谈2 000多次，发放问卷200多万份，调研范围覆盖了70多个行业和全国所有省（区、市），收集了大量翔实的一手数据和材料，为提高成果的科学性奠定了坚实基础。三是多方广泛参与。在39个项目牵头单位组织下，另有110多所国内外高等学校和科研机构、260多个行业企业、36个政府管理部门、277所职业院校参加了开发工作，参与研发人员2 100多人，形成了政府、学校、行业、企业和科研机构共同参与的研发模式。四是突出职教特色。项目成果打破学科体系，根据职业学校教学特点，结合产业发展实际，将行动导向、工作过程系统化、任务驱动等理念应用到项目开发中，体现了职教师资培训内容和方式方法的特殊性。五是研究实践并进。几年来，项目承担单位在职业学校进行了1 000多次成果试验。阶段性成果形成后，在中等职业学校专业骨干教师国家级培训、省级培训、企业实践等活动中先行试用，不断总结经验、修改完善，提高了项目成果的针对性、应用性。六是严格过程管理。两部成立了专家指导委员会和项目管理办公室，在项目实施过程中先后组织研讨、培训和推进会近30次，来自职业教育办学、研究和管理一线的数十位领导、专家和实践工作者对成果进行了严格把关，确保了项目开发的正确方向。

作为“十一五”期间教育部、财政部实施的中等职业学校教师素质提高计划的重要内容，培训包项目的实施及所取得的成果，对于进一步完善职业教育师资培养培训体系，推动职教师资培训工作的科学化、规范化具有基础性和开创性意义。这一系列成果，既是职教师资培养培训机构开展教师培训活动的专门教材，也是职业学校教师在职自学的重要读物，同时也将为各级职业教育管理部门加强和改进职教教师管理和培训工作提供有益借鉴。希望各级教育行政部门、职教师资培训机构和职业学校要充分利用好这些成果。

为了高质量完成项目开发任务，全体项目承担单位和项目开发人员付出了巨大努力，中等职业学校教师素质提高计划专家指导委员会、项目管理办公室及相关方面的专家和同志投入了大量心血，承担出版任务的11家出版社开展了富有成效的工作。在此，我们一并表示衷心的感谢！

编写委员会
2011年10月

前　言

本教材是教育部、财政部于2007年年底在全国范围内启动的“中职学校重点专业师资培训包开发项目”中的财政事务专业教学法教材。

财政事务涉及社会经济生活的方方面面，在市场经济条件下，由于各微观主体具有各自独立的经济利益，政府更多的是以政治权力，通过对微观主体的强制税收取得收入来补偿政府活动的成本，税收无处不有，富兰克林写到“在这世界上，除了死亡和税收以外，没有可以肯定的事”，与此同时，政府还有来自于各微观主体的非税收入和其他财政收入形式。在财政支出和财政政策上，政府通过以有别于市场的方式来满足市场不能提供或不适于由市场提供的各类需要。这样，财政工作的广度更大、财政事务需要学习的范围更为宽泛。从政府角度来说，需要确定适合本国实际的财政收入结构，建立规范的财政收入法律制度、政策体系，构建高效的征管体制。对于微观经济主体来说，要实现利益最大化，就需要在法律允许的范围内，科学进行税收筹划，减少纳税成本。这样对财政事务人才的需求就出现多样化的趋势，而中职财政事务专业的定位就是为了适应社会这一需求。这就涉及如何培养中职学生，以什么教学方法培养中职学生的问题。

长期以来，学校教学基本上属于“课堂式”教学，教师以传授知识为主要任务，学生以接受知识为目的，这种传统教学模式很难调动中职学生学习的积极性，影响了中职学生素质的提高。面对我国社会经济的快速发展，对职业教育提出了越来越高的要求。在财政事务教学领域，传统的以教师为主导的释义、分析式的灌输教育方式，尽管仍然起着重要的作用，但是单凭此一种教学方法远远不能达到最终的教育目的，因此多种多样的教学方法对于达到教学目的是必不可少的手段，如案例教学法、项目教学法、引导文教学法、思维导图法、模拟教学法等都是财政事务教学应当采用的方法。比如案例教学就是一种适用于财政事务教学改革的方法，案例教学的案例一般是指现实经济生活中发生的真实而典型的事例，它可以反映一个事态、一个问题、一个案件的发生、发展和演变的过程，根据相关知识对案例进行加工和创作就形成教学案例。财政事务作为一门理论性与应用性都比较强的专业，单靠传统的教学方法已经很难达到教学目的，必须注重教学法在财政事务教学中的应用，其具体实施要经过案例的制作、引入、讨论和总结等阶段，同时也不能忽视或否定传统的教学方法。

专业教学法教材是解决如何将知识与技能的内涵，形象、生动的展示、表现在学生的面前。这种专业教学法教材一定要有别于普通意义上的教学法教材。不仅仅是教学方法的泛泛介绍，而是针对财政事务的不同教学内容，具体如何有效地应用各种教学方法。专业教学法教材的编写要从中职学生的实际出发，了解他们的需求、体会他们的感受，甚至以他们喜欢为标准。老师必须保证教学内容、形式的生动性和趣味性，这意味着学习者的学习是主动的，不是被动的刺激接受者，他要对外部信息作主动的选择和加工。体现在教学方法上就是追求学生中心的教学过程，强调学习要指向学生的需求、兴趣，要激发学生的动机，让学生主动投入到学习过程中去，形成与情境相连的社会性学习。同时，根据能力标准中的专业教师教学能力标准，考虑到目前从事本专业的教师的教育知识背景，为了弥补受训教师专业方面知识与教学方法的缺陷，将教学法与专业知识进行有机的结合，编写了这部专业教学法教材。本教材按要求共分两部分，第一部分是财政事务专业教学特点分析，有四块内容：财政事务专业现状和发展前景；财政事务专业的学生特点分析；财政事务专业教学法内容和教材分析；财政事务专业教学媒体和环境创设。第二部分是财政事务专业教学法的应用，共六个单元，介绍了案例教学法、项目教学法、引导文教学法、思维导图教学法、模拟教学法、头脑风暴法、角色扮演法、四阶段教学法等八个财政事务专业教学方法。

参加本教材编写的成员有：

金双华：东北财经大学财税学院　教授　编写案例教学法应用一、项目教学法应用一，并总纂；

刘雪清：东北财经大学职业技术学院　教授　编写第一部分、引导文教学法应用一、思维导图教学法应用一，并总纂；

尹聪春：东北财经大学职业技术学院　讲师　编写模拟教学法应用一；

李智敏：东北财经大学职业技术学院　讲师　编写模拟教学法应用二；

黄　莉：广州市财经职业技术学校　高级讲师　全国名师　编写第一部分；

刘星辛：广州市财经职业技术学校　讲师　编写第一部分；

张丽艳：辽宁省本溪市教师进修学院　高级讲师　编写案例教学法应用三、头脑风暴法应用；

翟新芳：河南省平顶山财贸学校　高级讲师　编写第一部分；

菅振行：江苏省丰县职业技术教育中心　高级讲师　编写第一部分；

陆振萍：广西南宁银行学校　高级讲师　编写引导文教学法应用二、思维导图教学法应用三；

韩晓红：甘肃银行学校，甘肃教育培训中心　讲师　编写项目教学法应用二；

苑　梅：辽东学院　讲师　编写引导文教学法应用三；

陈广宇：大连市商业学校　讲师　编写案例学法应用二、应用四、五；四阶段教学法应用；

陈　琳：大连市金融职业中专　讲师　编写项目教学法应用三、角色扮演法应用；

梁　爽：大连市金融职业中专　讲师　编写案例教学法应用四、思维导图教法应用二；

王曙光：哈尔滨商业大学　教授　审稿；

吴　斌：东南财经大学　副教授　审稿；

张春生：辽宁师范大学　教授　审稿；

曲春生：大连市教育学院职教中心　教研员　审稿；

张绍红：大连新华税务师事务所　所长　审稿。

本专业教学法教材作为一种新的尝试，得到了职业教育专家石伟平、邓泽民、杨铭铎、冯晓、沈汉达、张扬莉、卜军、王奕俊、师惠丽耐心细致的指导，在此表示深深的谢意！本项目和本教材的写作也得到了教育部领导的关心、东北财经大学职业技术学院领导的大力支持，在此表示衷心的感谢！但直至定稿之日，我们仍感颇有不足之处，一定会存在编者尚未发觉的缺点和错误，恳请专家和广大同仁批评指正。

金双华　刘雪清

2010 年 8 月 25 日

目录

第一部分 财政事务专业教学特点分析

第二部分 财政事务专业教学方法应用

第一部分　财政事务专业教学特点分析

1 财政事务专业现状和发展前景

1.1 财政事务专业应用领域现状

中等职业技术学校的财政事务专业是培养具备财政、税收基本理论知识和业务操作技能，能在乡镇（社区）财政、税务及其他经济管理部门从事财政预算编制与管理、税收征管、社会保障基金征管、企（事）业财务管理与会计核算等相关工作的财经管理第一线的工作人员。

本专业主要培养要求：要求学生系统、全面、扎实地掌握财政税收理论与实务，掌握能从事乡镇（社区）财政管理、税收征管、税务代理、财政税务咨询等方面工作的专业知识。过去财政事务人才的培养，大多通过高等院校设置的财政学专业来实现。高校财政专业的培养目标，一直定位于为政府财政税收部门培养高层次的行政管理人才和从事财政理论和政策研究的专业人才。这种培养目标的设定是与我国原有的经济体制和财政体制相适应的，因为高度集权的计划经济和“统收统支”的财政体制，使得财政成为整个国民经济的财政，国有企业的利润上缴是国家财政收入的主要形式，导致大部分企业是政府的附属物而没有自身独立的经济利益，企业和居民并不构成独立的纳税主体，在微观领域对财税事务方面的专业人才需求十分有限。因此，而各中职院校开设本专业的不多，也缺少统一的、科学的、系统的人才培养和培训的方案。

在市场经济条件下，由于各微观主体具有各自独立的经济利益，政府更多是以政治权力，通过对微观主体的强制税收取得收入，同时还有大量的非税收入及其他财政收入来补偿政府活动的成本，实现对社会经济生活的调节。这样，财政学科的范围更为宽泛。从政府角度来说，需要确定适合本国实际的税制结构，建立规范的税收法律制度，制定科学的税收政策体系，构建高效的税收征管体制。对于微观经济主体来说，要实现利益最大化，就需要在税法允许的范围内，科学进行税收筹划，减少纳税成本。这样对财政事务人才的需求就出现多样化的趋势。一方面，政府需要大量的从事财政、税收理论政策和管理的高层次人才；另一方面，企业需要更多的熟悉财政税收法律，熟练进行纳税申报和税收筹划的应用人才。同时，在发达国家，由于个人所得税是主体税种，纳税的普遍化导致社会又活跃着大量的为个人进行税务咨询、税务申报和税务代理的中介服务的财税事务专业的职业型人才。最新资料表明，在日本和美国，60% 的工商企业财税事务和 100% 个人税收事务是通过专门的职业财税人员完成的。为了适应社会对这一人才的需求，大量的职业学校和社区学校开设了财税事务专业，并构建了一整套财税事务人才培训培养教育方案，形成了高等院校和职业学校对财税人才不同层次的培养格局。

我国目前正处于经济转轨时期，随着经济体制和财税体制改革的深化，适应基层（乡镇、社区）财政事务的专业人员和职业的税务代理人才出现短缺。形成这种局面的原因，一方面是由于目前从事财政事务的在职人员年龄结构老化，知识结构陈旧；另一方面高等院校培养的学生主要偏重于基础理论、政策制定和执行方面知识结构。而能够达到理论知晓、业务精通、操作娴熟的财税事务实际的职业人才供给不足。随着我国社会主义市场经济体制的完善、产业结构的调整、科学技术日新月异，社会对财经人才在结构、学历层次等方面的要求发生了很大的变化。但随着经济建设对人才知识、能力、素质结构的需求变化，中等职业学校财政事务专业毕业生的就业去向也发生了重大变化，从单一的专业对口向多种行业发展。中等职业学校财政事务专业教学现状不能完全适应培养高素质劳动者的需要，也满足不了人民群众日益增长的对多样化职业教育的需要。

1.1.1 用人单位对财政事务毕业生需求的现状分析

自 2007 年起，历时两年多的时间，我们先后对福建、河南、湖北、山东、辽宁、内蒙古、宁夏、甘肃、新疆九省及大连市、包头市两市进行了 1850 份问卷调查。同时也对云南、辽宁、江苏、青海、浙江、陕西等省财政事务专业毕业生近年来就业情况进行了实地调研。据我们的调查，目前在全国范围内各中职学校开设此专业的不多；财政事务专业毕业生近年的就业方向发生了很大的变化。其主要原因有：

（1）行政事业单位机构调整改革中，规定了省、地（市）、县级行政事业单位用人必须经过人事管理部门统一考核，并规定学历必须是本科（或大专）以上，而财政部门作为行政事业单位自然无法接收中职财政事务专业的毕业生。财政系统属政府管理系统，其工作人员实行公务员制，在学历上要求较高，公务员招聘中的学历要求与考试竞聘成为中职毕业生在财政系统就业难以逾越的门槛。

（2）由于教育体制的改变，原来各省、市财政部门所属的财经类中等职业学校，已重新归属于教育行政部门管理，因此，本专业的招生也就随之停止。

（3）部分地区的乡镇级财政虽对从事财政工作的人员在学历要求上可降低到中职毕业生，并可通过事业编制解决中职毕业生就业时的各方面问题，但由于已实行和将要实行的乡镇财政县（市）管的财政管理体制，又极大压缩了中职毕业生在乡镇级财政系统就业的空间。

（4）由于我国招生分配制度的改革，用人单位与毕业生实行双向选择，使毕业生的就业方向趋于多元化。财政事务专业毕业生就业面向县（区）以上财政部门的人数有明显的下降趋势，到县以下基层单位的人数明显增加。财政事务专业毕业生就业面转向其他行业的人数明显上升，且到民营单位工作的人数增加幅度较大。

（5）乡镇（社区）财政部门对中职财政事务专业毕业生的数量需求仍有一定的空间。从乡（镇）一级财政所的人员构成和需求来看，当前还需要一部分中职毕业生，基层财政所30%多的财政干部没有受过专门的财政事务专业教育，只是靠实践工作经验来从事财政工作，说明在这一领域中等职业学校毕业生还有补充的空间。此外，今后5~10年内，财政系统人员的年龄结构将发生变化：退休人员约占职工总数的10%左右，靠退休纳新不能满足中等财政事务专业毕业生就业的需求。从财政系统人员的文化结构来看，虽然财政系统人员的学历层次较高，但他们大都专业知识单一，迫切需要在原有基础上提高职业素质。特别是基层财政所，极少有人能运用现代化管理手段进行财政经济管理工作，这就需要有懂财政、会管理，并掌握现代化管理手段的复合型人才去充实。从改革的发展趋势来看，随着政府机构改革的发展，属于事业型中介机构的服务部门将逐步与政府分离，这些机构需要有真才实学的人才去补充。会计委派制和政府核算中心的试行，也为中等财税人才提供了一定的岗位就业空间。

1.1.2 中等职业学校财政事务专业教学现状分析

我国中等职业学校财政事务专业经过几十年的不断发展，已经具备了较强的培养能力，但从近几年的招生情况来看，大多处于“吃不饱”状态，教学能力未得到充分发挥。在财政事务专业教学中也存在着许多问题，主要表现在以下方面：

（1）专业培养目标定位过高。长期以来，我们把中职财政事务专业的培养目标定位在培养“中高级专门人才”、“财经管理人才”上，过多地强调理论知识的系统性、全面性，而忽视专业课的应用与实践，忽视了对学生素质和能力的培养。

（2）专业课程老化与社会对人才的需求不相适应。我国财政事务专业课程结构老化，虽然经过多次调整，但都未得到实质性的改变，主要表现在：①课程结构中文化基础课、专业课和实践课的比重不适应社会对人才素质的需求。②课程设置内容安排不尽合理，重复现象较为严重。③专业知识过多强调专门化，毕业生综合素质较差，适应面窄，不利于进一步发展。④主干专业课程内容陈旧，偏重于政策解释，原则、作用讲述多，而针对规律性的实践操作技能的讲授及训练较少，影响了学生综合素质和职业能力的提高。⑤实际工作中需要的知识缺乏，掌握得也不够扎实，因而形成了所学的某些知识用不上，而常用的知识又未学的现象。⑥计算机等技能课程和综合性的课程开设较少，影响了学生对现代化管理手段的掌握，也不利于学生向其他方向的发展。

（3）教学模式、教学方法和教学手段落后。我国中职财政事务专业教育的教学模式、教学方法和教学手段等都比较传统，也比较落后，特别是教学方法和手段，基本上还停留在一块黑板、一支粉笔、一本教材上，还是教师讲、学生听，重理论、轻实践，学生缺少自觉学习的动力和压力，这种现象已不能适应现代教学的要求。同时由于中等职业学校的教师绝大多数来自非师范院校，年龄结构偏低，虽然具备一定的专业知识，但教育学的知识相对贫乏，在一定程度上影响了教学方式、方法的改进。

(4) 专业课教师知识跟不上经济改革发展的要求，又缺乏实践技能。由于种种原因，许多教师在教学过程中仅仅熟悉教材的内容，而对实践能力掌握较差，因而在教学过程中仅限于书本知识的介绍，使学生很难将学到的知识应用到实践之中，造成培养的学生与社会需求不能完全适应。

经过调研分析，我们认为，造成上述原因关键在于中职学校的财政事务专业定位仍存在一定的误区，大多数学校专业设置没有特色，不符合中等职业教育的规律，适合于财政事务专业的就业岗位群定位不明确，不能体现我国现阶段对中等职业教育的新要求。据我们的调研结果，现阶段社会对中等职业学校财政事务专业的培养毕业生仍有一定的需求空间，特别是很多近几年新派生出来的就业岗位非常适合中等职业学校财政事务专业的培养方向。

综上所述，中等职业学校财政事务专业为培养我国现代化建设需要的财政事务专业人才作出了巨大的贡献，目前虽然社会对该专业人才的需求向高层次、高学历方向发展，但中等职业学校财政事务专业毕业生仍有一定的社会需求量，我国目前中职教育中财政事务专业的教学现状已严重不适应社会对人才素质的要求，亟须进行整体教学改革。

1.1.3 中等职业学校财政事务专业就业岗位群的重新定位

在大量的调研的基础上，经过进一步专家论证，得出财政事务就业岗位群定位的结论如下：

(1) 为了进一步拓展中等职业学校的专业，从我国目前就业岗位出发，我们认为财政事务专业的培养方向应进行重新定位为：①乡镇财政所——助理；②税务代理机构——涉税员；③社区、村——专干。

(2) 针对新的就业岗位群的开发，为中等职业学校财政事务专业明确了培养的方向和目标，为各学校改造原有的财政事务专业提供了实证材料。

(3) 通过就业岗位群的本岗位需要的必备知识的要求，为制定财政事务专业的教学方案、课程设置等提供了参考依据。

(4) 根据各岗位群的职业前景，为学生的终生学习和职业迁移提供了后续规划的参考。

1.2 财政事务专业的工艺、方法、流程、产品

财政事务专业的应用领域包括众多岗位群，每个岗位群都有独特的典型职业活动，不同的典型职业活动中有名目繁多的任务，每项任务在实施时又拥有自身的流程和产品。因此，对财政事务专业的工艺、方法、流程和产品，我们不可能作出统一的解释。仅就两个岗位的工作流程简介如下。

1.2.1 企业设立税务登记的流程

企业设立税务登记流程如图 1－1－1 所示。

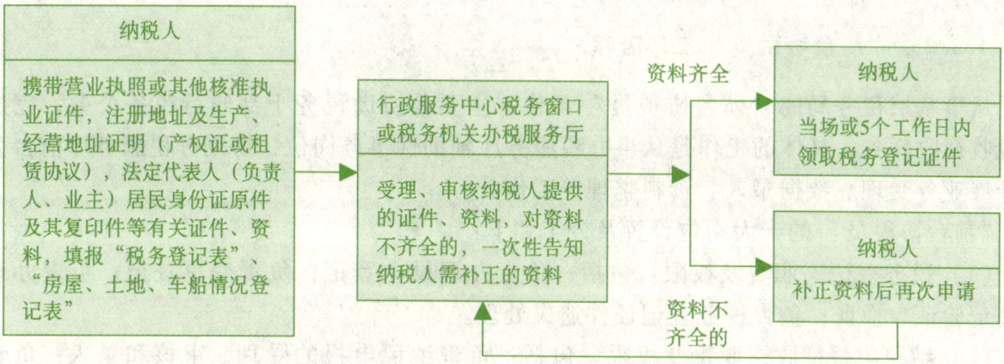

图 1－1－1　企业设立税务登记流程图

纳税人进行税务登记所需要的资料包括：

（1）工商营业执照（或其他执业证件、有关部门批准设立文件）副本原件和复印件一份；

（2）“组织机构代码证”副本原件及复印件一份；

（3）验资报告及评估报告和有关章程、合同、协议书原件及复印件一份，合伙企业必须提供合伙协议文件原件及复印件；

（4）法定代表人的居民身份证、护照（或户口簿、临时身份证，港、澳、台人士往来大陆通行证）等有效身份证明文件原件及复印件一份；

（5）经营、业务场所证明（房产证、租赁合同或预售房发票、宅基地使用证、产权人证明等）原件及复印件一份。

涉税员在办理此项业务时的具体步骤如下：

（1）持国家税务机关要求提供有关证件的原件和复印件等资料，到市行政管理中心税务局企业税务登记窗口领取“申请税务登记报告书”。填写完毕，报送财务主管审阅并加盖法人印章与企业单位印章。

（2）将填写完成的“申请税务登记报告书”送返税务局企业税务登记窗口并领取“税务登记表”。

（3）认真学习“税务登记表”中的填表须知并将“税务登记表”呈送企业财务主管和法人代表审阅并加盖法人印章与企业单位印章。

（4）认真阅读“税务登记表”中的税务登记表填制说明书，根据有关资料，真实填写“税务登记表”。

（5）将填完的“税务登记表”送返税务局企业税务登记窗口，等候批准登记注册的通知。

（6）领取税务登记证件。接到批准通知后，应当按照规定的期限到税务局企业税务登记窗口领取“税务登记证”或者“注册税务登记证”及“税务登记证副本”，并按规定缴付工本管理费。

在上述流程和办理步骤中，（1）和（4）的工作结果是产生了“申请税务登记报告书”和“税务登记表”，要求学生能根据资料，符合要求地进行填写。如果仿照制造业的说法，这两张表格可以说是涉税员工作过程中形成的半成品。（6）完成了整个设立税务登记工作，并取得了最终的产成品，即“税务登记证”或者“注册税务登记证”及其副本。

1.2.2 “前台协税员”工作流程

从事基层税务局的“前台协税员”工作，主要是协助税务干部履行税务公务，完成各项税收征收任务，具体的工作是从事办税服务厅辅助性事务岗位，协助办税服务厅前台公务员开展业务受理、数据录入、资料整理等工作。

“前台协税员”的十大岗位设置及分工如下：

（1）税务登记岗职责及权限。包括：负责办理设立登记；负责变更登记；负责办理税务登记验证、换证；负责税务登记证件遗失处理。

（2）纳税申报征收岗职责及权限。包括：负责纳税申报的受理、审核和录入；负责税款、滞纳金及涉税罚款的征收。

（3）社保费征收岗职责及权限。包括：负责银行实时扣款征收；负责批量预储扣款征收；负责缴款书缴款征收；负责持卡缴费征收；负责录入缴费单位（人）的扣缴社会保险费账号。

（4）文书受理岗职责及权限。包括：负责纳税人有关申请资料的受理；负责向相关岗位传递纳税人的申请资料；负责有关审批资料的接收和发放。

（5）代开发票岗职责及权限。负责对临时需要发票的单位和个人代开发票（门前开票）的受理、征收、开具。

（6）开具税收票证岗职责及权限。负责代扣代收税款凭证、税收电子转账专用完税证、个人所得税完税证明等税收票证的受理、开具。

（7）发票发售岗职责及权限。负责向业户发售发票，收取发票工本费，打印收据及领购簿，核发发票实物，按日盘点发票工本费。

（8）税控装置受理岗职责及权限。负责受理税控装置申请。

（9）纳税人服务岗职责及权限。包括：负责派发涉税（费）表证单书、办税指引；提供办税引导、税务咨询服务；辅导纳税人使用叫号机和触摸屏，引导纳税人填写税务表格、报表；对网上申报及电话申报的纳税人进行辅导；维持办税服务厅的正常办公秩序，对突发事件及时向办税服务厅负责人反映、协助处理。

（10）档案管理岗职责及权限。负责文书分办，资料收集、整理、归档、移送。

1.3 财政事务专业中等职业人才的典型职业工作分析

中等职业技术学校的财政事务专业的培养目标是面向基层单位（部门）的乡镇（社区）财政事务、税务事务岗位，培养一线工作的初级管理人员。该专业是以提高学生的综合素质为宗旨，突出培养学生创新精神与从事财政事务工作的实践能力。财政事务专业中等职业人才应掌握财政事务专业基础知识和基本技能，具有搜集处理信息的能力、获取知识的能力、分析和解决问题的能力、语言表达能力以及团结协作能力和社会活动能力、从事财政事务的职业技能和适应职业变化的能力。

职业教育的目的是使培养对象在毕业后能很快地承担、胜任职业工作。为此，学生在校期间就应初步把握职业工作行动，特别是能反映职业本质特征的工作行动，了解相应的工作任务以及为完成任务应掌握的知识、技能与综合运用能力。这种工作任务既来自职业行动领域，又具有典型性。典型职业工作分析是通过描述有代表性的职业工作诠释该职业领域的行动任务，包括职业概况、工作内容及技能点、知识结构的分析、技能的分析等。

根据中职财政事务专业的就业岗位群，中等职业人才的典型职业工作主要包括如下岗位。

“乡镇财政事务岗位”

职业分析之一：职业概况

职业名称：乡镇财政助理。

职业定义：从事乡镇一级财政收入、支出；预算制定、决算编制；本级行政事业会计核算等相关工作的专门工作岗位。

职业等级：出纳员、单位会计、财政总预算会计。

职业环境：工作场所在乡镇财政所，必要的办公条件有办公电话、电脑等。

职业能力特征：（1）具有较好的职业道德修养；

（2）具有组织与协调的工作能力；

（3）具有职业知识背景；

（4）具有相应岗位的职业技能。

职业背景知识：（1）掌握公共管理、行政管理等相关基础知识；

（2）掌握财政、税收相关知识；

（3）掌握会计（政府与非营利组织会计）理论与实务；

（4）掌握与上述学科相关的计算机知识。

职业技能要求：（1）熟练应用电脑处理各种办公事宜；

（2）熟练掌握不同岗位的相关工作流程；

（3）熟悉和处理本工作岗位的各种业务范围；

（4）胜任本工作岗位的工作职责。

职业分析之二：工作内容分析及技能点列项（见表1－1－1）

表1－1－1

业务内容	技能点列项
出纳岗位的主要业务内容	在财务主管人员的领导下，负责货币资金的收付工作。
	按照国家有关现金管理和银行结算制度的规定，办理现金收付和银行结算业务。
	按银行规定的数额掌握现金的存量，不以“白条”抵充现金。
	及时登记现金和银行存款日记账，每日结出余额，做到账实、账账相符。
	严格控制空白支票，不准签发空头支票。
	保管有关印章、空白收据和空白支票。

续表

业务内容	技能点列项
单位会计岗位主要业务内容	配合总预算会计，做好预算、决算的编制工作。
	按照国家会计制度规定和主管部门的规定，设置各种账册，并按规定算账、记账、报账。
	分清资金渠道，严格掌握费用开支范围和开支标准。认真审核原始凭证。记账时做到：手续完备、内容真实、数字准确、书写规范、登记及时、账目清楚。
	定期编制会计报表，做到数字真实、计算准确、内容完整、报送及时。
	上级机关审计检查工作时，要负责提供有关资料，如实反映情况。
	会计凭证、账簿表册、工资批复、文件资料、会计报表要建立档案，定期装订，妥善保管。
财政总预算会计岗位的主要业务内容	在财政主管人员的领导下，负责财政收入的管理和财政资金调度拨付工作。
	负责政府财政预算、决算的编制工作。
	协助财务主管人员，协调财政所与预算单位的财务关系，保障财政资金的安全运行。
	定期编制会计报表，做到数字真实、计算准确、内容完整、报送及时。
	定期向主管领导报告财政资金收、支预算执行情况，及时提出增收节支措施和办法，当好领导的参谋。
其他业务内容	办理与本岗位相关的其他业务。

职业分析之三：知识结构分析及知识点列项（见表1－1－2）

表1－1－2

知识分类	知识点列项
掌握公共管理学、行政管理等的相关知识	准确掌握公共管理方面的基本概念和主要理论；运用公关管理基本原理分析解决公共管理实践问题的能力；运用公共管理原理分析解决社会保障管理有关问题的能力。
	要求必须掌握的知识和具备的能力有：要求教师全面系统地掌握行政管理的基本理论、基本方法和基本知识。
	掌握行政法的调整对象、原则，运用行政法解决实际问题的能力。
	掌握经济法的调整对象、原则，运用经济法解决实际问题的能力。
	行政公文写作的基础知识与技巧。
掌握财政、税收相关知识	掌握财政学的基本理论、基本知识。
	具有处理财政、税收业务的基本能力。
	熟悉国家有关财政、税收的方针、政策和法规。
	掌握税法的相关理论与内容、理解各税种的构成要素；掌握纳税申报、税收筹划。
	税务检查的操作技能；具备运用税收理论指导税收实务的能力。
掌握会计（政府与非营利组织会计）理论与实务	掌握会计的基本理论与实务。
	重点掌握财政总预算会计、行政事业单位会计相关知识。
	掌握从事上述会计工作的基本技能。
	具备运用会计理论指导会计实务的能力。
	掌握相关会计电算化（报表上传等）操作技能。
掌握与上述学科相关的计算机知识	掌握和熟练地应用与本工作岗位相关的会计软件。
	掌握和熟练地应用与本工作岗位相关的税务软件。
	掌握计算机技术，包括Excel、Powerpoint、Flash、Word等。

职业分析之四：技能结构权重分析（见表1－1－3）

表1－1－3

业务内容	出纳员	单位会计	总预算会计
出纳岗位的主要业务	95		
单位会计岗位的主要业务		95	
财政总预算会计岗位的主要业务			95
其他工作	5	5	5
合　　计	100	100	100

职业分析之五：技能点权重分析（见表1－1－4）

表1－1－4

业务内容	技　能　点	出纳员	单位会计	总预算会计
出纳岗位的主要业务	在财务主管人员的领导下，负责货币资金的收付工作。	20		
	按照国家有关现金管理和银行结算制度的规定，办理现金收付和银行结算业务。	20		
	按银行规定的数额掌握现金的存量，不以“白条”抵充现金。	20		
	及时登记现金和银行存款日记账，每日结出余额，做到账实、账账相符。	20		
	严格控制空白支票，不准签发空头支票。	5		
	保管有关印章、空白收据和空白支票。	10		
小　计（%）		95		
单位会计岗位主要业务	配合总预算会计，做好预算、决算的编制工作。		20	
	按照国家会计制度规定和主管部门的规定，设置各种账册，并按规定算账、记账、报账。		20	
	分清资金渠道，严格掌握费用开支范围和开支标准。认真审核原始凭证。记账时做到：手续完备、内容真实、数字准确、书写规范、登记及时、账目清楚。		20	
	定期编制会计报表，做到数字真实、计算准确、内容完整、报送及时。		20	
	上级机关审计检查工作时，要负责提供有关资料，如实反映情况。		10	
	会计凭证、账簿表册、工资批复、文件资料、会计报表要建立档案，定期装订，妥善保管。		5	
小计（%）			95	
财政总预算会计岗位的主要业务	在财政主管人员的领导下，负责财政收入的管理和财政资金调度拨付工作。			20
	负责政府财政预算、决算的编制工作。			20

续表

业务内容	技能点	出纳员	单位会计	总预算会计
财政总预算会计岗位的主要业务	协助财务主管人员，协调财政所与预算单位之间的财务关系，保障财政资金的安全运行。			20
	定期编制会计报表，做到数字真实、计算准确、内容完整、报送及时。			20
	定期向主管领导报告财政资金收、支预算执行情况，及时提出增收节支措施和办法，当好领导的参谋。			15
小计（%）				95
其他业务	办理与本岗位相关的其他业务。	5	5	5
合计		100	100	100

职业分析之六：知识结构权重分析（见表1-1-5）

表1-1-5

知识分类	出纳员	单位会计	总预算会计
掌握公共管理学、行政管理等的相关知识	20	30	30
掌握财政、税收相关知识	30	35	40
掌握会计（政府与非营利组织会计）理论与实务	30	20	20
掌握与上述学科相关的计算机知识	20	15	10
合计	100	100	100

职业分析之七：知识点权重分析（见表1-1-6）

表1-1-6

知识分类	内容	出纳	单位会计	总预算会计
掌握公共管理、行政管理等相关知识	准确掌握公共管理的基本概念和主要理论；运用公共管理基本原理分析解决公共管理实践问题的能力；运用公共管理原理分析解决社会保障管理有关问题的能力。		5	10
	要求必须掌握的知识和具备的能力有：要求教师全面系统地掌握行政管理的基本理论、基本方法和基本知识。	5	10	5
	掌握行政法的调整对象、原则，运用行政法解决实际问题的能力。	5	5	5
	掌握经济法的调整对象、原则，运用经济法解决实际问题的能力。	5	5	5
	行政公文写作的基础知识与技巧。	5	5	5
小计（%）		20	30	30

续表

知识分类	内　　容	出纳	单位会计	总预算会计
掌握财政、税收相关知识	掌握财政学的基本理论、基本知识。	5	10	10
	具有处理财政、税收业务的基本能力。	5	5	10
	熟悉国家有关财政、税收的方针、政策和法规。	5	5	10
	掌握税法的相关理论与内容、理解各税种的构成要素；掌握纳税申报。	5	5	5
	税务检查的操作技能；具备运用税收理论指导税收实务的能力。	10	10	5
小计（%）		30	35	40
掌握会计（政府与非营利组织会计）理论与实务	掌握会计的基本理论与实务。	5	5	10
	重点掌握财政总预算会计、行政事业单位会计相关知识内容。		10	5
	掌握从事上述会计工作的基本技能。	10		
	具备运用会计理论指导会计实务的能力。	10		
	掌握相关会计电算化（报表上传等）操作技能。	5	5	5
小计（%）		30	20	20
掌握与上述学科相关的计算机知识	掌握和熟练地应用与本工作岗位相关的会计软件。	5	5	5
	掌握和熟练地应用与本工作岗位相关的税务软件。	5	5	3
	掌握计算机技术，包括 Excel、Powerpoint、Flash、Word 等。	10	5	2
小计（%）		20	15	10
合　计		100	100	100

“税务代理岗位”

职业分析之一：职业概况

职业名称：涉税员。

职业定义：在税务代理机构专门从事代理记账、纳税申报、税务咨询、税收筹划等相关岗位工作的职业者。

职业等级：办税员、会计师、税务筹划师。

职业环境：（1）工作场所在会计师事务所或税务咨询公司，必要的办公条件有办公电话、电脑等。

（2）实行弹性工作时间。

职业能力特征：（1）具有较好的职业道德修养。

（2）具有组织与协调的工作能力。

（3）具有职业知识背景。

（4）具有相应岗位的职业技能。

职业背景知识：（1）掌握经济学相关基础知识。

（2）掌握税法相关理论与实务。

（3）掌握企业会计相关理论与实务。

(4) 掌握与上述学科相关的计算机知识。

职业技能要求：(1) 熟悉各项税收法律、政策的相关内容。

(2) 熟练掌握为不同企业代理记账技能。

(3) 熟悉税收咨询、税收筹划、审计等相关业务。

(4) 胜任本工作岗位规定的工作职责。

职业分析之二：工作内容分析及技能点列项（见表1-1-7）

表1-1-7

业务内容	技能点列项
代理记账岗位主要业务内容	代理企业、单位处理日常会计核算事宜；
	代理企业、单位编制会计报表；
	代理企业、单位纳税申报；
	代理企业、单位进行纳税筹划。
办理企业记账岗位主要业务内容	为企业办理工商注册登记（包括开业登记、变更登记、注销登记）；
	为企业办理税务登记及相关事项；
	为企业办理银行开户登记及相关事项；
	提供工商、税务等年检服务。
会计咨询岗位主要业务内容	帮助企业、单位制定会计、财务方面各项内部控制制度；
	为企业、单位提供资金筹集、管理等服务；
	为企业进行有关财务管理方面的预测、分析、决策等相关服务；
	提供会计、税收等方面的咨询业务；
	开展会计、税收等方面的培训业务。
审计相关业务岗位主要业务内容	办理资本金的验证业务；
	年终报表的审计业务；
	承接企业、单位内部审计外包业务；
	负责企业、单位破产、清算审计；
	提供其他审计相关业务。
其他业务	办理与本岗位相关的其他业务。

职业分析之三：知识结构分析及知识点列项（见表1-1-8）

表1-1-8

知识分类	知识点列项
掌握经济学等的相关知识	掌握社会主义市场经济理论；
	了解金融学、保险学基础知识；
	了解管理学基础知识；
	掌握经济法的调整对象、原则，运用经济法解决实际问题的能力；
	掌握行政公文写作的基础知识与技巧。

续表

知识分类	知识点列项
掌握税收相关知识	掌握税收学的基本理论、基本知识；
	具有处理各项税收业务的基本能力；
	熟悉国家有关税收、会计的方针、政策和法规；
	掌握税法的相关理论与内容、理解各税种的构成要素，掌握纳税申报、税收筹划等技能；
	掌握税务检查的操作技能，具备运用税收理论指导税收实务的能力。
掌握会计相关理论与实务	掌握会计的基本理论与实务；
	重点掌握制造业会计、商贸企业会计相关知识内容；
	掌握从事上述会计工作的基本技能；
	具备运用会计理论指导会计实务的能力；
	掌握相关会计电算化操作技能。
掌握与上述学科相关的计算机知识	掌握和熟练应用与本工作岗位相关的会计软件；
	掌握和熟练应用与本工作岗位相关的税收软件；
	掌握计算机办公技术，包括 Excel、Word 等。

职业分析之四：技能结构权重分析（见表 1－1－9）

表 1－1－9

业务内容	办税员	会计师	税收筹划师
代理记账岗位	50	40	20
办理企业登记账岗位	25	15	5
会计咨询与服务岗位	10	20	30
审计相关业务岗位主要业务内容	10	20	40
其他工作	5	5	5
合　计	100	100	100

职业分析之五：技能点权重分析（见表 1－1－10）

表 1－1－10

业务内容	技能点	办税员	会计师	税收筹划师
代理记账岗位主要业务内容	代理企业、单位处理日常会计核算事宜；	20	20	
	代理企业、单位编制会计报表；	10	10	
	代理企业、单位纳税申报；	15	5	10
	代理企业、单位进行纳税筹划。	5	5	10
小计（%）		50	40	20
办理企业登记账岗位主要业务内容	为企业办理工商注册登记（包括开业登记、变更登记、注销登记）；	10	5	
	为企业办理税务登记及相关事项；	5	5	5
	为企业办理银行开户登记及相关事项；	5	5	
	提供工商、税务等年检服务。	5		
小计（%）		25	15	5

续表

业务内容	技能点	办税员	会计师	税收筹划师
会计咨询岗位主要业务内容	帮助企业、单位制定会计、财务方面各项内部控制制度；			5
	为企业、单位提供资金筹集、管理等服务；		5	5
	为企业进行有关财务管理方面的预测、分析、决策等相关服务；		5	5
	提供会计、税收等方面的咨询业务；	5	5	10
	开展会计、税收等方面的培训业务。	5	5	5
小计（%）		10	20	30
审计相关业务岗位主要业务内容	办理资本金验证的业务；		5	10
	年终报表的审计业务；	5	5	10
	承接企业、单位内部审计外包业务；			10
	负责企业、单位破产、清算审计；	5	5	5
	提供其他审计相关业务。		5	5
小计（%）		10	20	40
其他业务	办理与本岗位相关的其他业务。	5	5	5
合计		100	100	100

职业分析之六：知识结构权重分析（见表1-1-11）

表1-1-11

知识分类	办税员	会计师	税收筹划师
掌握经济学等的相关知识	20	25	40
掌握税收相关知识	30	35	35
掌握会计理论与实务	30	35	20
掌握与上述学科相关的计算机知识	20	5	5
合计	100	100	100

职业分析之七：知识点权重分析（见表1-1-12）

表1-1-12

知识分类	内容	办税员	会计师	税收筹划师
掌握经济学等的相关知识	掌握社会主义市场经济理论；	5	5	10
	了解金融学、保险学基础知识；	5	5	10
	了解管理学基础知识；		5	5
	掌握经济法的调整对象、原则，运用经济法解决实际问题的能力；	5	5	10
	掌握行政公文写作的基础知识与技巧。	5	5	5
小计（%）		20	25	40

续表

知识分类	内　　容	办税员	会计师	税收筹划师
掌握财政、税收相关知识	掌握税收学的基本理论、基本知识；	5	5	5
	具有处理税收业务的基本技能；	10	10	5
	熟悉国家有关税收的方针、政策和法规；	5	10	15
	掌握税法的相关理论与内容，理解各税种的构成要素，掌握纳税申报、税收筹划；	5	5	5
	掌握税务检查的操作技能，具备运用税收理论指导税收实务的能力。	5	5	5
小计（%）		30	35	35
掌握会计理论与实务	掌握会计的基本理论与实务；	5	5	5
	重点掌握制造业会计、商贸企业会计相关知识内容；	5	10	5
	掌握从事上述会计工作的基本技能；	10	10	
	具备运用会计理论指导会计实务的能力；	5	5	5
	掌握相关会计电算化操作技能。	5	5	5
小计（%）		30	35	20
掌握与上述学科相关的计算机知识	掌握和熟练应用与本工作岗位相关的会计软件；	10	2	2
	掌握和熟练应用与本工作岗位相关的税务软件；	5	2	2
	掌握计算机技术，包括 Excel、Powerpoint、Flash、Word 等。	5	1	1
小计（%）		20	5	5
合　计		100	100	100

“社区专干”

职业分析之一：职业概况

职业名称：社区专干。

职业定义：社区经济专干是办理街道、社区管辖内经济发展中财务管理、审计、税收的协调工作，为驻街（区）企业提供工商、税务注册等工作的专门工作岗位。

职业等级：助理、专干、主管。

职业环境：（1）工作场所：在街道经济协调科办公，必要的办公条件有办公电话、电脑等。
（2）工作时间：实行弹性工作时间。

职业能力特征：（1）具有较好的职业道德修养；
（2）具有亲和力；
（3）具有职业知识背景；
（4）具有相应岗位的职业技能。

职业背景知识：（1）掌握相关经济学基础知识；
（2）掌握社会保障相关知识；
（3）掌握相关经济法基础知识；

（4）掌握财经应用写作的基础知识。

职业技能要求：（1）熟练应用电脑处理各种办公事宜；

（2）熟练掌握工商、税务注册登记等相关流程；

（3）熟悉和处理本工作岗位的各种业务范围；

（4）掌握与人交往的礼仪、沟通等技巧。

职业分析之二：工作内容分析及技能点列项（见表1－1－13）

表1－1－13

业务内容	技能点列项
负责协助辖区内的企业办理工商注册、税务登记及银行开户业务	通知申请人提交各种相关资料；
	做好企业注册前的准备工作（两日内完成）；
	向工商部门递交材料，办理工商执照（递交完毕之日起三个工作日内完成）；
	办理企业代码和税务登记（一个工作日内完成）；
	协助企业办理开户手续，并向企业交付完整的开业手续。
办理城市最低生活保障业务	帮助申请人向社区提交书面申请及户籍证明、劳动能力状况证明等相关手续；
	经入户调查、公示，在15日内报区民政局审核；
	批准办理享受最低城市保障，并负责日常管理监督。
优抚对象办理医疗费补助业务	通知本人提交身份证、户口簿、优待证、医疗费收据等；
	掌握优抚对象办理医疗费补助的标准和规定；
	计算汇总上报区民政局（15日内办理完毕）；
	负责报销医疗费款；
	将款项存入指定的银行卡中。
退休人员养老金资格认定业务	通知本人提交身份证、户口簿、退休证、医疗保险证等；
	掌握退休人员养老资格认定的相关规定；
	负责到所在街道劳动保障所进行网上认定。
办理城镇居民住房廉租补贴待遇业务	通知户主提交身份证、户口簿、低保证、房证等；
	掌握办理镇居民住房廉租补贴待遇标准和规定；
	将上述材料整理备案；
	上报当地廉租补贴待遇办公室，现场办公受理确认。
其他业务	办理与本岗位相关的其他业务。

职业分析之三：知识结构分析及知识点列项（见表1－1－14）

表1－1－14

知识分类	知识点列项
掌握和了解相关经济学基础知识 （经济学作为本专业的基础理论，要求必须掌握的内容包括）	掌握社会主义市场经济基本理论；
	了解金融学、保险学基础知识；
	了解产业经济学基本原理；
	了解国际贸易理论与实务；
	掌握管理学基础知识。

续表

知识分类	知识点列项
掌握财政、税收相关知识 （财政学作为本专的专业理论知识，要求必须掌握的知识和具备的能力包括）	掌握财政学的基本理论、基本知识； 具有处理社会保障业务的基本能力； 熟悉国家有关财政、税收的方针、政策和法规； 掌握税法的相关理论与内容，理解各税种的构成要素，掌握纳税申报技能； 掌握税务检查的操作技能；具备运用税收理论指导税收实务的能力。
掌握相关经济法基础知识 （经济法基础作为本专业的相关知识，重点掌握知识点包括）	掌握我国法律的基本表现形式、法律体系； 掌握行政法的调整对象、原则，具备运用行政法解决实际问题的能力； 掌握经济法的调整对象、原则，具备运用经济法解决实际问题的能力； 掌握民法的调整对象、原则，具备运用民法解决实际问题的能力； 掌握经济纠纷中仲裁的相关知识。
掌握和了解财经应用写作的基础知识 （财经应用写作基础作为本专业的相关知识，重点掌握知识点包括）	掌握行政公文写作的基础知识与技巧； 了解规章制度的写作与规范； 熟悉财税工商文书的写作与规范； 了解商务文书的写作与规范。

职业分析之四：技能结构权重分析（见表1－1－15）

表1－1－15

业务内容	助理	专干	主管
负责协助辖区内的企业办理工商注册、税务登记及银行开户业务	30	10	5
办理城市最低生活保障业务	15	20	20
优抚对象办理医疗费补助业务	15	20	20
退休人员养老金资格认定业务	15	20	20
办理城镇居民住房廉租补贴待遇业务	15	20	20
其他工作	10	10	15
合　计	100	100	100

职业分析之五：技能点权重分析（见表1－1－16）

表1－1－16

业务内容	技能点	助理	专干	主管
负责协助辖区内的企业办理工商注册、税务登记及银行开户业务	通知申请人提交各种相关资料；	5	2	2
	做好企业注册前的准备工作（两日内完成）；	5	3	3
	向工商部门递交材料，办理工商执照（递交完毕之日起三个工作日内完成）；	10	5	
	办理企业代码和税务登记（一个工作日内完成）；	10		
	协助企业办理开户手续，并向企业交付完整的开业手续。	10		
小计（%）		40	10	5

续表

业务内容	技能点	助理	专干	主管
办理城市最低生活保障业务	帮助申请人向社区提交书面申请及户籍证明、劳动能力状况证明等相关手续；	5	10	10
	经入户调查、公示，在15日内报区民政局审核；	5	5	5
	批准办理享受最低城市保障，并负责日常管理监督。	5	5	5
小计（%）		15	20	20
优抚对象办理医疗费补助业务	通知本人提交身份证、户口簿、优待证、医疗费收据等；	2	2	2
	掌握优抚对象办理医疗费补助的标准和规定；	5	10	10
	计算汇总上报区民政局（15日内办理完毕）；	3	3	8
	负责报销医疗费款；	3	3	
	将款项存入指定的银行卡中。	2	2	
小计（%）		15	20	20
退休人员养老金资格认定业务	通知本人提交身份证、户口簿、退休证、医疗保险证等；	3	3	3
	掌握退休人员养老资格认定的相关规定；	10	15	15
	负责到所在街道劳动保障所进行网上认定。	2	2	2
小计（%）		15	20	20
办理城镇居民住房廉租补贴待遇业务	通知户主提交身份证、户口簿、低保证、房证等；	1	1	2
	掌握办理镇居民住房廉租补贴待遇标准和规定；	10	15	10
	将上述材料整理备案；	2	2	4
	上报当地廉租补贴待遇办公室，现场办公受理确认。	2	2	4
小计（%）		15	20	20
其他业务	办理与本岗位相关的其他业务。	10	10	15
合计		100	100	100

职业分析之六：知识结构权重分析（见表1-1-17）

表1-1-17

知识分类	助理	专干	主管
掌握和了解相关经济学基础知识	20	25	25
掌握财政、税收相关知识	35	35	40
掌握经济法相关基础知识	25	25	30
掌握和了解财经应用写作的基础知识	20	15	15
合计	100	100	100

职业分析之七：知识点权重分析（见表1-1-18）

表 1-1-18

知识分类	内　　容	助理	专干	主管
掌握相关经济学基础知识	掌握和了解社会主义市场经济理论；	5	5	5
	了解金融学、保险学基础知识；	5	5	5
	了解产业经济学原理；		5	5
	了解国际贸易理论与实务；	5	5	5
	掌握管理学基础知识。	5	5	10
小计（%）		20	25	25
掌握财政、税收相关知识	掌握财政学的基本理论、基本知识；	5	5	10
	具有处理财政、税收业务的基本能力；	10	10	10
	熟悉国家有关财政、税收的方针、政策和法规；	5	10	10
	掌握税法的相关理论与内容，理解各税种的构成要素，掌握纳税申报技能；	5	5	5
	掌握税务检查的操作技能，具备运用税收理论指导税收实务的能力。	5	5	5
小计（%）		30	35	40
掌握相关法律基础知识	掌握我国法律的基本表现形式、法律体系；	10	10	10
	掌握行政法的调整对象、原则，具备运用行政法解决实际问题的能力；	5	5	5
	掌握经济法的调整对象、原则，具备运用经济法解决实际问题的能力；	5	5	5
	掌握民法的调整对象、原则，具备运用民法解决实际问题的能力；			5
	掌握经济纠纷中仲裁的相关知识。	5	5	5
小计（%）		25	25	30
掌握财经应用写作的基础知识	掌握行政公文写作的基础知识与技巧；	5	5	5
	了解规章制度的写作与规范；	5	5	5
	熟悉财税工商文书的写作与规范；	5	5	
	掌握商务文书的写作与规范。	5		
小计（%）		20	15	15
合　　计		100	100	100

1.4 财政事务专业中等职业人才的能力要求

根据教育部办公厅下发的《财政事务专业教学指导方案》，中等职业技术学校财政事务专业学生的知识结构、能力结构及要求如下：

（1）知识结构与要求。

①掌握必需的文化基础知识和财政基础知识；

②掌握必需的预算、税收、会计、社会保障基本知识；

③了解有关会计、统计、金融等基本知识。

（2）能力结构与要求。

①具有预算与财务管理的初步能力；

②能正确理解财政工作的方针、政策和法规；

③具备初步的稽核能力；

④具有协助税务干部履行税务公务，完成各项税收征收任务的能力；

⑤具有一定的自学能力和适应能力以及向相关职业领域发展的能力。

（3）技能要求。

具有较熟练的珠算、点钞、计算器、计算机应用等操作技能。

有关调查资料显示，随着就业形势的变化，用人单位对从事财政事务岗位工作的中等职业学校的毕业生，在职业素质和专业技术能力两方面提出了更新更具体的要求。

1.4.1 职业素质要求

（1）对政治素质和职业道德素质的要求更高。财政工作一方面履行政府的分配职能，代表政府的形象，另一方面拥有较大的财权，整天与资金打交道。因而当前加强对中职生的政治思想和职业道德教育尤为重要。在我国城市发展的社区管理机构中，有形成社区财政的趋势，社区财政作为财政工作连接着千家万户，代表了基层一级政府的行为，对从事这项工作的毕业生提出了更高的职业素质要求。

（2）对政策理解与具体问题处理的能力要求更强。调查表明，各用人单位在需要本专业人才的同时，更需要懂国家财政税收政策、金融投资及各种法律知识的综合人才；在需要理论水平较高的高级人才的同时，更需要实践能力较强的实用型中等人才，特别需要会分析国家财政政策、税收政策、经济政策、投资政策的人才，这无疑给中职财政事务专业的毕业生就业带来了一定的挑战。以往中职毕业生包括优秀毕业生，对财政事务专业的理论知识掌握较扎实，书本知识学得很好，但实践中遇到课上未讲过的一些具体问题，往往就会束手无策，不知道如何运用政策和制度规定加以妥善处理。这暴露出中职生理论联系实际的能力和分析问题、解决问题能力不强的弱点。

（3）对相关综合知识的要求更宽。财政工作与社会经济的各个方面息息相关，要做好财政工作，仅有财政事务专业知识是远远不够的。有关企业经营、营销管理、企业生产常识、常用科技知识等在实践中都可能用到，因此，财政事务专业培养的人才应该是以财政事务专业知识为主的复合型人才。

（4）对计算机等现代化工具运用能力的要求更高。计算机、网络等现代化信息处理手段已广泛应用于社会经济的各个领域，财政系统也不例外。虽然现在有些基层财政所的硬件设施还未配齐，但可以预见，财政系统资金分配和管理实现信息化和网络化已是发展的必然趋势。这就要求财政事务专业培养的中职生应能熟练运用计算机处理财政业务，并能进行网络化管理。

（5）对综合素养能力的要求更高。调研资料表明，目前绝大多数中等职业学校毕业生综合职业素质与用人单位的标准尚有距离，集中表现在：实践经验不足，工作适应能力较差，不能吃苦耐劳，不愿做基础性工作，劳动纪律意识不强，人际交往能力较差，心理承受能力不够等。所以单位把中等职业学校学生的“职业品德”、“吃苦耐劳”、“理解执行能力”、“抗挫折能力”、“沟通合作能力”、“专业技能”等作为应具备的重要综合素质要求，进一步全面打造综合职业能力（见表 1－1－19）。

表 1－1－19

职业素质	对中等职业学校生需要重点培养
职业道德	√
吃苦耐劳	√
身心素质	√
礼仪规范	√
口头语言、书面语言表达能力	√
沟通合作能力	√
理解执行能力	√
创新能力	√
抗挫能力	√
现代办公设备、软件应用能力	√
专业技能	√

1.4.2　专业技术能力

对中等职业学校及用人单位的调研资料显示，与财政事务专业培养方向有关的职业资格证书主要分为两类，一类是通用能力证书，一类是岗位从业资格证书。

（1）通用能力证书。通用能力证书是表明财政事务岗位群通用技能水平的证书，主要有计算机等级证书、英语口语证书和财会综合技能证书（见表 1－1－20）。

表 1－1－20　　中等职业学校财政事务专业通用技能证书

	证书名称	考核课程	报考对象	适用岗位	企业认可程度
1	计算机等级证书	分理论和上机考试两部分，考核内容因等级而定	中等职业学校生可以报考	岗位通用能力	较高
2	财会技能等级证书	账表运算、点钞、票币计算、传票计算	中等职业学校生可以报考	岗位通用能力	一般
3	英语口语证书	英语口语初中级由考官一对一考核	中等职业学校生可以报考	岗位通用能力	较高

（2）岗位从业资格证书。岗位从业资格证书是单位录用相关岗位人员的前提条件。随着经济形势的发展，法律法规制度的健全，持证上岗已经成为一种必然。目前财政事务专业相关岗位的从业资格证书主要有：会计人员从业资格证书、统计人员从业资格证书、办税人员从业资格证书、会计电算操作证书等（见表 1－1－21）。

表 1－1－21　　中等职业学校财政事务专业相关岗位从业资格证书

	证书名称	考核课程	报考对象	适用岗位	企业认可程度
1	会计人员从业资格证书	会计基础、财经法规与职业道德、初级会计电算化	中等职业学校生可以报考	收银、会计、统计、审计等岗位	高
2	统计人员从业资格证书	统计基础知识和统计实务、统计法基础知识	中等职业学校生可以报考	会计、统计等岗位	高
3	办税人员从业资格证书	税收法律知识	中等职业学校生可以报考	办税岗位	一般

2 财政事务专业的学生特点分析

职业学校学生的年龄一般在十五六岁至十八九岁。随着“普高热、大学热”和受传统的“万般皆下品，唯有读书高”的影响，职业学校的学生大部分是基础教育中经常被忽视的弱势群体。大部分职校学生学习目的性不够明确，学习方法不当，学习习惯不良，学习的认知能力水平较低，学习的焦虑现象比较普遍。

职校学生一般在初中时都怀有美好的理想，那就是进入大学校园，一圆象牙塔之梦。但是千军万马过独木桥的现实是残酷的，他们由于就差了那么几分，而未能进入重点高中，造成终身遗憾。考试受挫后产生消极自卑心理，使得一部分学生对学习信心不足，甚至对自己的学习能力产生怀疑，认为自己彻底没希望了，感到无论自己怎样努力也不会获得好成绩，已无法实现父母和老师的期望，从而阻碍了自身学习积极性的提高。

学习是学生的第一要务和主导活动，职校生的身心发展也主要是通过学习来实现的。职校教育阶段是职校生学习与发展的重要时期、黄金时期，而学生心理问题也是职校生最普遍、最常见、最突出的心理问题。如上所述，中职学校的学生一般是中考后半段考分的学生，学习上的差生和行为上的差生成为现阶段中等职业技术学校学生构成的主要成分，他们正值青春期或青年初期，这一时期是人的心理变化最激烈的时期，也是产生心理困惑、心理冲突最多的时期。职校生中的大多数是基础教育中经常被忽视的弱势群体，这也决定了他们的心理问题多发、易发而且日益复杂，是一个需要特别关注的特殊群体。

2.1 职校学生智力和认知加工特点

人的智力是人对客观事物的认知、反应和适应的能力。认知是指人们获得知识或应用知识的过程，或信息加工的过程。众所周知，中职学生的入学分数要大大低于普通中学的学生，在人们的眼里他们不是优秀学生，其实主要原因在于人们没有发现他们所归属的智力类型，就大多数中职学生而言，他们的脑子并不“笨”，不少学生头脑灵活，身手敏捷，记忆力强，反应快，智力因素与同龄人的差异并不悬殊。而且，每个人的智力都不会是全面的，总会在一个或几个方面比较突出，实际上中职学生在某些方面往往具有普通中学生不可比拟的优势，只不过在初中应试教育环境下，他们的智力个性没有得到培养和发展，甚至根本就没有被发现。因此，中等职业技术学校要充分发挥学生的智力个性特点，扬长避短，将学习过程与学生的智力个性发展相联系，选择合理、有效的方法大力弘扬和表彰学生的各种积极因素，激发他们的学习、生活热情，扭转他们被动学习的局面，提高学生的综合素质。我们认为中职学生的认知能力有以下几个特点：

（1）中职的学生具有一定观察力和动手能力，能在实操的过程中完成学习任务。观察力是指人们辨别生物以及对自然界的其他特征敏感的能力，具有通过自然和自然形态来考虑问题的思维方式。中职学生的感性认识高于理性认识，他们潜意识里不注重理论知识，希望直观地感受专业技能，注重看与做，而不注重理性的悟，具有直观性、可操作性、以工作过程为导向的，他们易于接受。运动能力是指人的身体协调，平衡能力和运动的力量、速度、灵活性等因素，主要表现为用身体表达思想、情感的能力和动手的能力，具有通过身体来感觉的思维方式。中职学生喜欢用触摸觉、角色扮演或实验（实训）的方式学习，在动手操作时，他们会兴趣盎然、乐此不疲，“活儿”做得像模像样，他们也会为自己智力个性的开发而兴奋不已，进而促使学习信心和学习兴趣倍增。

（2）中职学生的形象思维发展得较好，但抽象逻辑思维能力普遍发展得较差。大部分的中职生形象思维能力占主导地位，女生、文科生尤其明显。中职教育中充分利用形象思维来实施教学会更有效，同时用形象思维的方法去循序渐进地发展学生的抽象逻辑思维，是提高中职学生的抽象逻辑思维能力有效的途径。中职学生对社会的了解较多，社会实践能力、交际能力较强。目前，教育的应试色彩很浓，学习成绩好的学生更多地被束缚在教室、课本之中，与社会接触较少，加之有些学校还要利用节假日补课，学生接触社会的时间就更少了。而学习成绩较差的学生，则通过多种方式较多地接触社会，如上网吧、下饭馆、逛公园、溜大街等都客观地提供了更多接触社会的机会，在不知不觉中，这些学生更多地了解了社会，增强了社会实践能力和交际能力。

（3）中职学生在一定程度和范围内，心理调适能力、承受挫折能力较强。中职生多数在初中经受过很多挫折，如成绩不理想、老师批评、家长打骂、同学看不起、考试失利等。面对一连串的挫折、打击，面对一次次不公平的待遇，他们仍能让“笑”挂在脸上，仍能

"愉快"地度过每一天，他们的心不再那么脆弱，而是"坦然"地、"勇敢"地承受了下来，形成了较强心理调适能力、承受能力，这些能力比普高学生要强得多。

2.2 职校学生的非智力因素特点

非智力因素是非智力心理因素的简称，属于人的非认知性心理系统，是指智力因素以外的一切心理因素，主要包括兴趣、态度、动机、情感、意志、性格等。学生的自信心、自尊心、好胜心、求知欲望、学习热情、成就动机、坚持性、独立性、自制性和克服困难的勇气都是非智力因素的具体表现。一个人的非智力因素得到良好的发展不但有助于智力因素的充分发展，还可弥补其他方面的不足。一个智力水平较高的人，如果他的非智力因素没有得到很好的发展，往往不会有太多的成就。相反，一个智力水平一般的人，如果他的非智力因素得到很好的发展，就可能取得事业上的成功，作出较大的贡献。这些非智力因素在人才的成长过程中，有着不可忽视的作用。有的学生学习不好，并不是智力低下，而是因为非智力因素影响所致。因此，注重非智力因素的培养是提高学生素质的重要手段。那么，教师在教学过程中应从哪些方面培养学生的非智力因素呢？作为中职学校教师，首先要了解中职生的非智力因素特点，才能做到有的放矢。

我们认为中职学生的非智力因素的特点主要表现为：

2.2.1 缺乏学习动机和积极的归因模式

奥苏贝尔指出："动机与学习之间的关系是典型的相辅相成的关系，绝非是一种单向性关系。"成就动机强的人对学习和工作都非常积极，对事业富有冒险精神，并能全力以赴，希望成功；他们希望得到外界的公正评价，并不过分重视个人的名利；这些人能约束自己，不为周围环境所左右；他们把成败常归于自己能控制的主观因素，如个人的努力程度；他们倾向于对未来成就抱较大的希望。学业不佳的学生，或归因于自己能力低，从而丧失学习兴趣，产生自卑感，最后厌学弃学；或归因于教师能力差，水平低，教法不当，讲得不清，板书不细；或归因于课堂纪律不好，没有良好的学习环境和积极向上的学习气氛；也有学生是因过早偏科，重文化课轻专业课，从而缺乏学习专业知识技能的动机。

动机是直接推动有机体活动以满足某种需要的内部状态，是行为的直接原因和内部动力。有机体的各种行为和活动都是动机所引起的。动机具有唤醒功能和指向功能。学习动机是学生成才的起点和直接动力，而中职学生普遍成就感水平低下、学习期望目标不高，缺乏明确的、强烈的动机，对人生缺乏远大的理想和宏伟的目标，造成他们缺乏学习的内驱动力，求知欲不强，学习自信不足，积极性不高。

2.2.2 学习目标不够明确，学习兴趣缺乏

不少职校生对进入职业学校学习自信心不足，甚至没有学习的近期、中期和远期目标，

因而学习态度不够认真，只求能够过得去，甚至是得过且过。

兴趣是在一定的情感体验影响下产生的一种积极探究某种事物或从事某种活动的意识倾向，它是推动人们寻求知识和从事工作的一种动力。据了解，中职学生的兴趣集中于富有感官刺激性、惊险好奇的活动和事物，如游戏、娱乐、美食等。学生对学习活动缺乏兴趣，甚至根本没有兴趣。主要表现在对学习不投入，上课不认真听讲，课后不积极看书和做作业，技能训练敷衍了事，学习目标不明确，期望值低，认为老师教得呆板，学得没意思，缺少成功的感受与喜悦的体验，学习动力严重不足。

2.2.3 学习方法不当，学习习惯不良

不少职校生在初中阶段就没有养成良好的学习习惯，不知道怎样学更科学、更有效。没有掌握基本的学习策略，因为不会学因而学不好，对某些学科、课程的学习有明显的厌学情绪和行为，由学不好到不愿意学，最后发展到厌学、逃学。

2.2.4 中职学生情绪、情感、性格特点

情绪情感是人对客观事物是否符合自己的需要而产生的态度的体验，它是人对客观事物同自己的需要之间关系的反映。职校生的内心世界是五彩缤纷、各具特色的，而情绪情感最能体现他们内心世界的丰富多彩和复杂多变，主要有以下几个方面：一是对荣誉等肯定性评价的敏感度较高，有对成功的向往和得到别人认可的渴求，他们还是很在乎自己得到好的成绩，得到老师、同学的赞扬，一旦这种需求得到满足时，他们会觉得高兴，会备受鼓舞，这是值得珍视的闪光点。二是普遍地认为学习是一件苦恼之事。在学习上，失败的体验多于成功的体验，学习成绩一直未能满足自己的期望，学习变成了一种沉重的负担。三是情绪不稳定、波动大，容易出现高强度的兴奋、激动或极端的愤怒、悲观，他们的情绪变化很快，常常是稍遇刺激，即刻爆发，出现偏激情绪和极端的行为方式，冲动性强，理智性差。四是社会性情感表现冷漠。青年在心理上的“三无”状态在职校生中表现更为突出，即无动于衷，谓之无情；缺乏活力，谓之无力；漠不关心，谓之无心。五是情感严重压抑。进入职业学校是无奈的选择，中职学生中“落水者”的心态，“失败者”的心态，“多余人”的心态比较普遍，在社会和家庭的双重影响刺激下，职校生的心理压力增大，常常有身心疲惫感，觉得自己活得真累。

2.2.5 缺乏理想和追求，意志薄弱

不少职校生在进入职业学校时就觉得自己是被淘汰的或者被遗弃的人，认为自己是将来没有出息、事业上难有作为、几乎没有什么希望的人，因而往往表现为精神萎靡不振，思想上不求进步，学习上不思进取，生活上自由散漫。一些职校生抱着混世度日的心态打发人生，甘愿沉沦，听天由命。

意志是指人自觉地确定目的并根据目的支配调节行动，克服困难，从而实现目的的一种心理过程。在认知活动中，个体意志具体体现在独立性、自觉性、果断性、坚持性、自制性等方面。中职学生在意志方面的弱点是没有按既定的目标走到底的毅力，喜欢感情用事，不从理智上约束自己，缺乏承受挫折的心理准备和思想准备，不能坚持不懈，易受群体及环境的影响，怕吃苦，怕动脑，怕动手，对自己能力的评价偏低，主动性、自觉性差，坚持性不

足、畏难情绪严重，缺乏自我控制能力，自主实现目标的坚定性差，更缺乏战胜困难的勇气和毅力。

性格是指人对待客观现实的稳固态度和与之相适应的习惯化了的行为方式方面表现出来的个性心理特征。它与动机、兴趣、情感、意志、气质、能力等心理特征关系极为密切，是各种心理特征的核心。绝大多数的中职学生表现为胸无大志、缺乏责任感、懒惰、怕苦、畏难、自信心不足、不能正确认识自我、缺乏独立思考、浅尝而辄止、自卑或妄自尊大、情绪波动大、难以自控等不良的性格倾向。现在的职校生由于受到来自长辈的过分关爱，依赖性强，生活自理能力差，难以顺利适应职业学校的集体生活。

2.3 财政事务专业素质和技能要求与学生特点的关联分析

根据中职学生的特点和需要，为完成中等职业教育财政事务专业的教学任务，实现教学目标和提高教学质量，中等职业学校应积极采用适应经济社会、科学技术和生产发展需要的教学方式和手段，实现培养目标、教学内容、教学方法和教学媒体的有效结合，提高教学质量和教学效果；应积极探索和推行以学生为主体，有利于全面提高学生素质和形成综合职业能力的教学方法和教学组织形式，激发独立思考和创新意识，培养学生自主学习和勇于实践的能力；应激励广大教师加强对现代化教学技术和手段的学习、研究，努力开发符合财政事务专业教学需要的多媒体教学课件，积极主动地采用现代化教学手段。其可采用的具体方法如下：

2.3.1 要根据学生的特点和需要，合理选择教学方法

第一学期开设的一些专业课，如《财政基础知识》和《基础会计》等，在学习之前应先带领学生到财政部门和单位财务部门实地参观，请工作人员介绍财政部门和单位财务部门的业务内容，增强学生的感性认识，然后根据课程特点分别选择教学方法。《财政基础知识》等课程要将课堂讲授和讨论相结合，使学生对课程中涉及的一些经济现象和热点问题有发表自己意见的机会，并增强对该课程重点的掌握。《基础会计》等课程要将讲授和实物展示、操作相结合，使学生有亲手编制凭证、登记会计账簿的机会，并能亲自完成一套基础会计的模拟实践操作资料，将其作为判定是否合格的标准。

2.3.2 要适应素质教育和财经职业教学改革的需要，改变教学方法

教师应力争克服课堂上以教师为主、以讲授为主，学生为辅、动手为次的“填鸭式”教法，摆脱应试教育的束缚；把传授知识作为培养学生全面素质的杠杆，以提高学生的全面素质为目标；在教学中发挥学生的主体地位与作用。在德育课的教学中积极实践启发式、讨论式、研究式等生动活泼的教学方法，活跃课堂气氛，调动学生学习的积极性，培养学生的

创新精神、分析和解决问题的能力、收集和处理信息的能力以及语言表达能力，使综合素质得到提高。

2.3.3 要根据模块教学的特点和需要，探索适合财政事务专业的教学方法

根据文化基础课程教学内容的特点，应主要采用以讲授为主的教学方法，注重发挥课堂教学的作用。专业课程应主要采用以实践操作为主的教学方法，既要注重发挥课堂教学的作用，又要注重发挥实践教学的作用，力争使课堂教学与实践教学达到1:1；实践教学的方法也应根据不同性质的专业课程灵活选择。例如，《电算化应用》的教学，应有相当多的课时，让学生上机操作，使学生通过训练能够基本掌握一般业务的计算机处理方法。

2.3.4 实行弹性学制、学分制和“多证制”，建立灵活的教学管理体制

课程结构、教学模式和教学方法的改革是中等职业学校教育教学改革的重要内容，但教学管理制度的改革也是整体教学改革的重要组成部分。在中职阶段应鼓励和指导学生参加财政事业专业相关的考试，获取相应的技能证书，如“会计从业资格证”、“全国计算机等级证书”等。

（1）实行弹性学制。弹性学习制度是对现行的学籍管理制度的重大改革，它允许学生实行工学交替、分段完成学业，也允许优秀学生提前完成课程设置规定的课程，修满学分而提前毕业或提前走上工作岗位。这种制度有利于培养学生独立自主意识，有利于学生在学习期间实现理论学习与实践工作最有效的结合。当学生采用“学习—工作—学习”这种工学交替方式完成学业时，其专业技能也就达到了一个较高层次。这种制度也有利于调动学生学习积极性，有利于拓宽他们的就业空间，也能受到用人单位的欢迎。

（2）实行弹性选课。职业教育的课程设置模式，必须既能主动适应社会经济发展的需要，又能满足受教育者个人发展的要求。同时满足社会和个人的双重需要，既是职业教育的基本任务，也是职业教育能够兴旺发达的重要前提。

首先，“双向选择，竞争上岗”是劳动力市场运行的基本法则。在人才就业市场上，劳动力资源通过市场机制得到合理配置。中等职业学校必须确立灵活的课程结构才能使毕业生具备主动适应市场供求变化的素质。弹性选课使学校和学生可以根据市场变化，及时调整专业方向，使毕业生在就业市场中占据主动地位。

其次，“因材施教”是财政职业教学中应遵循的基本法则。受教育者个人不但在兴趣、能力、性格等方面有自己的个性特点，而且学习基础、受教育程度和社会背景各有不同，对于生源质量参差不齐的职业教育学生就更是如此。实施弹性选课，为受教育者根据自己的实际情况在一定范围内选择学习内容创造了条件，有利于受教育者个性发展，并以更适合自己的方式立足于社会。弹性选课体现在两个方面：第一，不同专业的学生可以在若干选修课中，任意选择自己喜欢的课程进行学习；第二，学生可以根据就业形势及社会对人才的需求情况，随时调整专业，选修第二专业方向。

3 财政事务专业的教学内容和教材分析

下面以高等教育出版社出版的教育部中等职业学校统编教材，财政事务专业的专业主干课程教材《财政与金融基础知识》（张红专主编）和《税收基础》（何珍芳、吴利群主编）两本教材为例进行教学内容与教材的分析。

3.1 教学内容关联分析

3.1.1 内容结构关联分析

《财政与金融基础知识》课程向学生灌输以下理念：社会所创造出来的财富不能全部由个人支配，为了使政府能够顺利地承担各项职能，政府必须参与社会财富的分配。在介绍我国个人收入分配的有关知识后，侧重引导学生认识政府是如何参与社会分配的，即有关政府财政收入与支出的一般知识，帮助学生感受财政在我国社会经济发展中所起的巨大作用。由于税收是国家财政收入的基本形式。教师们可在教学过程中简单介绍有关税收的知识，培养学生依法纳税的意识。

3.1.2 逻辑结构关联分析

财政和税收课程有着密切的逻辑结构关系：由国家必须履行好对内对外职能，引出国家必须占有和消费一定的社会财富——由国家参与社会财富分配的必要性，引出财政、国家预算、国家决算、财政的基本作用——由财政引出筹集财政收入的具体渠道和影响财政收入的主要因素——由财政引出财政支出的具体用途，进而分析财政收入与支出的对比关系——由税收的含义引出税收的三个基本特征及其相互关系——在简单介绍我国税收的种类之后，着重介绍增值税和个人所得税的一般知识——在了解有关税收的一般理论知识后回归生活，着重介绍几种违反税法的现象以及国家法律对这些现象的相应处罚，强调依法诚信纳税是公民的基本义务。

3.2 《财政与金融基础知识》教学内容和教材分析

3.2.1 典型职业任务分析和教学目标

《财政与金融基础知识》是描述财政活动基本规律、基本特征的理论与知识的基础课程，是财经类专业的专业课，所介绍的财政学基础理论和基本原理在整个财政理论中发挥着支撑作用，人们掌握了这方面的理论和知识，就可以对周围的财政现象及其运动规律、财政现象与其他社会现象、政治现象和其他经济现象之间的关系有个起码的了解和判断，甚至可以运用所了解和掌握的财政学基础理论和基本原理去观察财政现象，研究财政问题。

通过本课程的教学将要完成的教学任务是：适应社会主义市场经济中、初级人才客观需要，立足于学生素质的培养和能力的提高，要求学生掌握财政基本理论和基本技能，成为具有相关方面的知识和能力、能运用现代科学技术手段在相关岗位从事相关工作的应用性人才。

学习《财政与金融基础知识》从事的典型职业是：乡镇财政助理和社区专干。主要从事乡镇财政预算的收入、支出管理与核算工作；从事社区社会保障资金的管理与核算工作等。

本课程的教学目标包括三部分。

知识目标：

了解财政的含义、财政收入的内容、财政支出的内容、政府预算和决算的含义和特点；理解财政的特征、税收的概念和特征、安排财政支出的原则、政府预算的组成及内容；掌握财政的职能、组织财政收入的原则、国债的特征和作用、财政支出的重点和范围、政府预算管理体制的内容；熟悉国家有关财政、税收、国有资产等方面的方针、政策和法规。

能力目标：

初步掌握如何运用财政政策实现经济平稳运行的实践能力；初步掌握根据政府职能合理分配财政支出的实践能力；能够为政府增加财政收入提出合理化建议的能力；辩证地认识财政赤字现象的思维能力；能够准确把握税收基本特征的理解能力；能够准确认识有关税收作用的理解能力；具有处理财政税收、国有资产、公债等方面业务的基本能力；了解本学科的理论前沿和发展动态，具备计算机财政信息处理的应用能力；掌握文献检索、资料查询的基本方法，具有一定的实际工作能力；培养学生较强的创新能力、思维能力、综合协调能力、沟通能力和决策能力。

素质目标：

感受我国国家财政的特征、功能，增强爱国主义情感；关心国家财政支出的内容，关注国家与社会发展，增强主人翁意识；认同我国税收的性质，拥护社会主义国家关于税收的法律和政策；牢固树立纳税光荣的信念，并自觉遵守税法，依法诚信纳税；以主人翁的态度监督国家对税收的征管和使用，与偷税、欠税、骗税和抗税等违反税法的行为作斗争。

3.2.2 教学重点内容选择

重点概念：财政、公共财政、配置资源职能、国家税收、国债、社会保障、社会保险、社会救济、社会福利、政府预算、政府预算管理体制、政府决算等。

重点问题：财政的一般特征、我国社会主义财政的基本特征、财政的三大职能、组织财政收入的原则、国家税收的特征、国债的特征和作用、基本建设投资额与拨款额的区别和联系、社会保障与商业保险的区别与联系、财政支出的原则、政府预算的组成和内容、现行政府预算管理体制的主要内容。

3.2.3 教学内容的组织

《财政与金融基础知识》中的财政部分，共分为财政概述、财政收入、财政支出、政府预算四大部分。课程贯穿“以能力发展为主，知识传授为辅”的教学原则，注重引发学生的注意和兴趣，增强学生学习的主观能动性。课程教学主要采用任务驱动的方式，阐明学习任务，提出学习的具体要求，灵活运用案例教学法、项目教学法、模拟教学法、卡片展示法、引导文法等多种教学方法，积极创设良好的教学环境，充分利用教学媒体，将阅读、课堂讲授、专题讨论、案例分析、动画演示、社会调查等多种教学组织方式相结合。例如，可就财政支出、财政收入、政府预算和财政政策等一些重要理论问题进行专题讨论，也可以结合国家的宏观经济政策进行专题讨论；税收可以案例教学为主、课堂讲授为辅，或组织学生对案例进行分析，也可组织学生就相关的财政、税收问题进行社会调查等。总之本课程教学从了解、理解和掌握应用三个层次把握学习的深度和广度，系统全面地学习基本理论、基本知识、基本技能，全面提高学生素质，培养学生各方面的能力，以适应经济建设的需要。

3.2.4 教材存在的问题

（1）理论偏深、实践性内容不足。教材内容重理论、轻实践，教材只是将有关知识直接介绍给学生，很少利用书本知识去分析实际问题，难以激发学生学习的积极性。教材中财政政策部分内容很少，而财政政策恰恰是理论与实践的连接点。

（2）教材更新速度慢。教材内容陈旧，跟不上社会发展需要，缺乏对新知识、新问题、学科新发展的涉及，教学与社会需求存在一定程度的脱节，不能更好地适应社会的需要。

（3）教材呆板。教材内容追求理论知识的系统性和完整性，专业术语较多，缺乏较形象的解释，教材版面不生动；教材的表达局限于文字，缺少形象的图像与文字相配合，不利于吸引职业学校学生的眼球。

（4）教材配套教学软件、课件欠缺。随着信息化普及程度的不断提高，音像媒体、网络课件、CAI 课件、教学素材库、电子教案、试题库及考试系统、多媒体教学软件等媒介已经成为传播知识、传授技能、提高学生学习兴趣、提高课堂教学效率、培养学生创新能力的有效手段，从而成为教材建设中不可分割的重要内容。目前这些手段在本教材中的应用相对薄弱，教材建设的立体化程度有待加强。

(5) 教材配套教参资料欠缺。目前除文化课（如语文、数学、英语）等有教师教学参考书外，有关专业课的教参是比较少的，对专业课教学缺少教学方法的建议和学法的指导，不利于教师和学生开展自主性学习。

(6) 教材没有考虑地区、学生差异。全国各地都在用一本教材，而各地每所学校的师资、生源、专业方向、就业方向各有不同，教材提供的单一的教学内容，难以适应各地教学。

3.2.5 教材建议与改革方向

(1) 教材要体现实用性。在编写教材时，理论部分要尽可能少，够用就行，应体现课程内容与学生生活以及现代社会发展的联系，关注学生分析问题与解决问题能力的培养，帮助学生运用所学知识，观察、分析社会现象，关注社会热点，帮助学生解决实际问题，从而体现中职教育的实用性。

(2) 教材要注意及时更新。要将最新职业教育科研成果、先进的教学手段和教学方式、教学改革成果等及时纳入编写的教材之中，力争使教材内容新、数据新、体系新、方法新、手段新。

(3) 创新教材结构模式。教材可采用模块结构，根据教法编写教材。例如，采用任务驱动法，把一个项目分成若干任务，把理论学习和实际相结合，逐个解决任务，从而完成教学。教材可根据需要开设相关栏目，将教学内容归类，栏目板块穿插编排，使教材层次分明，重点突出，便于学生查找、记忆和学习，便于学生理论联系实际，可随时插入应用常识或有关的阅读资料，突出教材的实践性和针对性，又不影响教材的系统性和知识的前后联系。教材编写要图文并茂、生动、直观、具体，要符合中职学生的阅读习惯，让中职学生喜欢看。

(4) 教材要注重开发和丰富教学资源。提倡设计与编写不同版本的教材，并开发出系列配套教材，包括主教材、学生学习指导书、专业工具书、实验教材、素材库、实习实训指导书、教师参考书等，同时形成印刷媒体、音像媒体和电子媒体等多种教学媒体综合运用，为教学服务，以丰富专业课教材，提高教师的教学能力，也为学生开展个性化学习提供条件。在当今时代，教育软件化、多媒体化已是大势所趋，多媒体教学还具有形象性、多样性、新颖性、趣味性、直观性、丰富性的特点，教材开发要引入信息技术，通过给教师和学生提供不同的参考资料，如光盘、网站、题库、课件等，使教学双方能接触到不同层面、不同形式的内容，让枯燥的内容变得色彩缤纷、富有动感，从而强化学生的学习过程，提高学生的学习兴趣，使学生理解问题和处理问题的能力不断得到提高。

(5) 教材要考虑地区差异、学生差异。教材可采用模块结构，使其应用更具有灵活性，既可满足宽基础的要求，又能适应弹性教学。教材可分为两大模块。第一模块为基础模块，是学生必备的知识和技能基础；第二模块是应用和实践模块。每个模块又分为必学和选学两部分，必学部分是基础，是每个学生都应该学的，教学中必须予以保证；选学部分是提高部分，可按各自专业的需要及就业方向来选取，与之相适应，例题、习题也应包括两个层面，为不同需求的学生而准备，同时也为分层教学打基础，为针对性教学创造条件。这样一方面考虑了学生的基础不同，另一方面也考虑了学生的学习目标不同，可以满足立志于升学的学生与毕业后马上就业学生的不同要求，充分体现学生的个体差异，因材施教，分类指导，更好地促进学生实现自身的价值。

3.3 《税收基础》教学内容与教材分析

3.3.1 典型职业任务分析和教学目标

《税收基础》是根据财政事务专业典型职业活动直接转化的专业核心课程，与《财政事务》、《基础会计》、《经济法基础》等核心课程相衔接，具有较强的政策性和实践性。

通过本课程的教学将要完成的教学任务是：熟悉企业办理涉税业务流程，正确进行税费计算、纳税申报及税费缴纳，具备涉税业务的处理能力，与相关人员的沟通交流能力，培养法律意识、诚信意识、责任意识。

学习《税收基础》从事的典型职业是涉税员，是在税务代理机构专门从事代理记账、纳税申报、税务咨询、税收筹划等相关岗位工作的职业者。

本课程教材的教学目标包括三部分。

知识目标：

按照国家税收法律、行政法规以及与纳税程序有关的管理制度，依法计算、申报、缴纳税款；编制有关的税务报表及分析报告；完成涉税业务的会计凭证编制、账簿登记、文件报送等工作。

能力目标：

培养学生具备纳税意识，明确依法纳税的责任与义务；能够计算增值税、消费税、营业税、城市维护建设税、教育费附加、所得税等税费；能够运用相关软件及设备，进行税费的申报与缴纳；具备涉税业务账务处理的能力；具备基本的纳税分析和筹划能力、沟通交流能力。

素质目标：

作为一个现代公民，不仅要依法诚信纳税，还要关注国家对税收的征管和使用。教学中要引导学生积极关注国家对税收的征管和使用，对贪污和浪费国有资产的行为进行批评和检举，培养学生的公民意识。在教学环节，教师可结合现实生活，针对消费者是否向商家索要发票作简要的阐述，旨在使学生知道：购买商品索要发票，就间接地为国家税收作出了贡献，因为消费者是否向商家索要发票，关系到国家税款能否足额入库。发票也是消费者维权的凭据。

3.3.2 教学重点内容选择

《税收基础》这本教材分为三篇（2006 年版）：第一篇是税收基本理论，共三章，介绍了税收的概念、本质、特征、产生与发展，税收的职能和作用，税收制度等内容。第二篇是中国现行税制，共六章，第一章介绍了我国社会主义税制的建立和发展，我国现行税制体系，我国的税制改革等内容。另外五章按五个大类，即流转税制，所得、收益税制，资源税制，财产税制，行为税制，详细讲解了19个税种的基础知识及其计算和申报缴纳。第三篇是税收管理，共两章，介绍了税收管理的概念、内容和原则，我国现行税收管理体制，我国现行税收管理机构，我国现行税收征收管理制度，税务代理制度及税收法律责任和税收诉讼等内容。从整体框架上来看，这本教材重点突出，对我国现行税制中的主体税种流转税和所得、收益税制安排了大量的篇幅，在各税种内容的叙述上以正确计算与申报缴纳为核心，概念明确，文字简明，比较贴近社会实际。

《税收基础》课程的重点内容如表1-3-1所示。

表1-3-1

篇章目录	教学重点内容	选择理由	教学目标
第一篇 第三章	第一节　税收制度与税法 第二节　税制构成要素	税收理论的基础知识，许多重要概念在以后章节中要反复运用。	理解并能运用基本概念
第二篇 第五章	第一节　增值税 第二节　消费税 第三节　营业税	税收事务中的常见税种	能正确计算各税种应纳税额，熟悉申报和缴纳流程，会填制实务中常见的单证，具备简单的税务筹划能力。
第二篇 第六章	第一节　企业所得税 第三节　个人所得税		
第三篇 第十一章	第二节　我国现行税收征收管理制度	实务操作中必须遵守的程序和要求	掌握并能在实务操作中熟练运用

3.3.3　教学重点内容组织

税收事务这门课程具有较强的政策性和实践性，教师应以职业性为特点，以实践教学为强化和检验手段，对教学内容进行整合、序化、优化，使理论教学与实践教学紧密结合在一起，以实现课程教学目标。为了合理地组织教材内容，教师主要应遵循以下三个原则：

(1) 既要注意税收知识内在的逻辑性、系统性、连贯性和关联性，也要充分考虑到学习者认知的内在的程序性和连贯性。只有通过对教材的合理组织，把教材的知识结构和学生的认知结构很好地结合起来，才会有利于学生快速有效地掌握知识。

(2) 注意税收知识之间的联系与沟通。从纵的方面看，知识脉络要清楚，上下位联系应环环相扣。对重难点内容要前有铺垫，后有延伸、发展。从横的方面看，要注意本门学科同层次知识间的相互联系、贯通，同时也要注意邻近学科间的相互联系、贯通与渗透。税收知识涉及领域广泛，知识点零碎，对初学者来说比较难接受。如果在教学过程中找到各知识点之间的区别和联系，将其形成网络，就能大大提高教学效率。

(3) 兼顾部分和整体，既要使每个知识点的组织达到最优化，又不能影响到学生对税收知识的整体认知。只有这样才能使学生在最短的时间内获得最佳的学习效果。

基于上述原则，税收事务课程可以分为两大板块：一是税收事务基础理论。税收事务基础理论部分应包括全部税收基础的重点内容（见《税收基础》的重点内容一表），可按照八个模块进行，重在理论讲解。理论课可采用全程多媒体教学，配合使用黑板、教具等教学媒体。在课堂上由教师利用多媒体演示讲解，师生互动，参与式教学，同时配合实训教学。理论课的教学目的是使学生掌握税收事务的基础理论和技能操作的基本方法，为学科学习以及今后从事本专业的工作奠定坚实的基础。二是税收事务模拟实训。按照教学计划先进行理论课教学，再进行实训。每次实训 8 ~ 10 人/组，按照实训指导及税收事务流程来组织教学，先由教师集中讲解示教，再分组边操作边讲解操作过程的要点、注意事项。学生再独立操作，并且教师指导、检查，最后根据该项目评价标准打出实训操作成绩。在税收事务的实训教学中可以设计如表 1 - 3 - 2 所示一些教学情景。

表 1 - 3 - 2

情境编号	情境名称	项目内容	学时
P1 - 1	税务登记	1. 税务登记的内容； 2. 办理税务登记流程及需要准备的文件； 3. 办理税务登记的相关事项。	4
P1 - 2	增值税的申报与缴纳	1. 应纳增值税额计算； 2. 增值税纳税申报表的填写； 3. 增值税申报与缴纳； 4. 增值税专用发票的领用。	10
P1 - 3	消费税的申报与缴纳	1. 应纳消费税额计算； 2. 纳税申报表的填写； 3. 消费税申报与缴纳。	4
P1 - 4	营业税的申报与缴纳	1. 应纳营业税额计算； 2. 纳税申报表的填写； 3. 营业税申报与缴纳。	4
P1 - 5	所得税的申报与缴纳	1. 应纳所得税额计算； 2. 所得税纳税申报表的填写； 3. 所得税申报与缴纳。	8

在这些学习情境中，可以采用情境教学、案例教学法、角色扮演法、任务驱动法等教学方法，要求学生熟练填制各种单证，以期实现教、学、做合一，理论实践一体化。另外充分利用课余时间开放实训室，安排教师指导，使学生最大限度地利用课余时间进行反复强化训练，能较熟练地掌握相关的各项操作技能。

为促进学生尽快融入社会、了解社会，提高社会实践动手能力，明确学习目标，有条件的学校应将学生介绍到与税收事务相对应的工作岗位上实习。让学生了解实际操作流程，加深对税收事务知识的理解，培养学生的交流能力，加强工作责任心。

3.3.4 教材存在的问题

教材与教学是紧密相关的，教材是教学的工具，是搞好教学的基础，而教学是按照教材进行的。要想使教学既不能脱离教材又不能照本宣科，首要的问题就是要有一本好的教材。通过对一些不同版本的税收基础教材进行的比较和参考，发现多数教材存在着明显的缺陷。

（1）在教材内容的设置上，那些专门针对中职学生编写的教材在指导思想上有一些偏差，容易给人造成这样一种错觉：似乎中职教材与高等教育教材没有多大的差别，只是在内容上比高等教育教材少一些，知识上浅一些而已。大家都很清楚中职教学的一个显著特点是，教学对象的认知特点比较独特。中职学生数理逻辑方面以及语言方面的能力相对较差，而空间视觉、身体动觉等方面的能力则较强，因此形象思维能力强，抽象思维能力弱。翻开现行的税收基础教材满篇幅的都是文字描述，没有图解，没有表格，也没有能说明实际问题的生活中的实例，这样的教材很难引起学生的学习兴趣。大部分学生对他们所用的税收基础教材有一个普遍的反映，那就是“自己看书不太容易看明白”。显然，这是由于他们缺乏相关基础知识的缘故，但从另一方面也说明了教材内容的设置存在问题。

（2）在教材内容的适用性上，现行的税收基础教材过于追求知识体系的完整，各个税种都涉及，却没有突出行业的适用性。使学生在学习时感到知识点零碎，知识量大，找不到和其他学科的关联性，因而无从下手。当然，教材的适用性还表现在是否适应学生的认知特点，是否能跟上社会经济发展的潮流方面。我国正处于建设法制化社会的进程中，税收法律法规的变化很频繁，大部分税收教材都存在知识老化过时、更新速度慢的问题。

（3）在教材内容的描述上，过多使用专业术语，增加了学生理解的难度。在税收基础教材中经常出现“职能”、“概念”、“原则”、“体制”等书面化的语言，教师觉得这些词语很简单，但学生却觉得晦涩难懂。在介绍各个税种时也过于注重书面化的描述。比如，书中对“货物”的解释是“指除土地、房屋和其他建筑物等不动产之外的有形动产”，学生肯定会继续追问“什么是有形动产呢”，这实际是把简单的问题复杂化了。

3.3.5　教材建议与改革方向

（1）从教材的编排上说，中职学校使用的税收教材应打破知识的理论体系，充分体现“工作导向，任务驱动”的模式。按工作内容设置任务，由任务引领教学内容。例如，我们可以把“发票领购与使用”作为一项任务。在“任务分析”中描述企业发票领购申请书的编写，领购、填制、保管、审验与退回发票的手续及操作；在“相关知识”中介绍发票领购申请书编写的依据及要求，领购、填制、保管、审验与退回发票的制度及操作流程；在“任务完成”中展示此项任务的工作成果，即编写完成的发票领购申请书与取得发票领购簿及登记完成的发票领购簿。这种编排形式有利于学生迅速掌握知识要领，避免冗余的内容分散学生的注意力，削弱学习兴趣，很好地体现知识的实用性，即用到什么就解释什么。

（2）从教材内容的设置上，中职学校使用的税收教材应充分体现实际操作要求。可以减少概念性、原则性知识的文字描述，多采用流程图、表格、图示等形式进行讲解，必须将实际操作中经常使用的单证、表格最大限度地展示给学生，让他们对所学内容有一个形象的认识。在教材中加入与学生生活密切相关，或者是引人注意的社会焦点案例的讲解，以激发学习兴趣。这些做法不仅符合中职学生的认知特点，而且可以使教材的形式活泼、新颖，与实际工作联系紧密，更好地体现“理论——实践一体化”原则。

（3）在教材内容的描述上，中职学校使用的税收教材应尽量使用贴近生活的语言，避免使用过于专业的术语。对于一些名词的解释也应通俗易懂，不要为了说明一个词，又引起学生更多的误解。

(4) 考虑到中职学校毕业生就业时需要相关资格证书，在教材的内容上应包括考证所要求的相关知识点。

3.4 财政事务专业整体教学改革的基本原则

财政事务专业整体教学改革是一个系统工程，涉及培养目标、教学方案、课程设置、教学内容、教学方式方法、教学模式以及教学管理方法、教材建设、师资队伍建设、教学手段等方方面面。改革的成效如何，不仅影响到中职财政事务专业的专业建设，还直接影响到专业人才的培养是否符合用人单位的要求，能否适应日新月异的知识更新和社会发展，从而关系到财政事务专业的生存与发展。因此，进行财政事务整体教学改革，必须站在新世纪的高度，转变办学思想观念，全面贯彻《职业教育法》以及教育部《关于实施素质教育 深化中等职业教育教学改革的意见》的精神。改革要具有前瞻性、创新性、系统性、科学性和实用性。因此，本专业的教学改革应遵循以下原则：

3.4.1 主动适应市场经济、不断创新的原则

教学改革应注重分析和研究经济建设与社会发展中出现的新情况、新特点，特别是关注社会主义市场经济和本专业领域技术的发展趋势，努力使教学计划具有鲜明的时代特点，坚持以人为本、以能力培养为宗旨的原则，在改革中既要创新，突破传统的习惯束缚，同时要遵循教育教学规律，妥善处理好社会需求与教学工作的关系，处理好社会需求的多样性、多变性与教学工作的相对稳定性的关系。

3.4.2 全面实施素质教育的原则

教学改革必须全面贯彻党和国家的教育方针，正确处理德育与智育、理论与实践的关系，正确处理好传授知识、培养能力、提高素质三者之间的关系。要注重全面提高学生的综合素质，实现教学工作的整体优化，切实保证培养目标的实现。因此，在改革方案中既要加强文化基础课的教学，突出培养学生的创新意识，增强可持续发展能力，又要加强专业知识和实践技能的培养，增强学生的职业能力，同时还要考虑第二课堂教育，以提高学生的综合素质，全面实施素质教育。

3.4.3 突出应用性和针对性的原则

教学改革要以适应社会需求为目标，以培养技术应用能力为主线。制定财政事务专业的新课程设置时，应按有关规定确定课程结构，文化基础知识教学要以应用为目的，以必需、够用为度，以讲清概念、强化应用为教学重点；专业知识教学要加强针对性和实用性，同时应使学生具备一定的可持续发展能力。

3.4.4 加强实践能力培养的原则

教学改革要做到理论与实践、知识传授与能力培养相结合，技能培养要贯穿教学全过程。制定课程设置要加强实践性环节，增加专业模拟、社会实践的时间和内容。专业模拟课程可单独设置，以使学生掌握从事专业领域实际工作的基本技能，应建立实训基地，让学生到基地去参观实习。实施实践教学应主动争取当地财政等部门和机构的参与，充分利用各种社会资源，使学生掌握从事本专业工作的技能。

3.4.5 从实际出发办出职教特色的原则

教学改革应从实际情况出发，在办学思想、办学模式、专业建设、课程设置、课程体系、教学内容、教学方法、课外活动、教学管理、校风校纪等方面逐步形成特色，以增强学校的办学竞争力。职业学校应积极探索多样化的人才培养模式，真正走出一条培养目标应用型、教学模式开放型、教学内容有针对性、教学环节有实践性、师资队伍双师型、人才规格多证型的办学新路子。

3.4.6 加强配套改革、整体优化的原则

财政事务专业的整体教学改革涉及中等职业教育教学工作的各个方面，不仅包括教学方案的调整、课程设置的变化以及教学方式方法和教学模式的改革，而且包括教学组织管理和教学制度等方面的改革、师资队伍建设、教学手段更新、教学条件改善等内容。因此，只有做到改革配套、整体优化，教学改革才能取得应有的效果。

3.4.7 遵循职教教学规律，处理好与基础教育和高等教育的关系

在我国的教育体系中，中等职业学校财政事务专业学生主要来源于初中毕业生，既与普通高中一样属于高中阶段教育，又与普通高中教育有着本质的区别。普通高中教育以科学文化教育为主，而职业教育则是以文化素质和专业知识、技能两个方面为主的教育，它既要求学生掌握必要的文化基础知识，又要求学生有较强的岗位职业能力。因此要正确处理好文化课与专业课的比例关系。

另外，财政事务专业的教学改革也面临着与高等职业教育的衔接问题。中等职业教育的文化基础课和专业课的教学要达标，专业课教学要突出实践操作技能的培养。另一方面，上述两方面的工作也要处理与高等职业教育相应专业的衔接。

3.4.8 专业和课程设置要考虑多接口的原则

由于社会对财政事务专业毕业生的知识、能力和素质结构要求发生了重大变化，对中职毕业生的素质提出了更高的要求。因此，在财政事务专业教学改革方案中，既要按照财政事务专业知识结构的基本要求设置必要的主干专业课程，并通过这些主干课程的教学形成从事该专业工作的基本知识与技能，同时，又要考虑毕业生适应职业变化的需求，建立若干个与财政事务专业接近的专业方向，供学生选择第二专业方向，或根据社会需求调整专业方向。因此，新教学方案应形成以财政事务专业为基础，并兼顾向不同专业方向发展的需要。

4 财政事务专业的教学媒体和环境创设

4.1 财政事务专业的教学媒体种类和特点

教学媒体包括在教学过程中为获取、加工、处理和利用信息所使用的存储与传递事物信息的所有媒体。财政事务专业教学中通常使用的教学媒体，按其发展层次可分为传统教学媒体和现代教学媒体。传统教学媒体是由教师的语言、神态和动作，以及黑板、粉笔、挂图、模型、教科书等组成；现代教学媒体是指幻灯、投影、广播、录音、录像、计算机、网络等，以及多种媒体的组合系统——多媒体系统。无论是传统教学媒体还是现代教学媒体，在教学过程都发挥着重要的作用。不同的教学媒体影响着学生在教学中的参与程度，进而影响到学生的学习情绪。

4.1.1 传统教学媒体

传统教学媒体的优点在于：①方便灵活。学生使用这类媒体学习时，可自定学习步调，自由选择，并可在材料上做出标记、注释以便日后查阅。同时课程材料可按不同的方式进行设计，便于学生自学。②符合学生的学习特点。传统教学媒体以语言的形式显示教学信息，有利于提高学生抽象思维能力。③在信息传递的同时，师生间有感情交流，有利于情感因素的运用。在信息传递过程中，老师对学生的反馈信息进行及时处理，对信息传递的容量和强度具有比较强的调控作用，从而使信息传递能够稳定地进行。学生注意力也比较容易集中。

传统教学媒体的缺点在于：①信息传递量较小；②直观性和形象性比较差；③新颖性和趣味性比较差。这些都不利于非智力因素的发挥。特别是对比较抽象的信息，传递效率更低，表现力更差，直接影响课堂教学效果。

4.1.2 现代教学媒体

使用现代教学媒体可以扩大课堂信息容量，增强知识的直观性和多样性，尤其是目前广泛使用的多媒体技术更加具备以下优点：

（1）妙趣横生，激发兴趣。利用多媒体能够将抽象的财政事务概念转化为形象生动的画面，降低了财政事务知识的认知难度。图1-4-1这张PPT中对“资产”的演示多清晰，教师讲解时就可以结合图片中的内容进行讲解，使原本抽象的概念变得形象具体。

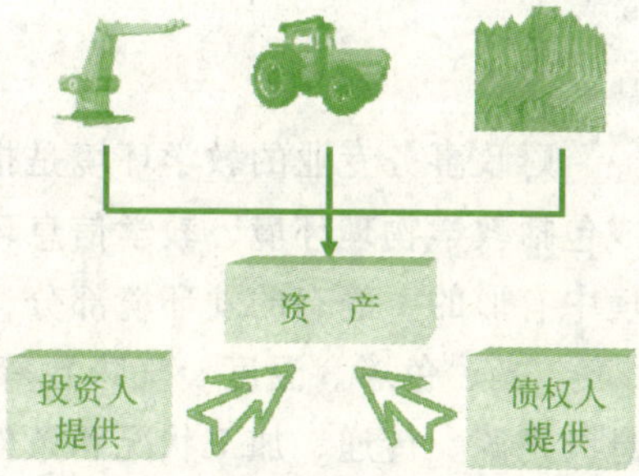

图1-4-1

（2）形象生动，帮助理解。比如，财政事务专业教学中关于操作流程的问题，一直是一个枯燥琐碎的知识点。可利用FLASH软件将整个业务流程制作成动画，演示给学生看，使得原本讲述起来显得杂乱无章的知识，生动展示在学生面前，就如同他们亲身感受一样，大大提高了教学效果。

但是多媒体应用于教学也并非完美无缺，其缺点在于：

（1）容量与节奏的问题。运用多媒体教学省去了写黑板和擦黑板的时间，这样教学内容可以增加很多。但是容量太大使学生很难消化，教学效果反而下降了，达不到预期的教学目的。同时用多媒体展示板书，切换的时间很短，节奏很快，学生来不及思考和消化，也使教师难以把握教学进度。

（2）用电脑显示屏替代黑板，只有屏幕没有板书，或者只有几个序号和内容提纲，看似知识量很大，实则学习效果难以保证。学生满足于获得老师的课件，而放弃了做课堂笔记，不利于突出教学重点和复习。

（3）多媒体形式生动，使一些自制能力较差的学生难以将注意力集中在教学内容上，尤其使用FLASH加入动画效果的课件更是如此。

（4）多媒体教学不利于及时处理学生的反馈信息，所以对信息传递没有调控作用，信息传递缺乏稳定性，并且由于缺乏与学生的情感交流，其优点难以充分发挥出来。

随着我国经济的发展和科学技术水平的提高，越来越多的学校采用了现代教学媒体，尤其是多媒体技术日益发展完善，已经成为财政事务专业教学中具有代表性的典型教学媒体。现在一个普遍的误区是：只有现代教学媒体，尤其是多媒体系统才是教学媒体，而黑板、粉笔等传统教学媒体好像已不再是教学媒体了，或是认为传统教学媒体已不能适应教学的需要，应该被淘汰。但事实是，教学媒体只是达到教学目标的一种手段，必须为教学目标服务。教学媒体本身并没有优劣之分，只有教学媒体的选用有优劣之分，其优劣应看它是否适合教学内容、对教学效果的影响如何，而不是只孤立地看选用了哪种教学媒体。没有一种媒体适合于所有的教学目标，也没有一种媒体适合于所有学生的学习类型和特点。在选择教学媒体时应充分考虑课程特点、教学对象，将传统教学媒体和现代教学媒体有效地结合起来，以期达到最好的教学效果。比如，在税法教学中，有关报税流程的内容可利用多媒体技术制作一些动画，帮助学生理解，而在进行公式推导、计算讲解时，粉笔、黑板和语言则更容易使学生注意力集中、带动学生的思维，能够获得更好的教学效果。

4.2 财政事务专业的教学环境创设

财政事务专业的教学环境是指影响财政事务专业学生学习活动的各种因素的总和。其构成包括教学物理环境、教学信息环境和教学心理环境。教学物理环境是财政事务专业教学环境中有形的、静态的硬环境部分，如教学场所、教学设施、班级规模、座位编排和自然条件（声、光、色彩、温度、气味）等。教学信息环境是关于教学活动中知识信息、教学活动信息的来源、传递、加工状况和条件的总和。教学心理环境包括人际关系、教学气氛、群体规范、班级文化和社会信息等，它和教学信息环境都是财政事务专业教学环境中无形的、动态的软环境部分。

教学环境在整个财政事务专业教学系统中的作用主要通过以下几方面表现出来：

（1）它能影响学生的学习认知与情绪。如果教室内空气混浊，则容易导致师生大脑昏沉而降低教学效率。而空气新鲜的教室则使人大脑清醒、心情愉快、效率提高，光线适宜、没有噪音的环境，更容易使人集中注意力，有利于学生对各种教学信息的接受和利用。

（2）教学环境能影响学生的学习动机与行为。教育心理学的研究表明，学习动机的激发与维持主要是在学习情境中实现的。积极的教学环境因素，如教师的高期望、良好的师生人际关系、活跃的课堂气氛、新颖的环境布置等都有助于学习动机的激发。以师生关系为例，良好的师生关系有助于提高学生的学习动机，师生关系紧张就会抑制学生的学习兴趣。

（3）良好的教学环境可以陶冶学生的情操，净化学生的心灵，指导和纠正学生的道德行为习惯。教学环境作为青少年长期生活于其中的可感可知、具体生动、形象的微观社会环境，在其道德认识、道德情感、道德意志以及道德行为习惯的形成和发展中有着其他环境不可替代的重要作用。

4.2.1 财政事务专业教学环境创设应遵循的原则

（1）目的性原则。即教学环境的创设应服务于教学目标。

（2）教育性原则。教学环境的设计必须有利于启迪学生的思想，陶冶学生的个性，激励学生情感，充分体现各种环境因素的启发教育意义。

（3）科学性原则。教学环境的设计要符合学生身心发展的特点和教学规律，遵循生理学、心理学、教育学、教育美学、学校德育的基本原理。要通过科学合理的设计调控，使得教学环境真正成为科学和艺术的统一体。

（4）实用性原则。创设良好的教学环境并不意味着追求豪华的设施，要符合学校实际情况和经济条件，其主要目的还是更好地服务于教学。

（5）多样性原则。以丰富的方式传达同一信息，避免单调重复。丰富的信息刺激，有助于学生多种感觉的协同运作、左右大脑的同时开发和学习效果的提高。

4.2.2 优化财政事务专业教学环境的方法

（1）在优化教学物理环境时，可采用创设氛围的方法。教师要利用环境中的物理条件，为财政事务专业教学营造积极的课堂心理氛围。不同的物理因素的组合，可以产生不同的影响力。比如，色彩的冷暖、光线的明暗、声音的高低等，其不同的组合会唤起不同的心理感受。因此，财政事务专业教师的首要任务是精心设计财政事务课程教学的物理环境，让学生产生舒适的心理感受，为调动学生的学习积极性提供可能。其次，要灵活利用空间距离关系为营造课堂气氛创造条件。空间距离关系主要指座位的安排形式、课堂场地的大小及形状、教师的走动路线等。例如，在做会计模拟实训时，可以让同学自由组合，随意将课桌摆放为他们感觉舒适又便于交流的位置。按照不同的教学形式，采用灵活多变的座位编排形式，激起学生的新奇感，为学生最大限度地参与课堂活动创造条件。

（2）在优化教学心理环境时，可采用期待激励、注重良性积累的方法。在财政事务专业教学活动中教师可以通过对学生行为表现出肯定和鼓励，营造充满自信、追求成功的心理氛围。教师要让学生相信自己的发展潜能，并感受到教师对其能力的信任。利用师生关系、生生关系及学生个体人际关系中积极的情感因素，营造良性循环的心理氛围。这种经过长期积累的积极情感，是一种比较稳定的情感，是形成良好教学心理环境的基本因素。因此，财政事务专业教师必须努力和学生形成一种相互关心、相互信任、相互合作、相互尊重的师生关系，为创设和谐的课堂心理氛围提供保障。

（3）在财政事务专业教学中引入竞争合作模式。这是指在财政事务专业教学过程中通过引导学生进行相互间的竞争与合作，营造团结紧张、奋发图强的心理氛围。竞争与合作是营造良好教学环境的重要因素，对优化班级心理环境会起到重要作用。比如，在沙盘模拟实战中，教师可以让学生自由分组结合，让学生在竞争中体会知识的价值，成功的喜悦，在合作中学会和别人交流沟通、换位思考。竞争的意识和活动有助于激发学生的学习动力，帮助学生赢得自尊并获得他人的赞许。但是，竞争也会使一部分学生产生过多的压力，而且频繁的竞争会使学生间失去信任感，使班级集体出现紧张、不安等消极气氛。因此，必须强调竞争与合作相结合。教师应当灵活运用这一方法。

（4）创设个性化的教育情景。学生是教学活动的主体，他们的学习是一个主动获取、主动发展的过程。学生的头脑不是一个需要被填满的容器，而是一个需要被点燃的火把，教师的使命就是点燃它们。因此需要摈弃呆板、被动和千篇一律，追求和提倡富有个性的教学情景的创设。这将有助于照顾学生的个性差异，拓宽学生的知识面，扩展学生的视野，调节学生的心境，增强学生的动手能力和创新意识，挖掘学生的个性特点，从而使每个学生的人格都能获得全面和谐发展。例如，在财政事务专业有税收事务这门课程，税收事务中的一个重要内容是“企业开业税务登记”。这是操作性很强的一部分内容，教师可将学生分成小组，安排不同的角色，如涉税员、税务服务人员、公司的董事长等，让学生表演税务登记的整个办理过程，真正动手填制所需单证表格。在表演过程中学生可以自由展示自己的个性，只要能完成全部操作流程，教师就给予充分的肯定。教师在教学活动中所表现出的尊重学生人格、与学生平等相处的良好行为，有利于教育目的的真正实现。

（5）在教学环境创设中多采用启发式教学。在教学活动中，教师要善于把教学目标变成充满探究性的一个个问题情景，给学生以适时启发，让学生在求知的同时感到有趣，并时时关注学生创造性思维的发展。在一定的教学情景中组织和开展各项教学工作，以体现教学活动中师生民主平等的教学思想。例如，在讲解出口退税的计算问题时，教师可用一个案例加一个问题的方法，引导学生思考，如图 1-4-2 所示。

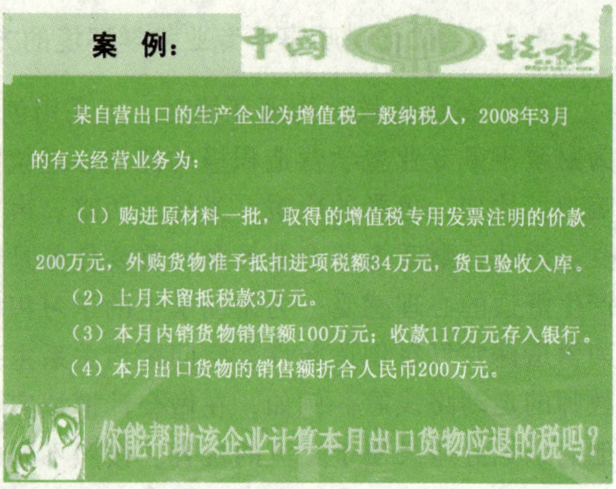

图 1-4-2

（6）财政事务专业院校应注意构建实践性教学环境。构建实践性教学环境可以让学生通过反复的实践，体验到学习的成功感。如进行校企联合或者把企业作为专业实习基地，学生通过基地的实习调研，增强感性认识，提高实践应用能力。还可以开展特色课外实践活动，既开阔了视野，又克服了专业实习时间较短的缺陷。学校还应聘请一些有实际工作经验的人员给学生做专题讲座或座谈，丰富教学内容，拓展学生的知识领域。

（7）不能忽视网络教学环境的创设。在现代教育技术日益发达的今天，计算机多媒体技术和网络技术的应用，为学习者提供了很好的学习平台。但调查表明，大部分学生利用网络聊天、看电影、听音乐、玩游戏，实际用于学习的较少。因此，网络教学环境创设的关键是让学生形成一种自主学习的习惯。这就要求学校做好校园网络的建设与维护，提供以财政事务课程体系为基础的网络学习平台，建设数字化图书馆；教师要运用网络资源的丰富性，加强辅导课的信息含量与质量，把网络环境提供的丰富教育资源与基本教学内容相结合，利用网络连接课内外学习，有助于创设真实的问题情境，扩大学习者认识范围，丰富学习者认识方式。还可建立师生互动的论坛，增强师生之间的交流沟通。

总之，成功的财政事务专业教学环境的创设，是在教师主导和学生主体的共同作用和配合下形成的，这就需要教师根据学生的实际情况和教学目标，采取有针对性的措施和方法来创设成功的教学环境。

4.3 教学过程中探究活动的设计

20 世纪 60 年代，美国著名教育心理学家布鲁纳提出了“发现学习”教学模式。与此同时，美国芝加哥大学施瓦布教授也提出了“探索学习”教学模式。这两种模式都是在教学中遵循科学家从事的科学探究活动，从问题入手，引导学生通过分析，运用科学思维提出假设，再通过理论或实践对假设进行验证，并通过这一过程使学生掌握科学的知识和技能。

探究式教学是指学生在学习概念和原理时，教师只是给他们一些事例和问题，创设一个教学环境让学生自己通过阅读、观察、实验、思考、讨论、听讲等途径去独立探究，自行发现并掌握相应的原理和结论的一种方法。它的指导思想是在教师的指导下，以学生为主体，让学生自觉地、主动地探索，掌握认识和解决问题的方法和步骤，研究客观事物的属性，发现事物发展的起因和事物内部的联系，从中找出规律，形成自己的概念。可见，在探究式教学的过程中，学生的主体地位、自主能力都得到了加强。学生需要思考怎么做甚至做什么，而不是让学生接受书本上或者教师提供的现成的结论。毋庸置疑，学生对通过这样的途径获得的知识会理解得更透彻，掌握得更牢固。

4.3.1 探究式教学的过程

一般的探究过程涉及观察，提出问题，作出预测、猜测或假设，设计研究方案并开展工作以搜集数据，对获得的数据进行处理分析与解释（解读数据）以验证假设，得出初步结论，考虑其他可能的解释及提出有待进一步探究的问题，将上述探究过程与结果以一定的方式陈述或表达出来，以及在这一过程中与他人合作交流（分享）及开展评价。这个过程可以概括成以下几个步骤：

（1）设问质疑。探究式教学的载体与核心是问题，学习活动是围绕问题展开的。探究式教学的出发点是设定需要解答的问题，这是进一步探究的起点。从教学的角度讲，教师需要根据教学目的和内容，精心考量，提出难度适中、逻辑合理的问题。当然，教师也应该为了达到让学生自主学习的目的，引导学生自己去发现问题，那是更高层次的要求了。

（2）实验探究。这是教学的关键步骤，教师首先要帮助学生拟订合理的研究计划，选择恰当的方法。同时，要求教师提供一定的实验条件或必要的资料，由学生自己动手去实验或者查阅，来寻求问题的答案，提出某些假设。这时，教师起到一个组织者的角色，指导、规范学生的探索过程。这个过程可以由单个学生自己完成，也可以由教师将学生分组来完成。要注意培养学生寻求合作的团队精神。

（3）思考作答。经过探究过程，学生要把自己的实验过程或者查阅的资料进行总结梳理，得出自己的结论和解释。不同的学生或者团队可以就同一问题提出不同的解释或看法。他们要能够将自己的结论清楚地表达出来，大家共同探讨。

（4）分享矫正。这个过程要求学生把自己的探究结果介绍给全体同学，由集体讨论、辩论，使不准确的地方得到完善。教师在这个过程中要适时给予矫正，肯定长处，指出不足，注意营造融洽的交流氛围，体现出课堂的民主精神。

4.3.2 探究活动的设计意图和操作建议

下面以《财政基础》与《税收基础》课为例，进行探究活动的设计。

《财政基础》第一章：财政及其作用。此章可设计三个探究活动。

第一个探究活动：设问质疑——修建地铁由谁来办？

（1）设计意图。一是以讨论形式导入新课，激发学生的学习兴趣；二是从生活出发，让学生感悟政府提供的服务几乎处处存在，增强学生的爱国情感；三是让学生认识到这些公共服务是政府通过财政来实现的。

（2）实验探究。

①让学生阅读活动所给的材料，讨论所提供的问题。

②对于此问题，教师可以增设这样的问题：为什么仅仅靠个人出资不能兴建地铁？通过

讨论，引出这些基础设施工程的特点。因为这些行业的特殊性质，个人投资意愿不足，市场机制失灵，所以必须由政府通过财政来弥补市场调节的不足，由此顺理成章地回答了第二个问题。

（3）分享矫正。

①这个探究活动作为本课的引子，不宜花过多时间，但是教师要让学生知道这些基础设施工程投入大、成本回收周期长，仅仅靠个人投资无法兴建，只能由政府通过财政予以支持。

②要利用这个探究活动培养学生的情感、态度与价值观。

第二个探究活动：设问质疑——财政与宏观调控的关系？

（1）设计意图。一是让学生感受财政具有促进国民经济平稳运行的作用；二是懂得不同宏观经济形势采取不同财政政策，培养具体问题具体分析的能力。

（2）实验探究。

①由学生阅读材料，教师可以视学生的理解情况补充背景材料，解释专业概念，如扩张性财政政策、长期国债、财政赤字等。

②教师可引导学生思考为什么经济滑坡、不景气时要实施扩张性财政政策、增发长期国债，而经济增长过快过热时则要减少财政赤字和长期国债。

③要求学生从材料的对比中，概括出宏观经济形势与财政政策运用之间的关系，即逆向调节。

（3）分享矫正。

①本探究活动比较难，教师应该让学生明白背后的道理：经济增长受总需求的影响，国家通过控制长期国债的发行量可以直接影响总需求的大小，因为长期国债是用于经济建设的。

②教师要让学生明白经济增长速度也不能太快，如同人跑得太快容易摔跤一样。经济增长速度太快会破坏国民经济各部门之间的合理比例，导致通货膨胀等一系列问题。

第三个探究活动：设问质疑——国家财政的支出情况如何？

（1）设计意图。一是培养学生对经济图表信息的解读能力；二是培养学生的比较分析能力；三是了解我国20世纪90年代以来国家财政支出的变化情况。

（2）实验探究。

①指导学生阅读图表信息，让学生把图表信息转化为文字信息描述出来。

②教师总结学生回答的要点，引导学生得出结论。主要结论应该有：随着财政收入的增加，各项支出逐年增加；经济建设支出占财政支出的首位，体现财政促进经济建设的作用；随着政府职能的转变，社会文教支出不断增长，这是建立服务型政府、改善民生的体现；行政管理支出有力地保证国家履行职能，这项支出偏高说明需要加强行政管理体制改革。

（3）分享矫正。

①该题比较灵活，给予学生的自由度较大，教师应该鼓励学生各抒己见，只要言之成理即可。

②阅读此类数据，既要关注绝对数字的变化，又要关注各项支出占总支出的比例，这样可以获得更多的信息。

③千万不要以为经济建设支出占首位是天经地义的，政府可以把更多的支出用于改善

民生。

《税收基础》第一章：税收及其种类。此章可设计三个探究活动。

第一个探究活动：设问质疑——东西方税收的共同特点是什么？

（1）设计意图。一是通过说文解字，激发学生的学习兴趣，让学生感悟税收的含义；二是通过对汉语中“税”以及英文中“tax”的阐释，引导学生思考东西方税收的共同特点，初步概括出税收的基本特征。

（2）实验探究。

①让学生阅读活动所给的文字材料。

②让学生思考并展开积极的讨论。

③把学生的发言写在黑板上。

④根据学生的发言，引导学生初步概括税收的含义及其基本特征。

（3）分享矫正。

①这个探究活动较为简单，教师应激发学生积极讨论。

②教师应适时评价学生的发言，注意引导和鼓励。

③教师应细听学生的发言，把学生发言的主要内容写在黑板上，这样既尊重了学生，又积累了课堂生成的教学资源。

④教师尽可能地引导学生自己概括出税收的含义及其基本特征。虽然教师直接把结果讲给学生听，学生可以掌握这些知识，但是，通过师生合作让学生自己得出结论，更有利于培养学生的学习能力。

第二个探究活动：设问质疑——税收优惠政策是否违反税收的固定性？为什么？

（1）设计意图。一是联系生活实际，激发学生的学习兴趣；二是帮助学生深入认识税收的固定性。

（2）实验探究。

①学生阅读材料后，让学生回答第一问。若学生回答“没有违反税收的固定性”或者“违反了税收的固定性”，教师要进一步追问“为什么”，这样把注意力集中到如何理解“固定性”的含义上，以引导学生探讨第二问。

②让学生集中讨论：为什么税收不会一成不变？这个问题的开放性较强，教师应让学生充分思考，积极发言。

（3）分享矫正。

①这个探究活动第二问的开放性较强，教师可以引导学生从固定性与强制性的关系，税收与经济调节、社会稳定等方面思考，并鼓励学生把自己的思考结果说出来。即使学生说出来的答案不规范，教师也要择要写在黑板上，以便概括学生的发言，再将其润色成结论。这正是在教学生如何学。

②税收的固定性不是指税收一经确定就一成不变了。税收制度和政策会随着经济形势和生产关系的变化而变化。但是，税收要在一定时期内保持相对稳定，不能朝令夕改。实际上，税收的固定性是指税法的确定性。

第三个探究活动：设问质疑——张先生为什么积极为国家纳税？

（1）设计意图。一是体现生活逻辑，突出情感、态度与价值观；二是利用纳税标兵的感人事迹，说明依法纳税是公民的基本义务。

（2）实验探究。

①让学生阅读活动相关图文。

②让学生谈谈对张先生积极为国家纳税的启示。

③发挥本探究活动的导入功能，讲解为什么依法纳税是公民的基本义务。

（3）分享矫正。

①此探究活动的内容简单，应当侧重学生情感、态度与价值观的感悟过程。

②本探究活动只能让学生感性地认识到纳税光荣、依法纳税是公民的基本义务，但不能从理性上深刻理解这些结论。因此，教师应进一步设问：为什么依法纳税是一件光荣的事情？依法纳税是公民的基本义务吗？由此承上启下，从我国社会主义税收“取之于民、用之于民”的性质和税收是实现国家职能的物质基础两方面加以分析。

第二部分　财政事务专业教学方法应用

1

财政事务专业案例教学法

案例（Case）也称为个案、事例或实例，最早出现于医学领域，后来广泛运用于法学、军事学、教育学、管理学等学科。案例教学法（Case Method）的应用历史源远流长，最早被称为“苏格拉底式教学法”（Socratic Method）。现代案例教学法是美国哈佛大学法学院前院长克里斯托弗·哥伦布·郎得尔（Christopher Columbus Langdell）于19世纪70年代开创的，他编著的《合同法案例》是世界上第一本案例教学法的教科书。公共行政事务领域引入案例教学法在20世纪30年代中期，当时人们越来越清楚地认识到公共行政实践的变化超过教学的发展，因此在美国的公共行政领域中，发展案例教学的动力变得不可阻挡。哈洛尔得·斯坦编写了第一本公共管理案例集，哈佛大学首先在公共管理教学中采用案例教学的方法。案例教学法作为一种新型的教学方法不仅遍及美国各教育机构，同时也被应用于美国以外的其他国家。我国推行的案例教学大约有20余年历史，对我国教育思想和教学方法的全面改革有着重要的启示和推动作用。案例教学方法的本质是以问题为导向，以客观事件为材料，关注解决现实生活问题的经验，力求促进学习者专业知识和行为技能发展。在中等职业专业教学中，案例的教学处理过程可以具体包括：引入案例、组织讨论、展示讨论结果、总结讨论结果。虽然案例方法在教育中的应用发端于大学法学教育，后推广至大学工商管理教育，但从目前情况看，中等职业教育层次的经管类专业中，这一方法也得到广泛重视和应用。

案例教学法作为一种动态的开放式的教学方式，重视实践，重视具体问题具体分析，克服了传统教学法的不足，不主张学生死记硬背，更重视思维能力、分析能力和判断能力以及综合运用所学知识处理现实中错综复杂问题能力的培养，最终目的是达到学以致用。联合国教科文组织曾对课堂讲授、案例研究、研讨会、角色扮演、模拟练习、按既定程序自学、电影、录像等教学方法进行研究，并向许多国家有关专家作了广泛的调查。结果是，在提高分析力上案例研究位列第一，在知识传授、学员接受度及知识留存力方面位列第二，在综合培训效果上位列第一。财政事务可以理解为是政府理财事务，是一门理论性和应用性相结合的课程，因此，财政事务的案例教学有助于从以往的教师“满堂灌”为主过渡到以“启发式”教学为主，通过案例分析、讨论，充分调动学生的积极性，提高教学效果。财政事务教学的案例设计可以从税收收入、社会保障收支、财政支出、乡镇预算、税务检查、纳税筹划、财政基本理论和实践问题等方面来制作。

财政事务案例教学是一种将真实世界引入课堂的教学方法，一般是指现实经济生活中发生的真实而典型的事例，它可以反映一个事态、一个问题、一个案件的发生、发展和演变的过程，教师根据相关知识对案例进行加工和创作就形成教学案例。财政事务的许多内容操作性很强，只是在课堂上给学生讲解一些基础概念与基本方法是远远不够的，因此，教师尽可能将实际工作中的案例带入课堂，以案例分析为切入点，让学生通过对现实案例的分析，了解和掌握专业知识与方法。在教学过程中，学生在教师的引导下，像从业人员一样进行思考和分析问题，使得学生可以获得运用各种技术和方法解决财政事务问题的真实“体验”。其作用主要有：(1) 可以形象地传授财政事务的相关知识；(2) 可以将学生置身于复杂的财政事务现实环境中，使其体验到财政事务从业人员在实际工作中面临的各种压力和复杂性；(3) 可以使学生积极介入或参与到教学过程，在互动交流中学习；(4) 通过分析学生可以获得或增强分析能力，并有助于理解财政事务的有关政策。

1.1 财政事务专业案例教学法应用一 非税收入

政府非税收入是指按照国家有关规定收取或取得的行政事业性收费、政府性基金、罚款和罚没收入、彩票公益金和发行费、国有资产经营收益、以政府名义接受的捐赠收入、主管部门集中收入等。政府非税收入必须严格按照国务院或者财政部规定全额上缴国库或财政专户。

1.1.1 案例教学法案例

(1) 教学对象。财政事务专业二年级一班学生，已经学习财政事务课程两个月，学习了财政收入的基本概念和分类、税收收入的概念和分类等内容，开始学习非税收入的内容。

(2) 教学目标。本案例教学应该满足下面的目标：

知识目标：

- 通过学习了解非税收入的含义、内容；
- 掌握非税收入资金的筹集流程；
- 掌握非税收入的资金安排。

能力目标：

- 培养学生辨别哪种财政收入是非税收入的能力及课前的自学能力；
- 通过提问、小组讨论、辩论等，提高学生分析现实问题的能力及语言的表达能力；
- 培养学生学习非税收入的兴趣。

素质目标：

- 促进学生纳税意识的形成；

- 形成从事财政事务职业意识。

（3）教学内容。非税收入的含义、分类、特征以及非税收入资金的筹集流程、资金安排、票据填制和账户体系设置等，是本单元要学习的主要内容。

应用案例一

广东省某市下属某镇的非税收入情况

乡镇非税收入是地方经济社会发展的重要财力保障。以广东省某市下属某镇为例进行分析，2003年起该市对市辖镇区实行了分税制改革，各镇区所产生的税收收入总量，除中央、省级分成比例外，地方税收部分按市、镇“6∶4”比例分成。以该镇为例，该镇的经济基础、税收总量属中等水平，该镇2007年的税收总量为5.3亿元，分税分成后，返还给该镇的财政收入为0.7亿元，占税收总量不到13%，刚好满足该镇的人员经费及日常办公经费支出，即俗话说的“吃饭财政”。而镇区发展经济，除基本支出外，还必须安排基础设施建设、公益公共项目（如教育事业、内河整治、污水处理厂建设等）、社会保障（如农村社保、农村合作医疗、就业培训、老人保健金）等支出，该镇的全年财政总支出约为2亿元，要平衡财政收支，必须有非税收入补充，该镇全年的非税收入为1.3亿元，其中：行政事业性收费约0.3亿元、镇属集体资产经营收益约为0.6亿元、土地出让收入约为0.4亿元，镇区的非税收入除部分行政事业性收费按一定的比例上缴市级外，如排污费上缴30%、流动人口治安费和流动人口调配费上缴20%、社会抚养费上缴10%等，其余部分全部留镇区支配使用，上缴市级比例占非税收入还不到1%，而非税收入占该镇可支配财政收入的65%。

可见，非税收入在镇区的经济发展中起着十分重要的作用。如果没有非税收入，单靠税收分成收入，基础设施建设会滞后，保证不了投资环境的完善，就会给招商引资工作带来很大的难度，导致工业产值的总量得不到大幅度的提升，制约税收收入的增幅，对财政收入有着直接的影响。

基于案例的问题：

如何看待该镇的财政收入结构是否合理，如果不合理能否找到解决的办法？

案例的教学组织和实施：

这是涉及乡镇财政比较典型、全面的案例，广度很大，包括了乡镇财政的多个知识点以及这些知识点之间的关系。

案例蕴含的专业能力、方法能力和社会能力分析：

这个案例给出了四方面的信息，一是某镇与中央、省、市的税收收入分配比重，这恰好复习了上节课学习的税收内容，起到了承上启下的作用。二是本案例介绍了该镇的财政收入结构（可以让学生根据案例提供的数据自己计算），可以看出非税收入的重要作用。三是该镇的财政支出结构，进而为学生了解乡镇财政支出和后来要介绍的预算平衡提供了帮助。最后，给出了本次课的主要内容，非税收入的主要类别和结构（具体比例结构可以让学生根据案例提供的数据自己计算）。

教学研讨：

请描述该镇的非税收入情况，并谈谈自己对非税收入的看法。

应用案例二

非税收入的收缴流程

兹溪职业高级中学为兹溪乡所属学校。按照规定，学校向学生所收取的学杂费为兹溪乡财政非税收入，应纳入乡财政专户管理。但兹溪职高擅自从收取学费的“收入户”中支取资金，用于学校部分人员旅游费用，被财政部门处罚。

基于案例的问题：

试分析兹溪职高违反了哪些规定，为什么，如何解决？

案例的教学组织和实施：

这是一个典型的非税收入收缴和使用的案例，仅考虑了非税收入的一种情况，与上一个案例相比较广度非常小。本案例的设计从一个违反规定的实际情况出发，既有非税收入的收缴过程，又有使用过程，针对财政专户的问题，可能会引发学生对非税收入如何管理这个问题的争议。比如，有学生认为不设置财政专户，学校坐收坐支效率更高，教师要对这个问题做好课前准备，想到学生可能提出的类似问题，引导学生理解规范非税收入管理的必要性。

案例蕴含的专业能力、方法能力和社会能力分析：

由于涉及职业高级中学收取学杂费的问题，正好与学生自身利益息息相关，学生的关心程度会很高，可能会促进学生对非税收入认知、实践的和情感能力的发展，激发学生的学生兴趣。在我国，目前对非税收入实行纳入国库管理和纳入财政预算外资金专户管理的两种账户管理办法，但不论是纳入国库管理还是纳入财政专户管理，都实行收支两条线，如图2－1－1所示。

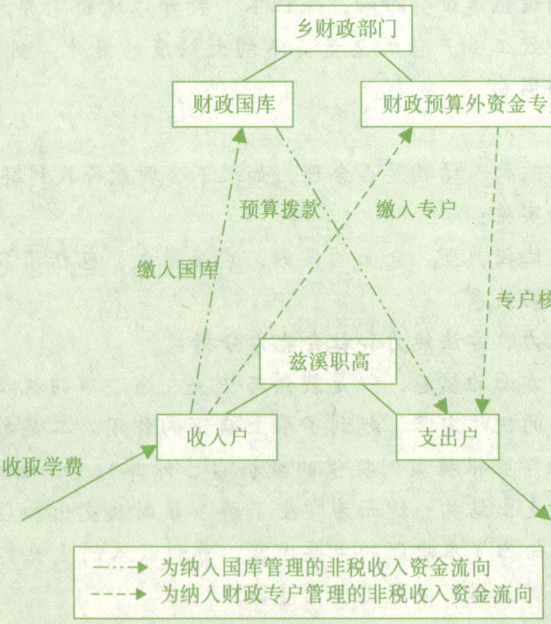

图2－1－1　非税收入收支两条线管理办法示意图

通过上面图形的分析可以明了地看到非税收入的基本流程，教师在解释图形后针对非税收入管理规定要明确以下几点：

①对财政来说，兹溪职高既是一个非税收入的执收单位，也是一个预算单位。

②乡财政从财政预算外资金专户向兹溪职高核拨非税收入资金前，单位要编制“季度分月用款计划”，该用款计划相当于单位的用款申请，依据批准的用款，乡财政方可向兹溪职高核拨资金。

③如果非税收入纳入国库管理，兹溪职高的非税收入使用就要在年初编入单位的部门预算，统筹使用。同样，在每季度开始前，单位要编制“季度分月用款计划”，向财政提出用款申请。

④兹溪职高的“收入户”，只能用于单位收取学费等向财政缴纳的非税收入，并定期向财政国库或预算外资金专户上缴非税收入。该账户不能用于单位的支出使用。

教学研讨：

如何将作为非税收入的学杂费的基本流程让学生有了直观的理解。

应用案例三

“土地财政”：寅吃卯粮难以为继

湖南省某市是一个县级市，2008 年上半年受房地产市场不景气的影响，城区一些街道的财政税收大幅下降。该市下辖的 A 街道办事处上半年财政收入 4900 万元，没有完成时间过半、任务过半的计划，主要原因是房地产项目大部分未动工，造成地税减收 1000 多万元。作为主城区的 B 街道办事处上半年累计完成财政收入 6050 万元，其中地税收入 3690 万元，分别只占年计划的近四成和三成多，其中一个重要原因是房地产税收比上年同期减少了近 1000 万元。记者了解到的一系列情况和数据表明，一些地方政府高度依赖的“土地财政”已出现了严重问题，“土地财政”寅吃卯粮的现象将难以为继。

卖地是地方政府的一个“生财之道”

“土地财政”，又叫第二财政。在很多地方，第二财政早已超过第一财政。据国务院发展研究中心的一份调研报告显示，在一些地方，土地直接税收及城市扩张带来的间接税收占地方预算内收入的 40%，而土地出让金净收入占政府预算外收入的 60% 以上。一位不愿透露姓名的房地产界人士大致列出了一个涉及土地的税费清单，仅在土地环节就有土地出让金、教育附加、城市建设附加、土地增值、城市建设配套、人防建设、质监、安检、新材料基金、白蚁防治、防雷、防洪等近 20 种税费，只土地环节的成本就超过开发总成本的 35%。这位人士还说，在“土地财政”上，一些地方政府运用行政权力把集体所有或其他用途的土地整合后，进行招拍挂，价格就会翻几番。国土资源部公布的数据显示：2004—2006 年，国内土地出让金分别为 5894 亿元、5505 亿元、7677 亿元，2007 年前 11 个月为 9130 亿元，占全国财政收入的比重接近 20%，卖地已经成为地方财政收入的重要来源。国家从 20 世纪 90 年代开始实行分税制后，尽管财政收入大幅增长，但留给地方财政的钱并不多，相比之下，由于城市扩张和土地占用带来的税收，包括建筑业和房地产业的营业税、所得税等，全部由地方享有，卖地当然就成了地方政府生财的最直接选择。

“土地财政”走到悬崖边

土地市场的惨淡使一些高度依赖“土地财政”的地方政府坐立不安。2007年长沙土地招拍挂成交额为200多亿元，而当年长沙市的地方财政收入为261.33亿元。2008年长沙土地成交额减少到88亿元左右，基本与2006年差不多。2007年，湖南房地产及建安企业的纳税额占全省全年地税总额的36%，可以说是湖南地税的主要税源。2008年土地市场冷清的局面与去年火热的情景形成了鲜明的对比。中国指数研究院土地研究中心的数据显示，2007年1—8月南京市土地成交面积637公顷，共成交64宗地块，总成交价达171亿元。而2008年1—8月，南京市土地成交面积只有362公顷，较上年同期下降43%；土地成交总价79亿元，较上年同期减少92亿元。2007年广州土地出让金预算收入为90亿元，实收207亿元，超收117亿元。但今年由于土地成交惨淡，土地出让规模被大幅调减，前8个月土地出让收入只有约53亿元，仅为上年实际收入的1/4左右。这种主要依靠“土地财政”建立的城市经济发展模式也是不可持续的，将数十年后的公共财政收入提前收了，一旦大规模城市化进程结束，可供开发的土地日益减少，未来的公共财政状况将会面临严峻考验。

应尽快开征物业税

“救房市就是救政府！”这是目前社会上流行的一种观点。事实也正是如此，许多地方政府都采取了种种措施，防止房市进一步低迷下滑。尽管土地市场冷清，但很多地方政府并未打算放弃这一生财之道，相反在更加专心地经营这个钱袋子。地方政府过度依靠“土地财政”绝非偶然，投资少、收益高、见效快使之成为发展GDP的不二法宝。一方面，在现行的房地产税费政策下，地方政府是最大的受益者之一，这种巨大的利益诱惑，必然大大刺激地方政府的卖地冲动；另一方面，“土地财政”对抬高房价有推波助澜的作用，地价的不断攀升和房地产税费过高都在一定程度上助推了房价的飙升，而房地产税费最终会转化为商品房成本，由购房者买单。“要从根本上解决当前‘土地财政’困局，改变单纯依靠土地出让金和房地产税收为主要收入的财政现状，应该尽快开征物业税。”实际上世界上很多发达国家也都依靠“土地财政”，但国外主要通过对存量土地征收物业税、房产税等方式创造财政收入，这样既体现了公平性，也保证了政府有相对稳定的财政收入。而且，主观上也会促使政府平抑地价，而不像我国千方百计抬高地价。

基于案例的问题：

本案例是目前一个非常现实的问题，是各级地方政府面临的棘手问题，也是中央政府亟待解决的问题，住房问题更是涉及民生的问题。

案例教学组织和实施：

“土地财政”涉及多项财政收入，仅在土地环节就有土地出让金、教育附加、城市建设附加、土地增值、城市建设配套、人防建设、质监、安检、新材料基金、白蚁防治、防雷、防洪等近20种税费，这给学生综合考虑财政收入有很多帮助。

案例蕴含的专业能力、方法能力和社会能力分析：

本案例还涉及住房作为公共产品政府的责任问题，因此可以引导学生联系廉租住房、经济适用住房等有关财政支出和住房政策进行基本分析和探讨。与本节前两个案例比较，本案例有解决方案，希望给学生提供一个解决问题的思路，但这个思路不是唯一的。

教学研讨：

本案例涉及的广度更宽，给予学生探讨的范围更大。

（4）教学法应用的条件/场合/媒体（计算机教学媒体、工具、设备、文件、手册等）。

①本案例教学法应用的条件和场合。要运用案例教学法进行本项内容的教学，所需要的条件主要有：合格的指导教师、充分的前置知识技能（如税收收入的含义、特点、征收方式、流程等）、适当的学生案例操作小组分置（以3~5人设一个案例操作小组为宜）、合理的教学场所分割、适当的案例设计或案例引用等。

②本案例教学法应用的计算机教学媒体、工具、设备、文件和手册。本案例教学法应用的计算机教学媒体主要有带投影仪的全套多媒体设备，用于指导性的案例操作演示。为了对学生的案例操作过程和结果进行检查、分析、总结和评价，应配备实验实训操作簿、分析、总结和评价手册等文件。

（5）实施过程、步骤和教学设计。本案例教学法的实施过程和步骤主要有：第一，总结、归纳前置知识；第二，向学生提交案例的具体内容；第三，向学生说明操作本案例要达到的目的和标准的操作效果；第四，概要向学生说明本案例的操作原则和基本方法；第五，由学生操作小组进行具体操作；第六，在学生操作过程中进行个体指导；第七，收集案例操作结果，进行检查、分析、评价；第八，总结案例操作结果体现的经验、教训、有待于改进的地方，填写相关的教学档案文件，并进行归档。

财政事务的技术性及实践性极强，案例教学法应用于财政事务教学的实践意义深远。一般情况下财政事务案例教学要经过以下几个环节：

①案例设计阶段。没有案例，案例教学无从谈起，没有好的案例，便没有有效的案例教学。因此案例教学法实施的基础是良好的案例设计。设计案例的具体要求有以下几点：

第一，真实、生动。教学案例的内容选择非常重要。教学案例必须符合客观实际情况，而且要能够被学生理解。任何过于理想化的、脱离实际的例子都将会给学生以误导，从而失去教学的意义。本部分选取的案例都是真实化的。

第二，精练、有效。教学案例数量不能太多，应选择质量较高的少量案例。运用案例的目的是使学生更好地掌握抽象的理论，因此不加选择地罗列大量案例是没有必要的，也是无效的。

第三，针对性强、典型。案例要有代表性、有针对性。教师在选择和编排案例时，应该针对教学内容、教学目的、学生的兴趣、爱好和接受能力，这样才能达到事半功倍的教学效果。

第四，系统。在教学中运用的案例应该相互联系，分层有序地编排。排列合理的案例整体结构才能发挥案例教学法最大的功效。本部分精选三个案例，应用案例一是针对非税收入含义、分类展开的，应用案例二是针对一个具体的非税收入流程展开的。应用案例三是针对财政事务近期热点展开的，更有利于开展学生对非税收入内容的学习。

②呈现案例阶段。案例的呈现既可以放到讲授知识之前，也可以放到讲授知识之后。本部分我们建议应用案例一在讲授知识之前呈现。具体呈现的方式是：运用投影仪将案例投射到黑板上，教师生动形象地描绘案例中的内容，再配合教师利用即时的刺激或环境制造真实的案例。如果事先有安排，也可以让学生自己阐述案例。

③分析案例阶段。对于同一个案例，每个学生可以发掘出不同的意义。有人只能找到浅层的信息，有人则能得出透彻的结论。教师要引导学生剥去案例非本质的细节，揭示其内部特征以及案例与教育理论之间的必然联系。以应用案例一为例，学生可能只关心非税收入的情况，忽视了税收收入、财政支出问题，教师要提到这些问题，将这些内容穿插在一起，把应用案例一中的内容与相应的一条或几条财政事务知识联系起来。为此，教师要做好启发引

导工作，让学生综合运用所学的知识积极地独立思考，大胆地交流研讨。教师要创设民主和谐的教学气氛。即使学生的思考和回答偏离了正确答案，也不要急于评判，可以让他们自己反省，自我更正，使学生在没有压力和顾忌的良好心态下进行创造性的探索。

④评论案例阶段。这是对案例分析的总结，一般由教师完成。教师可以指出学生分析案例的成绩和不足，进行补充与提高性讲授。评论案例也可以发动学生在教师指导下开展，使他们得到进一步的锻炼。

教学设计如表 2－1－1 所示。

表 2－1－1

非税收入课程教学设计（某中等专业学校某老师）财政事务专业	
授课时间	××年××月××日第 3 周星期 2，第 3～4 节
授课班级	职高财政事务专业二年级
教学内容	非税收入的含义、分类
教学目的及要求	通过本节学习，了解非税收入的基本概念和分类
教学方法	案例教学法、讲授法、比较分析法
教具、挂图	PPT
教学重点难点	非税收入与税收的联系与区别、非税收入的具体科目
教学过程（教学内容及环节）	教学措施、手段及方法
一、复习、提问（10 分钟） 1. 上节课所授内容回顾：什么是税收收入？税收有哪些分类？ 2. 分析税收收入的作用。 **案例**：以学生家庭或个人缴纳的税收为例，探讨税收对人们日常生活的影响。 **分析案例**：税收收入是各级政府的主要财政收入，但许多地方有大量的非税收入，如卖地收入等，进而引入新课内容。 **二、授新课（20 分钟）** 非税收入。 **案例**：给出中山市某镇的非税收入案例（见教学内容）。 **问**：通过该例子，你对非税收入有了一个什么认识？非税收入与税收收入有哪些区别？ **分析**：现阶段收取学费的合理性与存在的问题，引入非税收入的收缴流程的案例。 引入其他的非税收入： 1. 行政性收费； 2. 土地出让金（卖地收入）。 之后按照案例教学法的教学步骤安排教学。	采用提问方式回顾上节知识点。再通过案例使学生认识非税收入的基本内容。 案例启发，学校收取学费要遵循哪些要求？ 采用阅读教材的方式先了解教材内容，请学生举出一些生活中的非税收入案例，然后老师再加以分析总结。 课堂讨论，组织学生通过非税收入的学习谈谈自己的想法及体会。
课堂练习（10 分钟） **案例**：分析当地土地出让金的情况，地方财政对土地出让金的依赖程度，对当地住房价格的影响情况，引入补充案例。	
本课小结	（3 分钟）本次课通过非税收入的例子认识征收非税收入有哪些流程，非税收入在现实中的最终意义是什么，非税收入对我们生活或工作有什么影响。
课外作业	（2 分钟）要求学生了解其他没有详细介绍的非税收入。
课后分析	对上述教学设计的实际授课感受、体会和改进措施。

（6）教学效果评价。案例教学法教学效果评价的主要内容有：案例引用或设计的合适性，教师指导的有效性，学生操作过程的合理、合规性，学生操作结果的正确性及原因，教学档案的科学、完整性等。以应用案例二为例，该案例的效果有两个标志：一是学生能够准确地分析出兹溪职高所犯的错误，并能说出为什么；二是在小组实践练习中，学生能够准确地区分出“收入户”与“支出户”在管理上的差异、非税收入纳入国库管理和纳入财政专户管理的不同处理流程等内容。

附评价表：

应用案例一评价表，如表 2-1-2 所示：

表 2-1-2　　班级________ 评价小组________ 日期________

案例评价指标	小组评价（5 分满分）				
叙述性	1	2	3	4	5
问题性	1	2	3	4	5
复杂性	1	2	3	4	5
叙述的虚拟性	1	2	3	4	5
学习环境的开放度	1	2	3	4	5
定义问题的开放度	1	2	3	4	5
问题解决的开放度	1	2	3	4	5
自主学习的程度	1	2	3	4	5

应用案例二和应用案例三的评价表与应用案例一相同，希望通过三个案例的评价能说明三个案例的不同作用。

小组合作评价表，如表 2-1-3 所示：

表 2-1-3　　班级________ 评价小组________ 日期________

评分标准	小组名称	得分	得分依据或存在问题
分工协作好，并能充分发挥团队作用（20 分）			
资料组织有条理，内容丰富，并与题目主题相对应（20 分）			
内容具有创新性，能反映小组成员的能力与技巧（10 分）			
能够掌握好非税收入理论知识运用的幅度（15 分）			
展示手段多样化，效果良好（10 分）			
演示仪态好、语言简练、气质佳（5 分）			
组织纪律好；遵守课堂纪律，做好笔记（5 分）			
小组评价认真，能为其他小组提出一些建设性的建议（15 分）			
小　计			

1.1.2　案例教学法的应用分析

案例教学法在运用过程中一定要考虑到教学对象、课程特点、应用场合等具体要素和问题。本案例设计中所授课程为财政事务之中的非税收入，财政事务是科学性和社会性高度统一的课程，对于情境陈述和描述要求较高，需要开放型的案例和开放型的学习环境。

（1）应用条件、场合和注意事项、教训。本案例主要考虑乡镇财政的非税收入情况，其他非税收入情况可以参考本案例的做法。注意不同级次政府在非税收入类别上的区别。

注意事项主要包括：

- 学生分组应注意的事项：

a. 注意组织能力强弱、动手能力强弱的合理搭配。在进行小组划分时，任课教师应事先和班主任进行沟通，了解学生各自的特点和特长，以保证分组的合理性，继而保障项目工作的顺利进行。个别后进生，由于自学能力和自控能力较差，容易产生依赖思想。对此，可充分利用鲇鱼效应——以动带静，让学习好的学生对后进生给予及时的帮助和纠正。再者，男女同学搭配，不但是体力上，而且在思维方式上也是很好的搭配。

b. 小组人数以 3 ~ 5 人为宜。若项目涉及知识面较广、难度较大，则要分组合作完成，因为学生各有所长，知识的互补性可以帮助他们解决更多的问题。组成小组后，由学生推选组长、副组长。进行适当的小组分工，让每一个人都明确自己的任务。

- 注意教师的作用：

a. 引导作用。学生在完成项目的整个过程中，教师要进行适当的引导。引导主要包括对新知识的讲解和对项目具体实施的解释。

新知识的讲解要抓重点，避重复。应该只包括对重点教学内容的讲解，其过程应该精练，最好是通过简单的例子用实际操作的方法进行，这样，学生才更容易理解、接受，也为学生独立学习打下良好的基础。非税收入是近几年才有的提法，从字面上很容易造成学生的误解，即财政收入只有税收收入和非税收入，实际上按照修订后的《2009 年政府收支分类科目》收入具体分类情况是：第一类：税收收入，下设增值税等 21 款；第二类：社会保险基金收入，下设基本养老保险基金收入等 6 款；第三类：非税收入，下设政府性基金收入等 7 款；第四类：贷款转贷回收本金收入，下设国内贷款回收本金收入等 4 款；第五类：债务收入，下设国内债务收入、国外债务收入 2 款；第六类：转移性收入，下设返还性收入等 10 款。

在应用案例二中教师要解释清楚学费的基本流程和实施的步骤，相关资料要及时给出。教师除了要告诉学生学费的属性，还应该适当地提醒学生在讨论非税收入流程时先做什么、后做什么。

b. 指导作用。在案例确定后，教师指导学生获取学生身边的非税收入资料、制订计划确定理论授课和实践培训的具体操作办法。教师和学生共同确定案例实施计划的提纲，然后由学生利用图书馆内藏书或电子阅览室查找相关资料，从而形成案例教学计划。学生在完成案例学习的过程中如遇到困难，教师应及时给予指导。针对不同层次的学生，教师指导的深度要有所不同。案例教学法的根本宗旨是让学生自己拓展知识、提高技能，因此，教师一定要把握好指导的尺度。

c. 让学生学会反思、学会讨论。反思是不断创造的原动力。在教学过程中，教师要善于发现职校生在专业学习过程中存在的问题，但不要急于告诉学生答案，要让学生反思自己的专业学习过程，帮助学生找到问题的症结所在，让学生自行解决问题。

讨论与争论是案例教学法的关键环节之一，讨论穿插于教学活动过程的每一阶段，包括教学活动的设计、小组成员的分工、实地考察的准备和资料收集成果的分享。讨论与争论可以提高职校生学习的激情，促进学生专业水平的快速提升。在讨论与争论过程中，教师要注意适时点拨，起到抛砖引玉的作用。

d. 检查评估作用。在案例内容讨论评估时，教师要尊重学生的成果，不要在学生面前评论谁对谁错，案例教学实施成功与否应看整个过程的进行情况。检查评估要以学生完成情况来评价学生学习效果，更要关注过程，从中发展存在的问题和教训，以利于教学工作的完成。

（2）目标、内容、媒体、环境、组织。在案例教学法中，学生学习的途径由以课本为中心转变为以案例为中心。案例的选取非常关键，案例所涉及的知识和技能应在教学大纲所要求的范围以内，内容是学生所熟悉的，通过学生主动的探索和学习是有能力完成的。在案例教学过程中，最好能有利于对学生进行情感、态度和价值观的教育，介绍案例内容要讲究艺术性，吸引学生的注意力，激发学生学习的积极性和讨论的热情，特别是结合学生自身及亲朋好友的情况，使学生对所确定的案例及其结果有着较强的兴趣。

案例的确定可由几位任课教师和部分学生共同制定。案例的确定应注意以下事项：

①从已有的教学资源和社会实际状况出发，案例要可行。

②最初实施的案例所涉及的内容应是学生较易掌握的，这样学生的信心就会增强，学习积极性就会提高，应用案例一体现了这个特点。之后可以逐步提高案例的难度，可促使学生学习和运用新的知识、技能，解决过去从未遇到过的实际问题。应用案例三符合这个要求。

③案例任务必须是非常具体的、可操作的。如应用案例二。在这里可进一步拓展非税收入的内容，如部分学生或家庭成员出国旅游、工作、学习，办理护照时要缴纳费用也属于非税收入。

④案例应能激励学生搜集有关资料，激发学习自觉性。比如罚没收入是非税收入，学生可能会思考，我家一亲戚开车违章被罚款了，这笔钱的流程是什么？这使学生感到学习的内容就在自己身边，基于此，能进一步提高学生对政府非税收入作用的认识，激发学生学习自觉性。

1.2 案例教学法应用二 企业所得税应纳税额的计算

在中华人民共和国境内，企业和其他取得收入的组织（以下统称企业）为企业所得税的纳税人，依照《中华人民共和国企业所得税法》的规定缴纳企业所得税。个人独资企业、合伙企业不适用企业所得税法。

在企业所得税应纳税额的计算部分，需要用到具体的案例来引出学生的研究和讨论，并且通过对案例的分析和计算，最终掌握企业所得税应纳税额的计算方法。因此，在本企业所得税的教学过程中适合采用案例法进行教学。

1.2.1 案例教学法案例

（1）教学对象。财政事务专业高三年级的学生。已经学习财政事务相关专业课两年，并在此基础上学习了《财政与税收基础》，对税收相关知识理论、技能、计算方法都有不同程度的掌握和理解。本部分知识为企业所得税纳税申报实务中的重要部分。

（2）教学目标。本部分应达到下列目标：

知识目标：

- 通过学习了解企业所得税的含义、公式以及扣除金额。
- 掌握企业所得税应纳税额的计算方法。

能力目标：

- 培养学生的计算速度和准确性。
- 通过对案例的分析，培养学生的决策能力和决策选择结论的能力。
- 在案例讨论过程中，可以质疑他人的想法，学会发问，提高独立思考的能力。
- 鼓励学生积极参与讨论，通过小组合作的方式增强团队意识。
- 将整个决策过程中的思维用语言进行完整地表述，提高语言能力。

素质目标：

- 促进学生纳税意识的形成。
- 培养学生良好的职业道德和遵守职业规范。
- 培养学生与人相处、解决冲突、尊重他人等能力。

（3）教学内容。

任务：企业所得税纳税申报实务中企业所得税应纳税额的计算。

应用案例一

某企业为居民企业，2008年度生产经营情况如下：①销售收入5500万元；②销售成本3800万元，增值税900万元，销售税金及附加100万元；③销售费用800万元，其中含广告费500万元；④管理费用600万元，其中含业务招待费100万元、研究新产品费用50万元；⑤财务费用100万元，其中含向非金融机构借款500万元，其中含向非金融机构借款500万元的年利息支出，年利率10%（银行同期同类贷款利率6%）；⑥营业外支出50万元，其中含向供货商支付违约金10万元，向税务局支付税款滞纳金2万元，通过公益性社会团体向贫困地区的捐赠现金10万元。要求：计算该公司2008年度应缴纳的企业所得税（该企业是居民企业，属于一般企业，因此计算企业所得税时税率应按照25%）。

基于案例的问题：

（1）明确计算企业所得税时需要用到的公式有：

应纳税额＝应纳税所得额×税率

应纳税所得额＝收入总额－准予扣除项目金额

应纳税所得额＝利润总额±税收调整项目金额

利润总额＝营业利润＋投资收益＋营业外收入－营业外支出

营业利润＝主营业务利润＋其他业务利润－管理费用－财务费用－汇兑损失

其他业务利润=其他业务收入－其他业务支出

主营业务利润=商品销售利润+代购代销收入

商品销售利润=商品销售收入－销售折扣与折让－商品销售成本－经营费用－商品销售税金及附加

（2）企业所得税法定扣除项目是据以确定企业所得税应纳税所得额的项目。《企业所得税条例》规定，企业应纳税所得额的确定，是企业的收入总额减去成本、费用、损失以及准予扣除项目的金额。除此以外，在计算企业应纳税所得额时，对纳税人的财务会计处理和税收规定不一致的，应按照税收规定予以调整。企业所得税法定扣除项目除成本、费用和损失外，税收有关规定中还明确了一些需按税收规定进行纳税调整的扣除项目，主要包括以下内容：

①利息支出的扣除。纳税人在生产、经营期间，向金融机构借款的利息支出，按照实际发生数扣除；向非金融机构借款的利息支出，不高于按照金融机构同类、同期贷款利率计算的数额以内的部分，准予扣除。

②计税工资的扣除。条例规定，企业合理的工资、薪金予以据实扣除。但允许据实扣除的工资、薪金必须是"合理的"，对明显不合理的工资、薪金，则不予扣除。

③业务招待费的扣除。业务招待费，是指纳税人为生产、经营业务的合理需要而发生的交际应酬费用。税法规定，企业发生的与生产经营活动有关的业务招待费支出，按照发生额的60%扣除，但最高不得超过当年销售（营业）收入的5‰。

案例的教学组织和实施：

按以下步骤进行：

第一步：计算所得税前可以扣除的广告费用金额；

第二步：计算所得税前可以扣除的业务招待费金额；

第三步：计算所得税前可以扣除的财务费用；

第四步：计算所得税前可以扣除的捐赠；

第五步：计算该公司2008年应纳税所得额。

案例蕴含的专业能力、方法能力分析：

通过将学生分组，体现不同的账务处理能力。把学生分为五组，分别解决以上五个环节中的问题。经过讨论和计算，得出最终答案：

第一组：销售费用中，广告费税前扣除限额=5500×15%=825万元，实际发生500万元，可以据实扣除。

第二组：管理费用中，业务招待费税前扣除限额：5500×5‰=27.5万元<100×60%=60万元，可以扣除27.5万元。

第三组：利息费用扣除限额=500×6%=30万元，实际列支500×10%=50万元，准予扣除30万元。

税前准予扣除的财务费用=100－50+30=80（万元）

第四组：营业外支出中，企业间违约金可以列支，但税务机关的税款滞纳金2万元不得税前扣除。

利润总额=5500－3800－100－800－600－100－50=50（万元）

捐赠扣除限额 =50×12% =6 万元，实际发生 10 万元，准予扣除 6 万元。

第五组：该公司 2008 年应纳税所得额 =50 +100 -27.5 -50×50% +100 -80 +2 +10 -6 =123.50 万元。

统计各组的答案，汇总后计算出该企业 2008 年度应缴纳的企业所得税。

该公司 2008 年应纳所得税额 =123.50×25% =30.88（万元）

教学研讨：

（1）如何认识应纳所得税前需要扣除哪些项目？

（2）你认为企业的业务招待费应如何扣除？

应用案例二

俊平税务师事务所于 2009 年 7 月 10 日接受某股份有限公司委托，代理 2010 年度 1—6 月份的企业所得税纳税申报。该公司 1—6 月份会计利润总额 120 万元，企业所得税税率为 25%。注册税务师通过审查该公司有关账证资料，发现如下问题：

（1）“管理费用”账户列支公司上交的住房公积金 12 万元，列支两幢职工宿舍楼折旧 16 万元。该公司将两幢职工宿舍大楼上半年收取的租金收入 32 万元，按规定全部计入了“住房周转金”账户。

（2）1 月 20 日，某单位将新购置的 5 台空调器捐赠给该公司，该公司将空调器给管理部门使用。5 台空调器原价一共 12 万元，2—6 月份一共提取折旧 5700 元。

（3）6 月份对办公用房进行修理，修理费用总额为 20 万元，在管理费用中一次性摊销。该办公用房账面原价 80 万元，估计残值 4 万元，会计折旧年限 20 年，已使用 12 年（包括本年度），剩余折旧年限 8 年，已提折旧 45.6 万元。

（4）2 月 1 日，因缺少流动资金，从关联方企业取得借款 300 万元，期限 3 年，年息 12%，2—6 月份“财务费用”科目列支关联方借款利息 15 万元。该公司实收资本总额 500 万元，金融部门的同期同类贷款利率为 7.2%。

（5）4 月 1 日，从工商银行取得贷款 400 万元，公司将这部分贷款直接投资于甲公司，以获取甲公司 25% 的股权。4—6 月份财务费用科目列支这部分借款利息 7.2 万元。

基于案例的问题：

假设该公司本年度尚未预缴所得税，税务机关要求该公司上半年的所得税按实际经营情况预缴。请根据上述资料，分析计算该公司应预缴的所得税额。

【答案】

（1）应调增应纳税所得额 =16 +12 =28（万元）

（2）应调增应纳税所得额 5700 元。

（3）该公司修理费用占固定资产原值的比例 =20÷80×100% =25% >20%，因此应视同固定资产改良处理，应增加固定资产原值 20 万元，从 7 月份开始按调整后的原价提取折旧。应调增应纳税所得额 20 万元。

（4）实收资本 50% 的借款金额 =500×50% =250（万元），公司实际借款金额超过了其注册资本的 50%，因此只允许按 250 万元借款计算应扣除利息，但对这部分利息应在不超过金融部门的同期同类贷款利率的范围以内计算扣除。

允许扣除的利息支出 = 250 × 7.2% × 5/12 = 7.5（万元）

应调增应纳税所得额 = 15 − 7.5 = 7.5（万元）

（5）应调增应纳税所得额 7.2 万元。综上所述，该公司 1—6 月应纳税所得额 = 1200000 + 280000 + 5700 + 200000 + 75000 + 72000 = 1832700（元）

应预缴企业所得税 = 1832700 × 25% = 458175（元）

提示：固定资产修理与改良支出的划分按下列规定执行：凡符合下列条件之一的固定资产修理，应视为固定资产改良支出：（1）发生的修理支出达到固定资产原值 20% 以上；（2）经过修理后，有关资产的经济使用寿命延长二年以上；（3）经过修理后的固定资产被用于新的或不同的用途。

应用案例三

某企业在某一个纳税年度内，共发生下列收入事项：（1）产品销售收入 5000 万元；（2）清理固定资产盘盈收入为 50 万元；（3）转让商标适用权收入 150 万元；（4）利息收入 20 万元（利息收入为购买国库券利息）。发生各项支出如下：（1）产品销售成本 3000 万元（不包括工资）；（2）产品销售费用 200 万元；（3）产品销售税金 300 万元；（4）职工 1000 人，全年发放职工工资总额为 960 万元；（5）按标准提取职工福利费 134.4 万元，职工工会经费 19.2 万元，职工教育经费 14.4 万元。该企业计税工资标准为 800 元/人·月。

基于案例的问题：

请计算该企业应缴纳的企业所得税税额。

【答案】

（1）首先计算该企业应纳税收入总额，按照税法规定，国库券利息不征税，该企业其他收入项目应纳税。所以该企业年度应纳税收入总额为：

应纳税收入总额 = 5000 + 50 + 150 = 5200（万元）

（2）分析可扣除项目的标准，据此计算应纳税所得额。产品销售成本、产品销售费用和产品销售税金可据实扣除；工资总额为计税工资总额人均月 800 元、职工福利费、职工工会经费和职工教育经费计税标准均按税法规定标准，故均可扣除。

应纳税所得额 = 应纳税收入总额 − 准予扣除项目金额

= 5200 − (3000 + 200 + 300 + 960 = 134.4 + 19.2 + 14.4)

= 572（万元）

（3）已知应纳税所得额后，选择适用税率。该企业应纳税所得额超过 10 万元，适用 25% 的税率。

应纳税额 = 应纳税所得额 × 税率 = 572 × 25% = 143（万元）

（4）案例教学法应用的条件/场合/媒体（计算机教学媒体、工具、设备、文件、手册等）。

教师在企业所得税应纳税额的计算部分运用案例教学法进行教学，需要具备以下条件：

①理解并掌握有关企业所得税的原理或基本概念；

②了解现实中与案例问题有关的典型概念和术语，如商标使用权、教育经费、国库券利

息等；

③掌握相关的教学及管理策略，具备相关思维的技能和习惯；

④能够激发或强化学生的学习动机，提高学生学习的兴趣；

⑤为教学对象提供相关教学材料，如相关报表、资产负债表等。

应用的计算机教学媒体主要有带投影仪的全套多媒体设备，其他教具有：计算器、算盘、练习纸、评价表等。

（5）教学设计，如表 2－1－4 所示。

表 2－1－4

授课教师：	××中职学校	专业：	财政事务
课　　题	企业所得税应纳税额的计算	课时	1 课时
使用教材	《税收基础》（第二版）高等教育出版社		
教学内容分析	企业所得税是对我国内资企业和经营单位的生产经营所得和其他所得征收的一种税。《中华人民共和国企业所得税暂行条例》是 1994 年工商税制改革后实行的，它把原国营企业所得税、集体企业所得税和私营企业所得税统一起来，形成了现行的企业所得税。 企业所得税的税率即据以计算企业所得税应纳税额的法定比率。根据 2008 年新的《中华人民共和国所得税法》的规定，一般企业所得税的税率为 25%。非居民企业在中国境内设立机构、场所的，应当就其所设机构、场所取得的来源于中国境内的所得，以及发生在中国境外但与其所设机构、场所有实际联系的所得，缴纳企业所得税。非居民企业在中国境内未设立机构、场所的，或者虽设立机构、场所但取得的所得与其所设机构、场所没有实际联系的，应当就其来源于中国境内的所得缴纳企业所得税。适用税率为 20%，现在减按 10% 的税率征收。 通过本单元的学习，掌握企业所得税的计算方法，企业所得税的扣除项目，理解纳税人不得漏计或重复计算任何影响应纳所得额的项目。了解纳税人应纳税所得额的计算原则。 计算的内容包括： （1）确定收入总额； （2）确定准予扣除项目金额； （3）确定应纳税所得额； （4）确定税率； （5）计算应纳企业所得税。 在计算企业所得税时需要用到的公式有： 应纳税额＝应纳税所得额×税率 应纳税所得额＝收入总额－准予扣除项目金额 应纳税所得额＝利润总额±税收调整项目金额 利润总额＝营业利润＋投资收益＋营业外收入－营业外支出 营业利润＝主营业务利润＋其他业务利润－管理费用－财务费用－汇兑损失 其他业务利润＝其他业务收入－其他业务支出 主营业务利润＝商品销售利润＋代购代销收入 商品销售利润＝商品销售收入－销售折扣与折让－商品销售成本－经营费用－商品销售税金及附加		
学生情况分析 授课年级：职校三年级	财政事务专业高三年级的学生。已经学习财政事务相关专业课两年，并在此基础上学习了《财政与税收基础》，对税收相关知识理论、技能、计算方法都有不同程度的掌握和理解。本部分知识为企业所得税模块中的重要部分。		

续表

教学目标： 1. 知识目标	（1）通过学习掌握企业所得税应纳税额的计算方法； （2）明确相关规定和注意事项。
2. 能力目标	（1）培养学生的计算速度和准确性； （2）通过对案例的分析，培养学生的决策能力和决策选择结论的能力； （3）在案例讨论过程中，可以质疑他人的想法，学会发问，提高独立思考的能力； （4）鼓励学生积极参与讨论，通过小组合作的方式增强团队意识； （5）将整个决策过程中的思维用语言进行完整地表述，提高语言能力。
3. 素质目标	（1）促进学生纳税意识的形成； （2）培养学生良好的职业道德和遵守职业规范； （3）培养学生与人相处、解决冲突、尊重他人等能力。
教学重点	企业所得税应纳税额的计算
教学难点	公式的讲解和法定扣除项目的分析
教学媒体	多媒体课件，实物投影，计算器
教学方法	案例教学法、讲授法、小组讨论法等

教学过程	教学内容	教师活动	学生活动	教学意图
导入 （时间：5分钟）	复习上节课所学内容，布置本节课内容	温故知新，提出要求。	复习巩固，明确目的	为整节课制定中心思想，让学生明确任务
教学活动 （时间：5分钟）	给出案例，布置任务	通过组织和引领学生开展各项学习活动。	各小组准备，分工	让学生熟悉案例中的各项因素，对难点进行讲解
实训 （时间：15分钟）	让学生根据案例中提供的条件，进行具体的任务讨论，并且计算出最终结果	教师边看边记录学生的表现，同时找出存在的问题。	分小组合作完成制作思维导图的任务	教师在讨论过程中，针对不同的学生，给予个别指导； 检查学生的学习效果，做到及时反馈。
交流与分享 （时间：10分钟）	学生展示答案	教师分析并为每小组计算成绩。	认真观看其他同学的计算步骤	培养学生学会与人分享学习成果的感受；让学生理解从事纳税申报工作需要有严谨认真的工作态度和高度的责任心。
课后延伸 （时间：5分钟）	布置课后作业，继续熟悉这部分的计算	为获胜小组颁奖；教师总结讲评。	记录作业	培养学生归纳、提炼问题能力，以及“举一反三”的实操能力。

（6）教学法效果评价（见表2-1-5）。

表 2-1-5　　计算应纳所得税额规范评价表

被评价者：

评价指向：　　评价时间：　　年　　月　　日

训练项目	训练重点	评价标准	小组评价（5分满分）					老师评价				
对企业所得税的认识	对概念的理解	对企业所得税有基本的认识	1	2	3	4	5	1	2	3	4	5
	计算步骤的熟悉度	明确计算应纳税额所需要的步骤	1	2	3	4	5	1	2	3	4	5
计算应纳税额	解题速度	解题速度较快，不拖拉	1	2	3	4	5	1	2	3	4	5
	计算的准确性	各项税额计算准确，单位完整	1	2	3	4	5	1	2	3	4	5
	解题的规范性	解题步骤清晰、完整	1	2	3	4	5	1	2	3	4	5
团队配合	明确分工	组长分工明确，组员各司其职	1	2	3	4	5	1	2	3	4	5
	合作程度	在完成本职工作的同时，注重团队配合	1	2	3	4	5	1	2	3	4	5
	组织纪律性	遵守课堂纪律，按时完成任务	1	2	3	4	5	1	2	3	4	5
个人努力方向与建议								评价汇总： 总分：				

1.2.2　案例教学法应用分析

(1) 案例教学法应用的注意事项、教训、目标、内容、媒体、环境、组织。

①“企业所得税”部分，需要计算的项目比较多，教师可根据不同的项目进行细分，比如把“扣除项目”单独做一个专题，通过案例教学法来使学生彻底掌握。

②国家主席胡锦涛签署了第63号主席令，正式公布了于十届全国人大五次会议上表决通过的《中华人民共和国企业所得税法》。新的《企业所得税法》于2008年1月1日起施行。新旧税法在许多地方都有较大不同，比如旧税法规定：“纳税人发生的与生产、经营业务有关的业务招待费，由纳税人提供确实记录或单据，分别在下列限度内准予扣除：全年营业收入在1500万元以下的（不含1500万元），不超过年营业收入的5‰；全年营业收入在1500万元以上，但不足5000万元的，不超过该部分营业收入的3‰；全年营业收入超过5000万元（含5000万元），但不足1亿元的，不超过该部分营业收入的2‰；全年营业收入在1亿元以上（含1亿元）的部分，不超过该部分营业收入的1‰。”而新税法关于业务招待费的扣除做了如下变更：“企业发生的与生产经营活动有关的业务招待费支出，按照发生额的60%扣除，但最高不得超过当年销售（营业）收入的5‰。”因此，教师在对案例进行分析时要注意依照新税法的规定进行计算，要让学生掌握最新、最准确的知识。

③教师对学生参与讨论的情况应给出较为客观的评价，并通过鼓励的形式强调计算的准确性。

④企业所得税的计算过程相对较为复杂，由于不同企业的具体情况不同，导致计算步骤和计算项目都有所差别，教师只有亲自把每道题目做一遍才能对所有案例进行归类，在讲解的时候才能条理清晰。

⑤教师教学准备：

a. 教师课前需要花费较多时间选择适合的案例，并注意案例的时效性，以及准备相关背景资料，如企业背景、经济学常用术语等；

b. 企业所得税的计算是一个相对枯燥的内容，因此要求教师在采用案例教学法时要善于表达，感情充沛，充分调动起学生的积极性；

c. 重复使用某些案例会使学生产生厌烦的心理，可以通过列举学生比较熟悉的知名企业或当地企业的案例来吸引学生的注意力；

d. 只有大量使用案例才能收到案例教学预期的效果，学生只有通过一定量的案例分析和计算，才能真正掌握企业所得税的计算方法，因此需要准备较多案例及习题。

（2）案例教学法教学效果评价。

①案例来自现实生活，它的使用可以形象直观地诠释教材理论，使之生动有趣又能说明问题，符合学生的年龄特点和认知规律。

②教学方式灵活多样，教学过程生动形象，注重理论联系实际，有利于深化理论学习。

③在案例分析过程中，教师要引导学生辩证地剖析案例，要培养学生辩证思维的能力。

④案例教学中所选用的案例基本来源于实际工作或是实际工作的缩影，较为真实。案例具有一定的情节性，生动形象，对学习者具有较强的吸引力。这样有助于学生对知识、理论的学习和理解，也便于掌握有关问题的分析和解决方法。

⑤案例教学理论联系实际的基础在于学习和掌握企业所得税应纳税额的有关处理技能。这种案例教学实际上是把要掌握的理论和方法融入案例中，学生在进行案例分析和研究的同时，实际上也是对所学知识的温习，加深对所学知识的理解，而与纳税申报相关工作紧密相连的案例则无疑使学生的实际操作能力大大提高。

⑥案例教学符合人的学习理论的认知规律，认为人的学习是一个系列相关的认知过程，感知是认识过程的开始，是一切认识的源泉。案例教学法强调一切从调查开始，在教学过程的每一个阶段均要求学生从案例的实际情况出发，形成认识并研究问题，带着问题听老师点评，然后再实践以及加以运用。这正是一个实践——理论——实践的辩证的认识过程，这个科学的认识与学习过程，大大有助于学生理解、掌握和运用所学的知识。

⑦案例教学有利于提高教师的整体水平。案例教学的效果大小与教师的关系密切。首先，教师必须搜集、整理合适的案例，对案例所涉及的知识和理论有较深的认识；其次，在具体实施教学时，教师必须抓住时机，组织协调好；最后，教师还应具有较强的综合能力，这样才能在案例讨论结束后进行总结和点评，从而提高自己的整体水平。

1.3 案例教学法应用三　增值税的纳税筹划

1.3.1 案例教学法案例

（1）教学对象。财政事务专业三年一班学生，已经学习税收课程一年，学习了税法的基本知识，增值税、所得税等内容。本部分教学内容是进行增值税的纳税筹划。

（2）教学目标。本教学应该完成下列目标：

知识目标：

- 通过学习现行的《增值税条例》，掌握增值税的纳税范围、计税依据、税目、税率的规定；
- 在此基础上通过案例的学习，进一步理解并运用一定的程序和方法，掌握增值税的计算，会进行简单的纳税筹划设计；
- 通过案例教学法的应用，运用教材及案例作为基础，提出并解决本教学内容的相关问题。

能力目标：

- 理解典型案例的分析，学会并掌握增值税的纳税程序和方法，培养学生分析问题和实际解决问题能力；
- 通过本节课的教学活动，使学生能根据活动规则组织好案例教学活动，能运用案例教学法寻求解决问题的方法。

素质目标：

- 积极参与案例教学活动，培养学生富于想象、敢于表现、勇于创新的个性品质及良好的合作交流态度；
- 形成学生对企业进行税收筹划的意识；

(3) 教学内容。

增值税筹划实务——含税与不含税购进货物的增值税纳税筹划。

应用案例一

张老板要购买一批材料，与新供货商谈妥了购买条件，价格比原供货商低了3%。张老板挺高兴，但他的财税顾问小李在看过合同后却当头给张老板泼了一盆冷水："张老板，这合同不能签，否则我们会吃亏的。"

张老板："为什么？合同有陷阱？我看过没有问题呀！"

小李："合同没有什么陷阱，只不过合同里面的价格是含税价格，如果考虑税的因素，这价格就比原来还高。"……

基于案例的问题：

请分析说明含税价格与不含税价格的区别。

案例的教学组织和实施：

因为含税价格与不含税价格将直接影响你缴纳税额或抵扣额的大小，举个简单的例子：一种原材料，售价200元的与售价204元的区别在于前者是含税价格，后者不含税，买哪个实惠？如果你是卖家，按200元的含税价格卖，这笔买卖收入200元，为此要缴纳29.06元的增值税[$200 \div (1+17\%) \times 17\%$]，最后得到170.94元的收入；按204元的不含税价格卖，收入204元，为此缴纳34.68元的增值税，最后得到169.32元。按哪个价格卖划算？

如果你是买家，按200元的含税价格买，支出200元，可以抵扣29.06元的进项税，实际成本是170.94元；按204元的不含税价格买，直接支出204元，可以抵扣34.68元的进项税，实际成本是169.32元。买哪个价格的材料划算？

案例蕴含的专业能力、方法能力和社会能力分析：

通过分析可以看到，在同样价格条件下，价格含税对卖家有利，对买家不利；价格不含税对买家有利，对卖家不利！当然，这是对增值税一般纳税人来说的，如果买方司不是一般纳税人（不能抵扣进项税），或将购买的货物用于不能抵扣进项税的项目，价格含税不含税就无所谓了，只要价格低就行。

很明显，在看过这个案例之后，同学们都要清楚这一点。

教学研讨：

如何把握含税价格与不含税价格的区别？

应用案例二

有一批办公用品，三家商店标价不同：

①一家商店售价为800元，开具普通发票。

②一家商店标价为850元，请税务局代开3%的专用发票。

③另一家商店标价为900元，能够提供17%的专用发票。

基于案例的问题：

如果买方是一般纳税人，选择谁的比较合适？

参考答案： 应该选择第三家。在第一家购买，不能抵扣进项税；在第二家购买，抵扣进项税额 $850\div(1+3\%)\times3\%=24.76$（元）；在第三家购买，抵扣进项税额153（$900\times17\%=153$）（元）。

我们已经系统地学习了增值税这一章的基础知识，其中，增值税收入作为一种流转税在整个税收中占有相当大的比重，也是中央、地方财政收入的主要来源。具有以增值额为计税依据，税源广泛；按行业种类设计税目税率，税负公平合理；计征简便，便于征管的特点。

为了便于学生掌握有关增值税应纳税额的计算，已提前一周时间将本节课涉及的有关增值税应纳税额的案例布置给大家。现在请同学们根据搜集的资料和教材，就增值税中的以下核心问题作以积极思考？

①含税价格与不含税价格的区别？

②一般纳税人与小规模纳税人的划分标准？

③准予从销项税额中抵扣的进项税额包括哪些内容？

④含税价格换算成不含税价格的公式是什么？

⑤增值税应纳税额的计算公式是什么？

小组讨论准备

①教师指导学生如何查找相关的资料信息和案例；

②教师根据上述案例布置的任务，将学生分成3～5人的5个学习小组，各小组根据所给的案例进行讨论并加以认真准备；

③教师在每小组成员中选出1～2名优秀学生作为小组的学习骨干，负责搜集资料并制作案例PPT。同时，在小组内部对其他成员进行必要的帮助。

小组集中讨论

各小组派出自己的一名代表，就有关本节课涉及的增值税应纳税额的计算，发表本小组对于案例的分析和处理意见。发言时间一般控制在 10 ~ 20 分钟以内，发言完毕后发言人要接受其他小组成员的询问并作出解释，此时本小组的其他成员可以代替发言人回答问题。小组集中讨论的这一过程为学员发挥的过程，此时教师充当的是组织者和主持人的角色。此时的发言和讨论是用来扩展和深化学员对案例的理解程度的，然后教师可以提出几个意见比较集中的问题和处理方式，组织各小组对这些问题和处理方式进行重点讨论。这样做就将学员的注意力引导到方案的合理解决上来。

总结阶段

在有关增值税如何进行纳税筹划计算方面，各小组集中讨论完成后，教师应留出 30 分钟的时间让学员自己进行思考和总结。这种总结可以是总结规律和经验，也可以是获取这种知识和经验的方式。教师还可让学员以书面的形式作出总结，这样学员的体会可能更深，对案例以及案例所反映出来的各种问题有一个更加深刻的认识。

增值税筹划实务——自产产品作职工福利也要缴税

应用案例三

税务机关对某化妆品公司检查时发现，该公司年末的职工福利支出里有 20 万元是自产化妆品。这些化妆品成本总计 20 万元，正常售价 40 万元，该公司显然没有就这些产品缴纳有关税款。税务机关在调查清楚后，对化妆品公司作出补缴增值税 6.8 万元（40 × 17%）、消费税 12 万元（40 × 30%）的处罚。化妆品公司对此提出异议：我们自己生产的东西自己职工用，又没有产生收入，为什么要缴税？

基于案例的问题：

请问该化妆品公司应不应缴纳税款？

案例的教学组织和实施：

在增值税里，有一个视同销售的规定：即实际没有发生销售行为也当成销售行为纳税。以下情况都属于视同销售的行为：

◆ 将自产、委托加工收回的货物用于集体福利或个人消费。

案例中的化妆品公司就属于这种行为。如果是汽车公司将自己生产的汽车给老总、经理使用也要缴纳有关税款。

◆ 将自产、委托加工或购买的货物无偿赠送他人。

在自然灾害出现时，将公司的物品捐赠给灾民，就属于此种情况。

◆ 将自产、委托加工或购买的货物分配给股东或投资者。

这些视同销售的行为，纳税不是根据购货或者制造成本，而是按正常的销售价格来算的。

教学研讨：

自产产品用做职工福利如何缴税？

应用案例四

甲公司有职工 200 名，其中一线生产工人 170 名，总部管理人员 30 名。2008 年 2 月，甲公司决定以其自产的一批产品作为集体福利发放给职工，每人一件。该批产品单位成本为 8000 元，单位计税价格（公允价值）为 1 万元，适用的增值税税率为 17%。

基于案例的问题：

根据上述规定，当甲公司决定发放自产产品时应不应缴纳税款？应缴纳多少税款？

参考答案：应缴纳税款，案例中的甲公司将自产的产品作为集体福利发放给职工，符合增值税里视同销售的规定。应缴纳税款 $=200\times10000\times(1+17\%)=234000$（元）

营业税筹划实务——旅游运输巧转换　增加利润思路宽

应用案例五

五月份，明珠旅行社组织了300人，以每人8000元人民币组织赴泰国境外旅行，泰国境内的旅行社则委托我国一家外贸公司驻泰办事处负责，向我国这家外贸公司驻办事处支付每人600元的服务费用。

基于案例的问题：

本次组团旅游应缴纳营业税如何计算？

案例的教学组织和实施：

①给出参考答案：

营业额 $=(8000-600)\times300=222$（万元）

应缴税额 $=222\times5\%=11.1$（万元）

②如果进行税收筹划，明珠旅行社在此活动中增加了一个文化活动，因此支付泰国好好学校服务社每人2000元，扩大费用后的实缴税额如何计算？

营业额 $=(8000-2600)\times300=162$（万元）

实缴税额 $=162\times5\%=8.1$（万元）

③案例分析。据了解，明珠旅行社与泰国好好学校服务社是互惠合作单位。实际上这笔费用根本没有发生，因为泰国好好学校服务社将组团来中国旅游，为此明珠旅行社准备免费提供泰国好好学校服务社引进旅游服务，而我国这家外贸公司驻泰办事处实际是通过家属参加了该旅游团免费作交换条件，这样一来，关联双方通过私下交易，扩大境外旅游费用的支付，从而大大降低了企业的营业税负担，实现节约税收3万元。

案例蕴含的专业能力、方法能力和社会能力分析：

旅游业同时又是一个没有国界的行业，税法规定，旅游企业组织旅游团到中华人民共和国境外旅游，在境外改由其他旅游企业接团的，以全程旅游费减去付给该接团企业的旅游费用后的余额为营业额。但是，由于在国境之间的业务存在着国家管理的不可及性和税务管理的区域性，人们可以利用这个特点进行税收筹划。

教学研讨：

如何进行旅游业营业税筹划？

消费税筹划实务——利用委托加工筹划

应用案例六

A卷烟厂委托B厂将一批价值100万元的烟叶加工成烟丝，协议规定加工费75万元；加工的烟丝运回A厂后，A厂继续加工成甲类卷烟，该批卷烟售出价格不含增值税销售额700万元。烟丝消费税税率为30%，甲级卷烟的税率为50%。

基于案例的问题：

A卷烟厂如何进行消费税筹划？

案例的教学组织和实施：

筹划方案一：

①A厂向B厂支付加工费的同时，向受托方支付其代收代缴的消费税：

委托加工消费品组成计税价格＝(100＋75)÷(1－30%)＝250（万元）

应缴消费税＝250×30%＝75（万元）

②A厂销售卷烟后，应缴消费税：

700×50%－75＝275（万元）

③此批卷烟共含消费税：

消费税＝75＋275＝350（万元）

筹划方案二：

如果委托加工收回的应税消费品运回后，委托方不再继续加工，而是直接对外销售。接上例，如果A厂委托B厂将烟叶加工成甲类卷烟，烟叶成本不变，加工费用增加到150万元；加工完毕，运回A厂后，A厂对外售价仍为700万元。

① A厂向B厂支付加工费的同时，向受托方支付代收代缴的消费税：

(100＋150)÷(1－50%)×50%＝250（万元）

② 由于委托加工应税消费品直接对外销售，A厂在销售时不必再缴消费税。采用这种方法可比运回烟丝后加工成卷烟，少缴消费税：

少缴消费税＝350－250＝100（万元）

案例蕴含的专业能力、方法能力和社会能力分析：

由于卷烟中含消费税减少了100万元，卷烟的售价没有改变，卷烟厂的利润能得到一定程度的增加。

为什么委托加工和自行加工缴纳的消费税会存在差异呢？这是因为委托加工的应税消费品与自行加工的应税消费品的税基不同，委托加工时，受托方（个体工商户除外）代收代缴税款，税基为组成计税价格或同类产品销售价格；自行加工时，计税的税基为产品销售价格。在通常情况下，委托方收回的应税消费品的销售价格高于计税价格，因此委托加工应税消费品的税负就会低于自行加工的税负。

教学研讨：

比较两种不同的筹划方案。

利用兼营的消费税合理避税筹划案例

应用案例七

金门酿酒厂在春节临近期间，为扩大销售采取多样化生产经营策略，既生产税率为20%的粮食白酒，又生产税率为10%的药酒，还生产上述两类酒的小瓶装礼品套装。

2009年2月份，该厂对外销售1万瓶粮食白酒，单价26元/瓶；销售6000瓶药酒，单价50元/瓶；销售500套套装酒，单价100元/套，其中白酒3瓶、药酒3瓶，均为半斤装。

基于案例的问题：

金门酿酒厂如何做好纳税筹划（考虑到白酒的从量计征消费税不受会计核算方式等因素的影响，故在此不作分析）？

案例的教学组织和实施：

对于金门酿酒厂来说，存在三种经营方式，与此相适应，也存在三种会计核算方式。

【方案一】 将各种酒放在一起进行统一销售、统一核算。

从生产经营的角度讲，进行“一揽子”管理模式，不分酒的品种、价格，由一个部门扎口经营和管理，在会计上也不分别单独核算。在这种情况下，按照税法规定应采用税率从高的原则，该企业应纳消费税税额：

$(26\times10000+50\times6000+100\times500)\times20\%=12.2$（万元）

【方案二】 公司根据不同的产品组织生产流程，在会计上也根据市场销售形式进行相应的会计核算，即按照白酒、药酒和套装酒三类酒单独核算，该企业应纳消费税税额：

单销白酒 $=26\times10000\times20\%=5.2$（万元）

单销药酒 $=50\times6000\times10\%=3$（万元）

混销套装酒 $=100\times500\times20\%=1$（万元）

合计应纳消费税额 $=5.2+3+1=9.2$（万元）

【方案三】 根据不同类型的产品类型组织生产并销售，会计也根据生产流程分别进行会计核算。当消费者拿到相应的产品后，企业的销售人员再帮助客户将所需要的产品组成成套商品：

单销白酒 $=26\times10000\times20\%=5.2$（万元）

单销药酒 $=50\times6000\times10\%=3$（万元）

改单销白酒 $=13\times3\times500\times20\%=0.39$（万元）

改单销药酒 $=25\times3\times500\times10\%=0.375$（万元）

合计应纳消费税额 $=5.2+3+0.39+0.375=8.965$（万元）

分析比较：

对于金门酿酒厂来说，不同的方案会产生不同的税收待遇，通过以上计算我们可以对三种方案进行直接的比较：

方案二比方案一节税：$12.2-9.2=3$（万元）

方案三比方案一节税：$12.2-8.965=3.235$（万元）

方案三比方案二节税：$9.2-8.965=0.235$（万元）

兼营多种不同税率的应税消费税产品的企业，应当分别核算不同税率应税消费品的销售额、销售数量。因为《中华人民共和国消费税暂行条例》规定，未分别核算销售额、销售数量，或者将不同税率的应税消费品组成消费品出售的，应从高适用税率。

案例蕴含的专业能力、方法能力和社会能力分析：

企业兼营不同税率应税消费品时，能单独核算，最好单独核算，没有必要成套销售的，最好单独销售，尽量降低企业的税收负担。由于不同的应税消费品兼营方式能导致纳税人在这方面进行适当的纳税筹划。

教学研讨：

兼营多种不同税率的应税消费税产品的企业，如何核算不同税率应税消费品的销售额、销售数量。

（4）案例教学法应用的条件/场合/媒体（计算机教学媒体、工具、设备、文件、手册等）。

①本案例教学法应用的条件和场合。实施案例教学应具备四个主要条件：包括科学合理的案例或案例库、优秀的教师、小班上课及良好的自主学习习惯。“案例教学法”以应用技能为核心，通过典型案例来帮助学生学会增值税纳税筹划知识的运用和筹划技巧。每个教学单元都以一个典型案例来完成一个工作任务，如在增值税纳税筹划单元教学时，教师首先会分析一个典型实例，提出在该案例中包含的知识点和需要解决的问题以及解决的办法，接下来要求学生在应用本案例学习的基础上，实践并提高。本案例是先把学生划分成小组，进行小组讨论，让每个小组取得一个比较一致的意见，然后每个小组派出1~2名代表在全班讨论发言，其他小组成员作补充发言。本节课的教学场合可以选择在教室上或者在多媒体教学实验室上，场地以各小组课桌围成一个个椭圆型最好，取消正常上课时的课桌摆放形式，以利于各小组最具向心力的小组讨论格局。

②本案例教学法应用的计算机教学媒体、工具、设备、文件和手册。本节课案例教学法应用的是计算机教学媒体，主要有带投影仪的全套多媒体设备，用于指导性的典型案例操作演示，并使用 Power Point 多媒体工具，对教学的具体内容进行动画等方式的演示。

首先以幻灯片播放形式向学生介绍本节课有关增值税纳税筹划的典型案例，起到引领和导向的作用，然后配以相对等的应用案例，以让学生掌握此增值税纳税筹划的方法和应用技巧。本节课的课题要求学生通过独立研究和相互讨论的方式，来提高学生分析问题和解决问题的能力，找出解决问题的方法；最后各小组要进行互评并填列“小组合作评价表”的方式进行上墙展示。

（5）教学设计（见表2-1-6）。

表2-1-6

<table>
<tr><td colspan="2">授课教师</td><td>×××</td><td>授课班级</td><td>财政事务专业××班</td></tr>
<tr><td colspan="2">课　　题</td><td>增值税的纳税筹划</td><td>课　　时</td><td>200×年×月×日
第×节（共需4课时）</td></tr>
<tr><td colspan="2">教学目的及要求</td><td colspan="3">通过本节课学习，掌握不同行业增值税纳税筹划的操作技能与方法。</td></tr>
<tr><td colspan="2">教学内容分析</td><td colspan="3">对增值税进行纳税筹划，主要包括两个方面：一是两类纳税人的划分；二是税率的计算。将增值税纳税人按照规模大小以及会计核算是否健全等条件分为一般纳税人和小规模纳税人两类。</td></tr>
<tr><td colspan="2">学生情况分析</td><td colspan="3">学生第一次接触增值税纳税筹划。由于对增值税纳税筹划缺乏了解，所以理解起来会有困难。同时他们当中还存在着学习兴趣不高、方法欠妥当的问题。</td></tr>
<tr><td rowspan="3">教学目标</td><td>知识目标</td><td colspan="3">（1）通过学习现行的《增值税条例》，掌握增值税的纳税范围、计税依据、税目、税率的规定；在此基础上通过案例的学习，进一步理解并运用一定的程序和方法，完成增值税的纳税筹划的工作任务。
（2）通过案例教学法的应用，运用教材及案例作为引导文，提出并解决本教学内容的重点问题。</td></tr>
<tr><td>能力目标</td><td colspan="3">（1）理解典型案例的分析，学会并掌握增值税纳税筹划的程序和方法，培养学生分析问题和实际解决问题能力；围绕案例问题组织学生展开讨论，培养学生自主学习的能力。
（2）通过小组互助的方式，收集信息、分析案例、思考问题，培养团队合作的能力。</td></tr>
<tr><td>素质目标</td><td colspan="3">（1）学习结束时，通过师生共同评价项目工作成果和工作学习方法，达到学以致用的效果。
（2）形成学生对企业进行税收筹划的意识。</td></tr>
</table>

续表

教学重点	（1）增值税纳税筹划的重点是两类纳税人的确认及应纳税额的计算。根据《增值税暂行条例》的规定，在中华人民共和国境内销售货物或者提供加工、修理修配劳务以及进口货物的单位和个人，为增值税的纳税人，并进一步明确增值税征税的范围分为一般规定和具体规定。 （2）增值税纳税筹划的另一个重点是各行业的增值税税率。
教学难点	由于增值税的征税范围较广，不同的行业其特点不同。在进行纳税筹划时，要了解和掌握不同行业的核算要求及增值税的相关规定。
教学方法	案例教学法、讲授法、讨论法等。
教学用具	多媒体课件，实物投影，练习纸，信息卡。

教学过程	教学内容	教师活动	学生活动	教学意图
导入（时间：20分钟）	通过两种方式的案例介绍，将同学们带入本课的教学活动中。	创设情景。	进入情景；组成小组并开始做计划。	创设情景，提出以小组的形式进行学习和训练，激发学生学习的积极性和参与欲，培养学生的竞争意识。
教学活动（时间10分钟）	提出引导问题。	通过咨询，组织和引领学生开展各项学习活动。	各小组准备案例。	检查学生的学习效果，及时反馈，培养学生对案例资料加工能力及对案例问题的理解。
实训（时间：90分钟）	每小组将已制作的教学案例进行展示并讲解。	展示背景材料；教师边看边记录学生制作的PPT，同时找出其中存在的问题；	分小组合作完成指定代表；台上讲演；台下同学填写学习评价表。	有效教学倡导“做中学”，实现学生的主体地位，此环节让学生自己动手实践，合作完成任务，既能提高学生的专业能力，又能培养学生与人沟通和协作的方法能力。而教师的及时点评能纠正学生在案例讲解过程中容易犯的错误，帮助学生准确掌握正确的知识点，这是对教学难点的再次突破，也突出了本课的教学重点。
交流与分享（时间：10分钟）	学生分享“各小组的案例”；教师总结。	教师分析并公布正确答案； 为每小组计算成绩。	每小组请代表分享“优秀”案例。	培养学生学会与人分享学习成果和感受；让学生理解从事制单工作需要有严谨认真的工作态度和高度的责任心。
课后延伸（时间：5分钟）	以每小组制作PPT及引导问题的标准答案的形式提交作业。	为获胜小组颁奖；教师总结评讲。	记录作业。	培养学生归纳、提练问题能力，以及“举一反三”的实操能力。

课堂练习（10分钟）

各小组通过不同行业的案例分析，进一步具备举一反三的能力，再将已掌握的程序和方法拓展到其他行业。

本课小结	检查学生的学习效果，及时反馈，培养学生对案例资料加工能力及对引导问题的理解。
课外作业	预习不同行业增值税的纳税筹划。
课后分析	对上述教学设计的实际授课感受、体会和改进措施。

(6) 教学效果评价(见表2-1-7)。这种教学法活动，使学生成为课堂的主体，改变以往老师讲、学生听不进的现状；教学效果评价的主要内容有：案例引用或设计的合适性、教师指导的有效性、学生操作过程的合理、合规性、学生操作结果的正确性及原因，教学档案的科学、完整性等等。

表2-1-7　　学生小组合作评价表

班级＿＿＿＿评价小组＿＿＿＿日期＿＿＿＿

评分标准	小组名称	得分	得分依据或存在问题
分工协作好，并能充分发挥团队作用(20分)			
资料组织有条理，内容丰富，并与题目主题相对应(20分)			
内容具有创新性，能反映小组成员的接待能力与技巧(10分)			
能够掌握好理论运用的幅度(15分)			
展示手段多样化，效果良好(10分)			
演示仪态好、语言简练、气质佳(5分)			
组织纪律好；遵守课堂纪律，做好笔记(5分)			
小组评价认真，能为其他小组提出一些建设性的建议(15分)			
小　计			

1.3.2　案例教学法应用分析

(1) 案例教学法的应用条件、场合和注意事项、教训。

①案例的形成，决定着教学所需要的教学组织形式，教学媒体和教材等。不同职业领域，不同的专业所采用的案例也不尽相同。本教学法适用不同年级的学生，具备一定的专业基础和收集资料解决问题的能力即可。同时适合与校内、外教学，有利于调动学生积极的参与和主动思考，强调团队合作精神。

②通过这种教学法的应用，将发散的、大量的学习内容进一步典型化。培养学生学会举一反三的学习能力，便于学习与理解；在整个教学法中教师的组织与引导十分重要，最后要通过多媒体展示各小组的学习成果，同时将教师答案与案例同学生共同分享。

③这种教学方法和模式，无论是对学生还是教师都是新的尝试，在教学活动中，教师要注意控制教学节奏，避免学生过于活跃而影响教学的进度。教师要做到“有放有收”，确保教学法任务的完成。

④案例教学法的适用范围，学习环境必须能为学员提供案例准备及讨论案例分析结果的机会，必须安排学员面对面地讨论或通过电子通讯设施进行沟通。但是，学习者必须愿意并且能够分析案例，然后进行沟通并坚持自己的立场。这是由于受训者的参与度对案例分析的有效性具有至关重要的影响。在增值税筹划教学中，可以利用讲授法，让学生掌握增值税筹划的基本理论和方法，可为案例教学打好理论基础。课堂讲授应当是诱导启发式的，应该与问题讨论、案例教学结合起来，只有把三者有机地结合起来才能取得较好的效果。

（2）目标、内容、媒体、环境、组织。案例教学法适用的教学目标和内容，如以增值税纳税筹划这部分为例，从对增值税的计税依据包括销售额和购进额两个方面入手进行以下纳税筹划。

一方面对销售收入进行纳税筹划，主要有以下几种：

①降低销售收入，可以采取的方法有压低售价、折扣销售、包装物另行处理等。

②冲减销售收入，可以采取及时确认销售退回与折让等。

③转移销售收入，可以采取对收取的价外费用不入账、从购买方获得其他利益补偿等。

④降低视同销售货物的组成计税价格，可以采取对没有同类销售价格的货物适当降低组成计税价格，但不能明显偏低。

另一方面对购进额进行纳税筹划的关键是尽量加大可以抵扣的进项税额，主要有以下几种：

①购进货物时，在价格、质量相同的情况下，要取得增值税专用发票。

②购进固定资产时，要取得增值税专用发票。

③将用于非应税及免税项目的购进货物先行抵扣，待移送时再做转出处理。

④规划购进货物的时间及筹划购进价格。

附注：教师教学准备：

（1）准予从销项税额中抵扣的进项税额包括哪些内容？

根据《增值税暂行条例》的规定，准予从销项税额中抵扣的进项税额，限于下列增值税扣税凭证上注明的增值税税额和按规定的扣除率计算的进项税额。

①从销售方取得的增值税专用发票上注明的增值税额。

②从海关取得的海关进口增值税专用缴款书上注明的增值税额。

③购进农产品，按照农产品收购发票或者销售发票上注明的农产品买价和13%的扣除率计算的进项税额。

④购进或者销售货物以及在生产经营过程中支付运输费用的，按照运输费用结算单据上注明的运输费用金额和7%的扣除率计算的进项税额。

⑤运费抵扣发票的规定：运输公司的发票、税务局代开发票、税务局指定代开发票（从2003年11月1日起执行）。

⑥从事废旧物资经营的单位，采购的废旧物资，可按10%抵扣。

自2007年4月1日起，旧版货运发票一律不得作为增值税扣税凭证抵扣进项税额。

（2）含税价格换算成不含税价格的公式是什么？

换算公式为：一般纳税人不含税销售额＝含税销售额÷（1＋税率）

小规模纳税人不含税销售额＝含税销售额÷（1＋征收率）

（3）增值税应纳税额的计算公式是什么？

一般纳税人当期应纳税额＝当期销项税额－当期进项税额

小规模纳税人应纳税额＝销售额×征收率

1.4 案例教学法应用四 村集体经济组织会计制度案例教学法

1.4.1 案例教学法案例

(1) 教学对象。财政事务专业三年级学生。其知识结构特点是已经学习了一年的会计课程，能够掌握基本会计基础知识，同时了解与会计核算有关的税法、财政金融等基础内容；但对于农村组织缺乏了解，不清楚农村组织与通常意义上的企业组织为什么要采用不同的会计制度。本部分教学将重点解决农村集体经济组织会计核算的相关问题。

(2) 教学目标。本环节教学内容细分为以下几项目标：

知识目标：

- 通过本节案例课程，能分清农村组织与企业组织的差异，可以对农村组织进一步细分为农村集体经济组织、农民专业合作社两种形式。
- 通过案例对比学习，能理解国家规定的《村集体经济组织会计制度》核算内容。

能力目标：

- 结合教材案例演示分录，能够独立完成本节课后的会计核算，正确书写给定业务的会计分录，能填制出最基本的村集体经济组织资产负债表。
- 能够独立总结出《村集体经济组织会计制度》与2006年颁布的《企业会计准则》之间主要差异以及差异产生的原因。

素质目标：

- 通过案例学习过程，使学生具备克服学习困难的能力，培养学生知难而进的信心。
- 通过案例研讨过程，培养学生团队合作的意识，为今后参与集体工作奠定基础。
- 通过案例点评，帮助学生（尤其是来自于农村地区学生）树立投身社会主义新农村建设的自觉性。

(3) 教学内容。

①阅读本单元引导案例。

②阅读教材“农村集体经济组织会计实务”。

应用案例

南昌市青山湖区共有75个行政村。在现有的村集体经济组织当中，大多数仍沿用传统集体经济实现形式，未推行相关产权制度改革，经济发展程度较低，农民生活困难。作为农村集体经济组织产权制度改革的积极探索，该地区下辖的进顺村率先完成了村集体经营性资产的产权制度改革。从改革后的效果来看，2007年进顺村实现总产值20多亿元，利税8000多万元，村集体纯收入近3000万元，村民人均收入过万元，村集体固定资产5亿多元，净增5.25倍。

基于案例的问题：

了解村集体经济组织会计制度。

案例的教学组织和实施：

从整个案例教学过程来看，教师准备案例的好坏直接决定了整个案例教学的成败。

教师获取案例不外乎以下几个渠道：

①现成的案例，从公开出版的案例集或教材中撷取。

②在报刊资料中搜集，这一种案例偏重于客观描述，学习性较强。

③根据相关资源，创设一定的情景，亲自动手编辑组合成一个新的案例。这种原创案例的真实性和针对性都比较好，但是会耗费教师大量的时间精力，建议以团队合作的方式准备比较适宜。例如，美国哈佛大学工商学院的案例来源主要是其案例中心——"Intercollegiate Case Clearing House"提供的，据说这个中心每年都要派人前往美国各地收集、选编案例，已储备了数十万的教学案例。而该校最先采用案例教学法的法学院案例库中则存有5万多个案例供校内外教师使用。

对于中职院校第一线教师来说，亲自动手设计原创案例比较繁琐，应该在立足本专业教学的基础上改编现有案例。

案例蕴含的专业能力、方法能力和社会能力分析：

本案例通过学生准备和参与及教师点评两方面体现专业能力、方法能力和社会能力分析。

"学生参与案例"

①学生个人准备。在正式开始授课前一周，把案例材料发给学生，让学员阅读案例材料，查阅指定的资料和读物，搜集必要信息，并通过积极思索初步形成案例问题的原因分析和解决方案。分发资料时，应注意学生的自身特点。比如对会计专业知识掌握比较好的学生，偏重于多布置一些进行会计制度比较的资料，让其集中精力于制度本身；对于来自农村地区的学生，由于其具备直接的感性认识，可以多分发一些农村组织的介绍资料，使其注意力集中到农村组织与企业组织的比较当中。

另外，在分发资料的时候，可以附带一些启发性的问题：a. 你们家所在地区的村组织采用什么样的核算模式？b. 你能把我国农村会计制度的演变过程和企业会计制度作出比较吗？c. 现行的《村集体经济组织会计制度》能满足目前农村地区经济发展的需要吗？通过给学生布置一些有针对性的问题，可以更好地调动学生的积极性。

②学生分组准备。为了充分发挥团队优势，教师应该结合实际情况将学生划分为不同的小组，小组成员人数控制在8～10个人左右。在每组成员构成上，最好能保证既有来自于农村地区了解农村实际生产、核算情况的学生，又有对会计知识掌握较好能够把感性认识提炼为抽象结论的学生。可以安排小组成员利用课余时间集体讨论，形成本小组的结论意见。

为防止学生讨论时思维过于发散，教师可以安排以下的对立命题：

表 2－1－8　　　　分组准备对立命题

<table>
<tr><th colspan="2" rowspan="2">《村集体经济组织会计制度》</th><th colspan="2">与企业会计准则关系</th></tr>
<tr><th>二者相同</th><th>二者不同</th></tr>
<tr><td rowspan="2">与农村经济发展关系</td><td>不用改变</td><td>村会计制度与企业会计准则可以互通，直接按照企业准则核算村集体经济活动即可。</td><td>村会计制度与企业会计准则并不相同，但现有的村会计制度可以满足目前农村地区经济发展的需要。</td></tr>
<tr><td>需要改变</td><td>村会计制度与企业会计准则可以互通，将来改进企业会计准则的时候再考虑对村集体的应用。</td><td>本文内容的着眼点。</td></tr>
</table>

③学生分组讨论。在分组讨论时，应该组织学生依次发言。每组可以推选一名“发言人”在10分钟左右的时间里，陈述本组的主要观点。之后，由其他小组对其观点提出问题，该“发言人”负责解释。对于未解释清楚的内容，改组其他成员可以进行补充。

④学生总结。各组发言完毕，可以将大家的观点重新填入表2－1－8。教师在归纳大家观点的基础上，为本节授课的正文部分做铺垫，并可以在授课时反复提及上述两条对立意见，加深学生的理解记忆。

“教师点评案例”

由于有上述两条主要的对立命题，教师在授课时应该沿着这两条主线展开教学。首先应该为学生介绍不同体系的会计制度沿革：从《企业会计制度》到《企业会计准则》的意义与作用，以及《村集体经济组织会计制度》的产生。从不同制度制定时间、适用范围来看，村会计制度与企业会计制度是差异较大的不同法律规范。其次，对于现行的《村集体经济组织会计制度》是否适应农村经济发展，教师应该从正反两方面展开。

“村集体经济组织”是指按村或村民小组设置的社区性集体经济组织，是以从事经济发展为主，同时兼有一定社区管理职能的农业基层管理单位。在实务中一般适用于以公有土地为基础的地区性、综合性的作为发包单位的村级集体经济组织。

由于村集体经济组织兼具生产经营与社区管理的双重职能，带有比较浓重的行政管理痕迹，不宜将其直接视为企业单位，因此目前村集体经济组织并不具备法人资格，通常情况下由村民委员会代行相关职权，在会计日常核算方面具有简单要求、简化核算的特点。

为了与新时期经济发展格局相适应，村集体经济组织在生产经营上采取有统有分、统分结合的双层管理体制。在资金来源上逐步实现了与国有企业、民营企业等其他经济形式的多元化合作，因此，所有制结构上也必然是以集体所有制为主，多种成分并存。

由于村集体经济组织本身不是法人，不能独立代表村民参与市场经济，因此，在经营效率方面并不高。由于固定以自然村作为适用对象，在农产品类型较多的村中，很难满足不同农户的具体生产需求。因此在农业生产实务中，村集体经济组织这种组织形式面临着再次调整，逐渐被其他一些更有活力的组织形式所代替。

至此，教师完成了课前布置案例的定性分析。为加深对这一结论的理解印证，教师应该将学生的注意力从发散的自由讨论归集到教材指定内容：村集体组织的会计核算业务上，通过具体的经济业务强化对村组织特殊业务的会计处理。另外，村组织会计制度与企业会计准则相同的业务处理，教师可以简明扼要地提示学生，目的仍然是通过对比加深学生对新知识的印象。

教学研讨：

在村集体组织的会计核算业务上，如何通过具体的经济业务强化对村组织特殊业务的会计处理。

（4）案例教学法应用的条件/场合/媒体（计算机教学媒体、工具、设备、文件、手册等）。

①案例教学方法有一个基本的假设前提，即学生能够通过对这些过程的研究与发现来进行学习，在必要的时候回忆并应用这些知识与技能。从中职院校的受教育对象来看，这些学生对外界新鲜事物较敏感，喜欢接触新知识新技能，但缺乏持之以恒的毅力，对新知识的热情并不持久。因此，从教师为学生分发案例资料开始，就应当结合学生的实际情况差别对待。在本案例中，建议面向来自于农村的学生分发较多的与其切身经历有关的村集体组织相关资料，并且应该鼓励这部分学生回家搜集第一手的村组织结构信息、核算模式资料等，这样可以大大提高学生对该案例的参与热情。同样，对于没有农村生活经验的城市学生，应该重点培养他们对会计制度本身的理解应用，使其能够通过对比找出村集体会计制度与企业会计准则之间的异同。如果运用得当，这种差异教学可以调动不同类型学生的学习兴趣，并为双方下一步的分组配合团队合作奠定了良好的基础。

为使案例教学更有效，教师应该为学生提供分组准备的机会，使其充分发挥合力作用。通过有效地分组，学生可以互相取长补短，有利于得出比较全面的结论。

②由于本章节主要针对会计制度进行讲解，因此对学生的会计知识有一定要求，学生至少应该掌握《基础会计》的核算知识，知道目前最新的2006版会计准则是针对于企业组织制定的。对于会计知识较差的学生，应将其分散到不同小组，在资料准备阶段通过学生分组互相弥补不足。

（5）教学设计（见表2-1-9）。

表2-1-9　　课程教学设计表

《村集体经济组织会计制度》课程教学设计	
授课时间、班级	201×年×月×日、第×节（共需4课时）、会计专业××班
教学内容	村集体经济组织会计制度
教学目的及要求	通过本课学习，掌握村集体经济组织会计核算特点
教学方法、形式	案例教学法、PPT课件
教学重点难点	《村集体经济组织会计制度》若干核算
教学过程（教学内容及环节）	教学措施、手段及方法
一、本课程的预备知识（15分钟） 由教师给学生提供会计数据、农村地区组织结构等基础资料，应结合学生特点分别突出不同资料的重要性。会计基础比较好的学生应该为本组成员提供《企业会计准则》的基本核算规范，帮助组员完成不同会计制度的对比；来自农村地区的学生尽量以直接生活经验帮助组员理解农村地区组织结构，使组员分清村组织与企业组织的差异。	通过给定的案例资料引出本环节授课内容。
二、本课程的教学活动（90分钟） 提出案例设置的问题；由不同小组针对教学案例进行展示讲解；各组代表回答问题，并做出评价；教师点评，为村集体会计制度核算内容伏笔。 **三、本课程的后续（25分钟）** 学生在掌握教材正文的基础上，完成课后作业。	通过咨询，组织和引领学生开展各项学习活动。教师点评各组表现，同时找出存在的问题。 教师分析并公布正确答案。

续表

<table>
<tr><th colspan="2">教学过程（教学内容及环节）</th><th>教学措施、手段及方法</th></tr>
<tr><td colspan="2">课堂练习（30 分钟）
教师应准备相近似的核算实务习题，供学生反复练习；有必要时可以结合《企业会计准则》对相同业务做出各自处理，以突出两种会计制度之间的不同。</td><td>教师应准备重点核算内容的练习题。</td></tr>
<tr><td>本课小结</td><td colspan="2">检查学生的学习效果，培养学生对案例资料的理解能力、总结能力。</td></tr>
<tr><td>课外作业</td><td colspan="2">应结合核算重点环节布置分录练习题。</td></tr>
<tr><td>课后分析</td><td colspan="2">对上述教学设计的实际授课感受、体会和改进措施。</td></tr>
</table>

（6）教学法效果评价（见表 2－1－10）。

表 2－1－10　　“村集体经济组织会计制度”相关知识、技能评价表

被评价者：　　　　　　　　　　　　　　　　　　　　　评价时间：　　年　　月　　日

<table>
<tr><th>训练项目</th><th>训练重点</th><th>评价标准</th><th>小组评价
（权重 40%）</th><th>教师评价
（权重 60%）</th></tr>
<tr><td rowspan="2">村集体经济组织会计制度相关知识</td><td>村会计制度适用范围</td><td>能区分该制度与企业会计准则的异同</td><td></td><td></td></tr>
<tr><td>村会计制度实务操作</td><td>能独立完成村集体典型业务的会计核算</td><td></td><td></td></tr>
<tr><td rowspan="2">团队合作与观点陈述</td><td>团队合作</td><td>某小组是否能配合完成本案例指定任务</td><td></td><td></td></tr>
<tr><td>观点陈述</td><td>某组员能否完整准确地表述本组观点</td><td></td><td></td></tr>
<tr><td>改进与建议</td><td colspan="4">“可采用 5 分制评价方法，1 分最差，5 分最好”</td></tr>
</table>

①通过案例教学法，学生更乐于成为课堂的主体，愿意在教师的引导下发挥自己的积极性，比传统的授课方式有更高的参与度。

②通过案例教学法，能够培养学生之间的团队合作意识，让学生在课堂上体验到互相配合之后产生的整体大于部分之和的功效。

③通过案例教学法，教师在教学过程中能够真正理解教学相长的观念。利用师生之间的互动，教师在引导学生发现问题、理解问题的同时完成了个人知识结构的一次升华。

1.4.2　案例教学法应用分析

（1）本案例教学法应用浅析。本章节授课知识点集中于农村集体经济组织会计核算制度，考虑到中职院校相当一部分学生来自农村地区，对农业生产经营有直接感性认识，因此在授课过程中使用某些农村地区真实的生产经营案例能够引发学生的兴趣，便于教师按层次讲授教材内容。下面以“牲畜（禽）资产”会计核算知识点为例，演示案例教学法的具体应用。

在教材本章节案例中，江西省南昌市青山湖地区下辖进顺村属于经济发达的集体所有制农村经济体，从 1999 年改革以来，取得了显著的经济效益。教师可以利用网络资源进一步搜集、使用有关该村生产经营的真实财务数据，便于学生接受村集体经济组织会计制度。根据资料显示，在1999年改革之初，进顺村集体经营性资产仅为8935万元。经过近十年的发展，目前该村仅固定资产一项就达到5亿元。这从一个侧面证实了农村地区蕴含着的巨大发展潜力。

与一般工业企业资产内涵相比较，村集体经济组织资产中包含了大量的农业资产。由于农业资产更具备自然生命属性，因此《村集体经济组织会计制度》中使用了比较多的篇幅介绍农业资产的特点、界定、分类以及会计计量。

至此，教师可以列举核算农业资产时必须考虑到的几条特殊性质：如何计量农业资产中活体动植物的生长属性？在农业资产存活期间如何正确区分、处理不断投入的哺育和维护成本？对于某些达到长期资产性质的农业资产，如何计提折旧、预计净残值、确认销售收益等。对于上述问题的依次回答，实际上也就是教材授课内容的展开过程。

首先，农业资产被界定为村集体组织在生产经营中涉及到的“生物资产（活体动物、植物）中的牲畜（禽）资产和林木资产”，对应设置“牲畜（禽）资产”、“林木资产”两个一级会计科目。

其次，在所有牲畜（禽）资产当中，根据该资产（动物）自身所处的生命周期，进一步划分为“牲畜（禽）资产——幼畜及育肥畜”、“牲畜（禽）资产——产役畜”两个二级明细科目，分别核算幼畜与成年畜。之所以有上述明细区分，主要原因在于幼畜不能立即投入生产使用，而且为保证其正常生长发育还必须投入大量饲料，该部分开支作为固定费用追加到幼畜的资产总价值中比较合理；而成年畜已经达到可以正常使用的生命状态，虽然也需要投入饲料，但该笔开支一般认为应该计入当期经营开支直接抵减经营收入，同时对成年畜还要每期计提折旧。

此时，教师可以启发学生进行回忆，上述两种饲料投入情况的不同会计处理，其实与《企业会计准则》经常强调的“固定资产开支如何确认”知识点一致。即在固定资产达到预定可使用状态之前，发生的必要开支均应直接计入该固定资产的总成本当中；而固定资产达到预订可使用状态之后，发生的开支应直接计入当期损益，与同期的收入相抵扣。该知识点如图2-1-2所示。

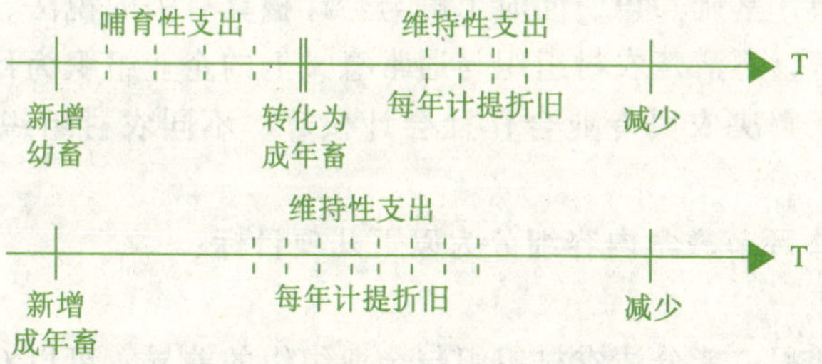

图2-1-2 幼畜与成年畜的不同核算过程

最后，核算幼畜业务可以被划分为“取得幼畜——为幼畜每期投入哺育性支出——幼畜转化为成年畜——为成年畜每期投入维持性支出——处置成年畜”五个阶段；核算成年畜业务则划分为“取得成年畜——为成年畜每期投入维持性支出——为成年畜每期计提折旧——处置成年畜”四个阶段。具体分录写法详见教材正文。

（2）案例教学法应用的注意事项、教训，目标、内容、媒体、环境、组织。

①采用案例教学法时，评价参与案例研讨的学生表现，应尽量避免繁琐倾向。由于不同

学生的成长经历、个人兴趣均不相同，对于教师给定的资料会做出不同的反应，即相同的题目可能会引起部分学生极大的热情，但却令其他学生无从下手毫不在意。因此，在点评学生分组讨论的结论时，不宜给出过于具体的百分制量化成绩，代以“合格—不合格”或者“优秀—良好—合格—不合格”等更合适。

②采用案例教学法时，教师应该注意自己在整个案例研讨过程中发挥的作用。为学生分发案例资料时，教师应该做到区别对待不同学生，将一项内容繁杂的案例资料分解为不同部分交付不同条件的学生，以能够引起学生兴趣为原则。在学生分组讨论、各自陈述观点时，教师更应该起到“主持人”的作用，为学生们充分表达自己的观点提供一个平台。点评案例时，教师应该注意为授课环节做铺垫，将学生的发散思维归集到教材指定知识点上。

③在为学生讲述村集体会计制度的时候，应该建立在两种会计制度对比的基础之上。考虑到大多数学生学习基础会计知识都是以工业企业会计流程为蓝本，因此教师可以首先给出学生熟悉的几条企业会计核算分录，以此引出相同业务的村集体会计制度核算要求，通过二者的对比强化记忆。

1.5 案例教学法应用五 农民专业合作社会计制度案例教学法

1.5.1 案例教学法案例

(1) 教学对象。财政事务专业三年级学生。其知识结构特点是已经学习了一年的会计课程，能够掌握基本会计基础知识，同时了解与会计核算有关的税法、财政等基础内容。但对于农村组织缺乏了解，不清楚农村组织与通常意义上的企业组织为什么要采用不同的会计制度。本部分教学重点解决农民专业合作社会计核算、不同农村组织会计制度间差异等问题。

(2) 教学目标。本环节教学内容细分为以下几项目标：

知识目标：

①通过本节案例课程，能分清农村组织与企业组织的差异，可以对农村组织进一步细分出农村集体经济组织、农民专业合作社两种形式。

②通过案例对比学习，能够理解国家规定的《农民专业合作社财务会计制度（试行）》相关内容，能够完成农民专业合作社典型业务的会计核算。

③能够独立完成对村集体经济组织、农民专业合作社以及企业会计制度的异同点比较，并从会计制度出发理解不同组织形式的演变过程，能为未来农村地区经济组织形式改善提出建议。

能力目标：

①结合教材案例演示分录，能正确书写给定业务的会计分录，能分清农民合作社需要呈

报的基本财务报表。

②能够独立总结出《农民专业合作社财务会计制度（试行）》与《村集体经济组织会计制度》及2006年颁布的《企业会计准则》之间主要差异以及产生差异的原因。

③能够在理解现有农村组织两大会计核算制度的基础上梳理出未来农村会计制度改革的脉络，能结合会计制度为当地农村现行核算过程提出改进建议。

素质目标：

①通过案例学习过程，使学生具备克服学习困难的能力，培养学生知难而进的信心；

②通过案例研讨过程，培养学生团队合作的意识，为今后参与集体工作奠定基础；

③通过案例点评，帮助学生（尤其是来自于农村地区学生）树立投身社会主义新农村建设的自觉性。

（3）教学内容。

①阅读本单元引导案例。

②阅读教材“农民专业合作社会计实务”。

应用案例

瑞安市梅屿蔬菜合作社成立于2001年4月13日，是瑞安市首个具有法人资格的农民专业合作社。该社现有社员463人，带动农户4000户，辐射梅屿及附近7个乡镇39个行政村，拥有“强绿”牌番茄、芹菜、黄瓜三大主导产品，年生产总值4500万元，销售网络遍及杭州、上海、武汉、常州等13个地区，被评为“浙江省示范性农民专业合作社”。梅屿蔬菜合作社相关法人信息如下：

成立审批部门：市工商行政管理局。社员总数：463个（其中农民社员总数462个、团体社员总数1个）。最近工商登记时间：2006年5年30日。注册资金：30万元（出资总额）。注册商标名称：“强绿”。经营服务场所面积：425m^2。合作社及社员基地规模：6000（亩、头、羽）。

基于案例的问题：

了解农民专业合作社会计核算特点。

任务的教学组织和实施：

本节教学所使用案例是笔者根据农民专业合作社会计核算特点，通过广泛搜集经济发达农村地区的资料汇编形成的。资料来源详见“瑞安市农民专业合作社联合会”官方数据：http：//www.ralhh.com/membershows.asp？ArticleID=15，2009年8月25日。

在准备本节案例过程中，教师应重点突出新型农民专业合作社所具备的生命力，在同村集体组织相比较时，注意引导学生从发展的角度考虑一种组织形式是否适应经济需要。对于有条件的地区，教师可以直接到学生家庭所在农民合作社实地搜集会计核算数据，为学生提供更具有感性认识的第一手资料。

案例蕴含的专业能力、方法能力和社会能力分析：

本案例通过学生准备和参与及教师点评两方面体现专业能力、方法能力和社会能力分析。

“学生参与案例”

①学生个人准备。在正式开始授课前一周，把案例材料发给学生，让学员阅读案例

材料，查阅指定的资料和读物，搜集必要的信息，并积极地思索，初步形成关于案例中的问题的原因分析和解决方案。分发资料时，应注意学生的自身特点。比如对会计专业知识掌握比较好的学生，偏重于多布置一些会计制度比较的资料，让其集中精力于制度本身内容，鼓励学生尝试分析两种农村会计核算制度的异同；对于来自农村地区的学生，由于有直接的感性认识，可以多分发一些农村组织的介绍资料，使其注意力集中到农村组织与企业组织的比较以及先后两种农村组织的比较当中。

另外，在分发资料的时候，可以附带一些启发性的问题：a. 你们家所在地区的村组织采用什么样的核算模式，是否完成了或正在进行向专业合作社核算模式的转变？b. 你能把新型农民专业合作社会计制度和企业会计准则做出比较吗？c. 假如把以法人身份参与市场经济的企业组织比喻为“运动员”的话，村集体经济组织的角色像什么？农民专业合作社的角色像什么？农民专业合作社在职能上更接近于企业组织还是村集体组织？通过给学生布置一些有针对性的问题，可以更好地调动学生的积极性。

②学生分组准备。为了充分发挥团队优势，教师应该结合实际情况将学生划分为不同的小组，小组成员人数控制在 8～10 个人左右。在每组成员构成上，最好能保证既有来自于农村地区了解农村实际生产、核算情况的学生，又有对会计知识掌握较好能够把感性认识转化为理论总结的学生。可以安排小组成员利用课余时间集体讨论，形成本小组的结论意见。

③学生分组讨论。在分组讨论时，应该组织好学生依次发言。每组可以推选一名“发言人”在 10 分钟左右的时间里，陈述本组的主要观点。之后，由其他小组对其观点提出问题，该“发言人”负责解释。对于未解释清楚的内容，改组其他成员可以进行补充。

④学生总结。各组发言完毕，教师在归纳大家观点的基础上，为本节授课的正文部分做铺垫，并可以在授课时反复提及上述两条对立意见，加深学生的理解记忆。

“教师点评案例”

在本节授课过程中，教师可以在对比合作社会计制度与企业会计准则的同时兼顾上节教学内容，实现本章三种会计制度（准则）之间的相互比较。首先要突出农民专业合作社在组织结构上的特色：

在成员组成方面，设立农民专业合作社至少有 5 名符合规定的成员，其中农民比例不低于成员总数的 80%。成员总数为 20 个以下的，可以有 1 个企业、事业单位或者社会团体成员；成员总数超过 20 个的，企业、事业单位和社会团体成员不得超过成员总数的 5%。

在成立宗旨上，农民专业合作社本质上是一个互助性经济组织，对内部成员不以营利为目的，要把从市场上获得的收益根据分配标准返还给合作社成员。因此农民专业合作社实际上具备了对内服务与对外经营的双重属性。

在入社、退社手续上，只要是符合以同类农产品为纽带，与之相关农民生产者、经营者，参与上下游生产经营的企业、事业单位和社会团体都可以自愿加入合作社。对于在社成员，只要已经结清相关债权债务的，提出申请后均可以自由退社。

在社员地位上，农民专业合作社的最高权力机构为成员大会（或成员代表大会），每一成员均享有一票的基本表决权。"一人一票制"既体现了合作社"人合"的特点，也从制度上保证了该组织的管理民主化。

在合作社盈利分配上，农民专业合作社每年形成的可分配盈余，都要按照一定的标准分配给本社成员。在分配过程中，首先按照成员与本社的交易量（额）比例返还，且返还总额不得低于可分配盈余的60%；其次将剩余部分按照成员账户中记载的出资额、公积金份额、本社接受国家财政直接补助和他人捐赠形成的财产平均量化到成员的份额，按比例分配给本社成员。通过这一制度安排，既保证了对入社农户按年度交易量（额）进行优先分配，又兼顾了对企事业单位、社会团体等出资入社方的按资分配。

教学研讨：

对比合作社会计制度与企业会计准则。

（4）案例教学法应用的条件/场合/媒体（计算机教学媒体、工具、设备、文件、手册等）。

①由于之前已经学习了村集体经济组织会计制度，因此本环节的教学重点放在农民专业合作社独特的组织结构及其核算实务上。根据农民专业合作社具有对外赢利、对内服务的双重属性，如何准确核算合作社对内部社员的盈余分配将是合作社会计的一大重点。

②从全国农村地区的实际情况来看，已经有相当多的村组织完成了或正在进行着从"大一统"的农村组织向农民专业合作社的转变。因此在本环节授课时，教师应该尽可能地为学生寻找发生在身边的农民专业合作社实例，通过学生的切身感受来加强对会计核算的理解程度。

③目前，有不少农村地区在经济发展模式上采取了一种折中的做法：在扬弃传统村集体经济组织的同时并没有直接选择农民专业合作社，而是借鉴更加成熟的企业化发展模式，在村组织下设具备独立法人资格的有限公司、股份公司等，由这些公司组织代表村集体参与市场经济。对于这一类更具有"企业化"特点的农村组织，我们在会计核算过程中可以直接利用更加规范的《企业会计准则》进行处理。假如教师能够联系到某村组织出资开办的公司企业，将其制定的会计核算办法展示给学生，必然会进一步加深学生的感性认识。

（5）教学设计（见表2-1-11）。

表2-1-11　　课程教学设计表

《农民专业合作社财务会计制度》课程教学设计	
授课时间、班级	201×年×月×日、第×节（共需4课时）、会计专业××班
教学内容	农民专业合作社财务会计制度
教学目的及要求	通过本课学习，掌握农民专业合作社会计核算制度
教学方法、形式	案例教学法、PPT课件
教学重点难点	合作社组织结构特点、会计核算要求

续表

教学过程（教学内容及环节）	教学措施、手段及方法
一、本课程的预备知识（15 分钟） 由教师给学生提供会计数据、农村地区组织结构等基础资料。要求结合学生特点分别突出不同资料的重要性。会计基础比较好的学生应强化集中会计制度的横向比较，帮助组员完成不同会计制度的对比；来自于农村地区的学生尽量以直接生活经验帮助组员理解农村地区组织结构，使组员分清合作社与企业组织的差异。 **二、本课程的教学活动（90 分钟）** 提出案例设置的问题；由不同小组针对教学案例进行展示讲解；各组代表回答问题，并做出评价；教师点评，为农民专业合作社会计制度伏笔。 **三、本课程的后续（25 分钟）** 学生在掌握教材正文的基础上，完成课后作业。	通过给定的案例资料引出本环节授课内容。 通过咨询，组织和引领学生开展各项学习活动。 教师点评各组表现，同时找出存在的问题。 教师分析并公布正确答案。
课堂练习（30 分钟） 教师应准备相近似的核算实务习题，供学生反复练习；有必要时可以结合《企业会计准则》对相同业务做出各自处理，分清三种会计制度之间的不同。	教师应准备重点核算内容的练习题。
本课小结	检查学生的学习效果，培养学生对案例资料的理解能力、总结能力。
课外作业	应结合核算重点环节布置分录练习题。
课后分析	对上述教学设计的实际授课感受、体会和改进措施。

（6）教学法效果评价。

①案例教学法的一大特色就是可以更好地激发受教育者的个人学习热情。在教师为学生讲解农民专业合作社会计制度时，除了尽量为学生提供发生在身边的实例以外，还可以结合目前国家的大政方针，为学生有针对性地介绍我国“西部大开发”政策、党中央关于“三农问题”的各项决议等宏观制度，以此加深学生对农业会计的理解。

②由于大多数学生接触会计知识的时候都是从企业会计核算方面入手，容易对会计核算方法、模式产生某种“惯性思维”，在应用过程中对企业会计准则和其他非企业会计制度不加区分，因此建议教师可以找到农村会计相关制度、法规的原文，以带领学生通读制度原文的形式引起学生的兴趣，并结合教材例题分录强化村会计制度的应用。

③针对不同学生对新知识的接受能力存在差异，教师在采用案例教学法为学生讲授相关会计制度的时候可以适当考虑层次化授课。对于理解能力好、能在短时间内掌握农民专业合作社会计制度框架的学生，教师可以让其以“评论员”的身份介入案例，通过好学生的点评来启发接受能力较差的学生，以此充分调动全体学生参与案例的积极性和学习效果。

1.5.2 案例教学法应用分析

（1）本案例教学法应用浅析。对比村集体经济组织与农民专业合作社的异同，后者在组织形式、法律地位方面具备显著的双重属性：合作社对外经营时拥有合法独立的市场主体资格，对内分配时具备服务社员、风险互助的运作理念。可以这样说，弄清楚合作社对内与对外双重属性的会计核算问题，也就解决了合作社财务会计核算的重中之重。下面以“合作社对内部社员进行盈余分配”知识点为例，演示案例教学法在合作社会计核算授课过程中的应用。

教材使用了浙江省瑞安市梅屿蔬菜合作社案例作为合作社会计核算示范。在讲解到“应付盈余类”会计科目时，教师可以为学生提供该合作社最具特色的“风险救助金”案例资料，以此加深学生对“农民专业合作社对内服务社员、风险互助”概念的理解。

根据调查资料显示，截至2009年10月份，梅屿蔬菜专业合作社在本社内部分别设立了两种互助资金：风险救助基金与资金互助社。风险救助基金会由本合作社社员自愿入股参与，按社员蔬菜种植面积，每亩每年出资30元，目前共筹集基金15万元。另外梅屿蔬菜专业合作社于2009年6月份开始筹建资金互助社，目前已筹集到资金70万元。这些内部互助基金的设立，为合作社共同应对自然灾害、稳定社员合作关系、促进农户生产具有重要意义。

通过上述案例引导，教师应该帮助学生理解合作社在组织运作方面的双重属性。合作社对外具备独立法律主体的属性，本质上与一般企业单位相同，教师可以通过“会计主体”假设等知识点帮助学生识记。合作社对内分配属性是学生以前没有接触过的新增内容，教师在引入案例调动学生积极性之后，应该结合相关会计制度进行规范讲解。

首先，《农民专业合作社财务会计制度（试行）》明确规定，合作社对本社成员进行盈余分配区分为两个阶段：首先按社员与本合作社的相互交易量（额）分配，其次按社员出资额、累积额分配。在不同的分配阶段使用不同的会计科目进行核算。对于运作稳定的农民合作社而言，对内两阶段分配盈余具有明显的内在逻辑性。某年生产经营结束时，合作社对内分配收益首先应该考虑的就是本年度某社员为本社创造的价值，而本年度该社员与本社发生的相互交易量、交易额度是目前能找到的最准确最客观的衡量标准。根据《合作社会计制度》规定，在该分配环节合作社按交易量（额）返还给内部社员的盈余额度不得低于本年末可分配盈余的60%。并且新增“应付盈余返还”科目专门用来核算合作社可分配盈余中应按成员与本社交易量（额）返还给成员的金额。

其次，在第一次分配结束后合作社仍有可分配盈余的，可以进一步按照合作社“成员账户”中记载的某社员原始出资额、历年累计的公积金份额等标准二次分配。如果说首次盈余分配侧重考虑社员在某一具体年度创造的“流量”价值的话，二次盈余分配的依据显然是该社员的成员账户中“存量”出资结余额标准。《制度》同时规定，在二次盈余分配时采用“应付剩余盈余”科目进行核算。

最后，教师可以为学生演示合作社对内盈余分配的完整会计核算过程，如图2-1-3所示。

（2）案例教学法应用的注意事项、教训，目标、内容、媒体、环境、组织。

①案例教学法与传统教学的一大区别就在于教师没有把学生所要学习的答案直截了当地告诉学生，而是要求学生自主发现和探索，承担更大的学习责任。在传统教学模式下，教师先告诉学生某条公式，待学生牢牢背住之后，再由教师给出练习题，要求学生套用已知公式求出结果。但是在案例教学模式下，教师最主要的作用在于想尽办法引起学生的兴趣，当学生在自行挖掘材料的过程中发现问题时，教师首先应该提供解决问题的思路而不是立即给出答案。因此，教师在采用案例教学法与学生沟通时，一定要牢记“授人以渔”的观点。

②为加深学生对农民专业合作社会计制度的理解，教师可以有意在授课环节增加案例分

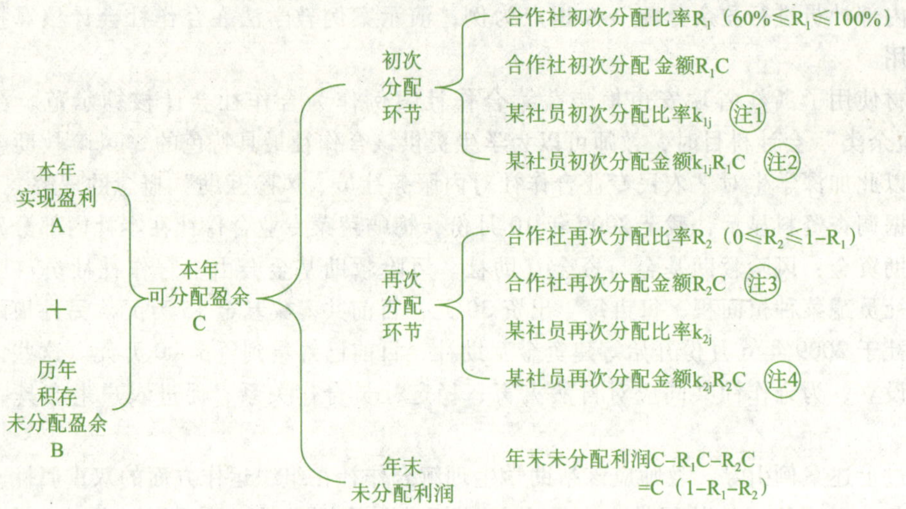

图 2-1-3　合作社对内盈余分配计算模型

注1 假定该公社共有 n 名社员参加分配，显然 $0\leqslant k_{1j}\leqslant 1$，且 $\sum_{j=1}^{n} k_{1j}=1$。

注2 由注 1 可知，全体社员初次分配盈余之和为 $\sum_{j=1}^{n} k_{1j}\cdot R_1C=R_1C$。

注3 本例合作社再次分配比率 R_2 以本年可分配盈余 C 为基础；假如选择以再次分配时的可分配盈余 $C-R_1C=C(1-R_1)$ 为基础，则此时的再次分配比率 R_2^* 与前述 R_2 的含义并不相同。虽然 R_2 与 R_2^* 在最终计算结果上一致，但采用 R_2 比率会使表达式更简洁易懂。

注4 某社员本年度所获两次盈余分配之和为 $k_{1j}R_1C+k_{2j}R_2C=C(k_{1j}R_1+k_{2j}R_2)$。

本案例具体分录写法详见教材正文。

析讨论的分量，如条件允许甚至可以按照合作社会计制度的核算要求进一步安排学生参与新的案例。例如，可以将本班学生划分为合作社出纳员与会计人员、上游供货单位财务人员、下游采购单位财务人员等，充分利用会计核算工作实务性强的特点以不同的核算案例启发学生，既可以为学生提供丰富的教学素材，又为学生今后参加实际工作奠定基础。

1.5.3　教师辅助资料

（1）农民专业合作社成员账户编制说明及格式（见表 2-1-12）。

①本表反映合作社成员入社的出资额、量化到成员的公积金份额、成员与本社的交易量（额）以及返还给成员的盈余和剩余盈余金额。

②年初将上年各项公积金数额转入，本年发生公积金份额变化时，按实际发生变化数填列调整。“形成财产的财政补助资金量化份额”、“捐赠财产量化份额”在年度终了或合作社进行剩余盈余分配时，根据实际发生情况或变化情况计算填列调整。

③成员与合作社发生经济业务往来时，“交易量（额）”按实际发生数填列。

④年度终了，以“成员出资”、“公积金份额”、“形成财产的财政补助资金量化份额”、“捐赠财产量化份额”合计数汇总成员应享有的合作社公积金份额，以“盈余返还金额”和“剩余盈余返还金额”合计数汇总成员全年盈余返还总额。

表 2－1－12　　农民专业合作社成员账户

成员姓名：　　　　　　　　联系地址：　　　　　　　　第　　页

编号	年		摘要	成员出资	公积金份额	形成财产的财政补助资金量化份额	捐赠财产量化份额	交易量		交易额		盈余返还金额	剩余盈余返还金额
	月	日						产品1	产品2	产品1	产品2		
1													
2													
3													
4													
5													
年终合计													
				公积金总额：				盈余返还总额：					

（2）国际合作社组织。目前，国际上最大的非政府组织（the largest non－governmental organizations in the world.）是“国际合作社联盟”，其官方网站为：http：//www. ica. coop/al－ica/，不定期刊发本组织宣传资料“ICA Digest”。

ICA 官方将“合作社”定义为：“A co－operative is an autonomous association of persons united voluntarily to meet their common economic，social，and cultural needs and aspirations through a jointly－owned and democratically－controlled enterprise.”（合作社是人们自愿组织起来通过一种共同拥有、民主控制的企业形式来满足共同经济、社会、文化方面需求、渴求的自治组织）。

根据最新资料显示，ICA 目前拥有来自 89 个国家的 240 个会员合作社组织，其中正式会员 211 个，准会员 29 个。ICA 体系内排名前 300 位的各行业合作社组织创造的 GDP 贡献之和已经与全球第 10 大经济体——西班牙 GDP 年产值相等。

有鉴于国际合作社组织在全球经济、社会、文化范畴内承担的重要角色，联合国于 2009 年 12 月 21 日通过决议，宣布 2012 年为“国际合作社年”，（UN Press Release，DEV/2784），参考网址：http：//www. un. org/News/Press/docs/2009/dev2784. doc. htm。

代表中国参加 ICA 组织的是“中华全国供销合作总社”，官方网站为：http：//www. chinacoop. gov. cn/。

由于财政事务专业自身的特点，案例教学法在财政事务教学中有着其他教学方法所不能比拟的优点，在教学中往往也被学生认同，这也是我们重点介绍案例教学法的原因，但这并不意味着案例教学法可以完全取代其他教学法，因为，它是有局限性的。没有理论的支持，案例教学很难运转起来。在这一点上，系统讲授方法和其他教学法与其是互补的。案例是为教学目标服务的，应与其所对应的理论知识有直接联系，即案例教学一定要在理论基础上进行。只有将基本概念、基本原理理解得透彻，才能充分开展案例讨论，取得实效。而在知识普及和更新方面，传统讲授式教学法具有其独特的优势。系统讲授的方法，注重课程内容的全面性、系统性、逻辑性，它有助于让学生系统学习和掌握基本概念、基本知识。特别是对初入门的学生来说，更具有独特的优势。对课程系统的讲授，特别是重点与难点的讲授仍是教学中不可缺少的重要环节。因此在教学实践中绝不能用案例教学手法来排斥和否定其他的教学方法。案例教学与讲授教学是相辅相成的，把讲授教学与案例教学有机结合才是最佳的途径。当然实现案例教学法这一新的教学模式，可以说是对传统课堂教学的一次革命。

2

财政事务专业项目教学法

教育专家弗雷德·海因里希教授在“德国及欧美国家素质教育报告演示会”上，曾以这样一则实例介绍项目教学法。首先由学生或教师在现实中选取一个“造一座桥”的项目，学生分组对项目进行讨论，并写出各自的计划书；接着正式实施项目——利用一种被称为“造就一代工程师伟业”的“慧鱼”模型拼装桥梁；然后演示项目结果，由学生阐述构造的机理；最后由教师对学生的作品进行评估。通过以上步骤，可以充分发掘学生的创造潜能，并促使其在提高动手能力和推销自己等方面努力实践。这勾勒了项目教学法的基本概貌，也为我们思考财政事务项目教学法提供了思路。

财政是经济大系统中的重要子系统，其本身也是由众多的子系统组成，各个子系统具有各自的运行特点和运行方式。在财政工作实际运行中，各子系统具有相对独立性，因此在教学过程中有许多教学内容比较适合运用项目教学法教学。项目教学法是以实践为导向，教师为主导，学生为主体的教学方法，是从职业的实际出发选择具有典型性的事例作为教学的内容，学生在教师的指导下，按照问题的要求搜集、选择信息资料，通过小组的共同研究，努力创造性地去解决问题，得出结论或完成任务。在项目教学法的教学活动中，改变了传统教学方法中教师为主体的局面，变学生的被动学习为主动的探究性学习。学生划分成若干个项目小组，按照项目任务的要求，通过小组的分工协作，学生独立制定计划并实施计划，完成项目任务。教师在整个教学活动中仅仅起一个指导和辅助的作用。项目教学法能最大程度地调动学生学习的主动性、参与性，使其独立学习，独立思考，团结协作，发挥想象力和创造力，有效地锻炼和提高学生的社会能力、方法能力和综合职业能力。财政事务课程有许多学习内容操作性很强，只是在课堂上给学生讲解一些基础概念与基本方法是远远不够的，因此，教师尽可能将实际生活工作中的有关内容带入课堂，以一个具体项目分析为切入点，让学生通过对现实案例的分析了解和掌握专业理论与方法。

项目教学的设计是将典型工作任务教学化处理的过程。典型工作任务来源于实际工作，以工作结构呈现，只有将工作结构转化为学习结构，才能成为具有学习价值的教学项目。财政事务的典型项目工作非常多，如一个完成的住院医疗费用报销、养老保险的缴纳与支付、单位时间的预算与决算、一个纳税年度的所得税的缴纳等。项目教学过程中，教学逻辑应遵循工作逻辑，即以完成典型工作任务的逻辑顺序为线索进行组织教学活动，教学是围绕任务的进程而展开，具体表现为：以行动为导向，以实际生产的工作过程为主线，学生通过明确任务/获取信息、制订计划、做出决定、实施计划、检查控制、评定反馈等步骤，完成工作行动的完整过程，在实践体验中，学习科学的学习和工作方法，发展解决综合问题的能力，增进学习、工作和发展的联系。

2.1 项目教学法财政事务专业应用—医疗费用报销项目教学

有病住院是我们日常生活中经常遇到的事情，这其中会涉及是否参加了社会医疗保险、如果参加医疗保险住院费用如何保险等诸多问题。本部分就是师生通过共同实施一个完整的“医疗费用报销项目”工作而进行的教学活动。

2.1.1 项目教学法案例

(1) 教学对象。财政事务专业二年级一班学生，已经学习财政事务课程三个月，学习了财政支出的基本含义和分类，社会保障制度的基本概念、分类和有关规定等内容。开始学习社会保障的具体类别，本部分教学内容是社会保障教学中的社会保险部分之医疗保险。

(2) 教学目标。本项目应该满足下面的目标：

知识目标：

- 通过学习了解现有的医疗保险的缴费、支付的整体框架；
- 掌握现有的医疗保险的具体规定和国家基本药物、基本医疗服务目录的情况；
- 掌握缴纳医疗保险后，住院治疗报销内容的内容。

能力目标：

- 培养学生认真学习的态度及课前的自学能力。通过项目教学使学生掌握制订项目实施计划的知识，培养制订计划的工作能力；掌握搜集资料的方法，培养搜集、选择、运用资料的学习能力与方法能力；
- 通过提问提高学生分析能力及语言的表达能力。自主学习、践行、操作实施计划，培养实践能力、合作能力与创作能力，提高素质。
- 培养学生学习财政事务的兴趣，将课堂教学与“经验世界”联系起来。

素质目标：

- 促进学生缴纳社会保险意识的形成。
- 形成从事财政事务职业意识。

(3) 教学内容。单元六医疗保险事务；任务五医疗保险资金使用。

在最开始的项目教学法中，人们主要是采用独立作业的组织方式。随着现代科学技术及生产组织形式对职业教育要求的提高，人们越来越多地采用项目教学法来培养学生的社会能力和其他关键能力，因此，也就更多地采用小组工作的方式，即共同制订计划、共同或分工完成整个项目。

一个具体案例：

李先生因病在某定点医院住院治疗7天。表2-2-1是李先生出院后的住院费用清单。

表2-2-1　　李先生住院费用清单　　单位：元

项目	统筹金额	自付金额	总金额
合计	3848.06	1003.3	4851.36
床位费	195	100	295
诊察费	13	0	13
治疗费	176	89.8	265.8
护理费	42	0	42
检查费	127.2	79.8	207
化验费	902.5	65	967.5
放射费	300	0	300
西药费	1631.06	507.5	2138.56
中成药费	219.5	0	219.5
其他	241.8	161.2	403

这是项目完成后的一个成品，针对这个成品，我们按照项目教学法的要求开展教学分析。

基于案例的任务：

计算李先生的总体个人自付比例。

案例的教学组织和实施：

这份住院费用清单涉及两个主要知识点：

一是自付金额的计算。自付金额来自于各地现有的医疗保险的具体规定和国家基本药物目录，具体规定可以查看社会保障部门的规定。

二是社会统筹报销的计算。根据当地“板块式”医疗保险改革方案，李先生的住院费用可以进入社会统筹报销。

对这部分一般有这样的规定：

住院付费：起付线以上的住院费用按共付制由社会统筹基金与个人按照一定比例分担。

封顶线以上付费：超过封顶线以上的医疗费用可由补充医疗保险计划予以补充，如果没有补充计划，则需要自费。

值得注意的是，起付线、封顶线的规定针对不同地区、不同级别的医院、不同病种并不一样。

以上两个知识点明确以后，就可以具体计算李先生的总体个人自付比例。

假设当地的起付线为1100元，最高支付限额为7万元，统筹报销比例为85%。请具体计算李先生医疗保险费用分担情况。

李先生目录内总费用为 3848.06 元。

统筹报销金额：

$(3848.06-1100)\times 85\%=2335.85$（元）

个人自付 = 总金额 − 统筹报销金额 =（统筹金额 − 起负线）×15% + 自付金额 + 起付线

$=(3848.06-1100)\times 15\%+1003.3+1100=2515.51$（元）

报销比例：

$2335.85/4851.36=48.15\%$

自付比例：

$2515.51/4851.36=51.85\%$

案例蕴含的专业能力、方法能力和社会能力分析：

培养学生在专业能力、方法能力和社会能力的角度可以有几个思考问题：起付线、封顶线的规定的意义、合理性。医疗保障的政府责任是什么？

教学研讨：

如果李先生目录内总费用为 11423 元，其他没有变化，请计算李先生医疗保险费用分担情况。

（4）教学法应用的条件/场合/媒体（计算机教学媒体、工具、设备、文件、手册等）。

①本项目教学法应用的条件和场合。要运用项目教学法进行本项内容的教学，所需要的条件主要有：合格的指导教师、充分的前置知识技能、适当的学生项目操作小组分置（以 3 到 5 人设一案项目操作小组为宜，最好每个小组至少有一个同学家人或亲戚有关住院的经历）、合理的教学场所分割、适当的项目设计或项目引用等。

②本项目教学法应用的计算机教学媒体、工具、设备、文件和手册。本案例教学法应用的计算机教学媒体主要有带投影仪的全套多媒体设备，用于指导性的案例操作演示，并使用 Power Point 等多媒体工具，对项目的具体内容进行演示。为了方便学生的具体计算，还应当有计算器、算盘等工具，为具体计算服务。为了对学生的项目操作过程和结果进行检查、分析、总结和评价，应配备实验实训操作簿、分析、总结和评价手册等文件。

（5）实施过程、步骤和教学设计。本项目教学法的实施过程主要有：第一，总结、归纳前置知识；第二，向学生提交项目的具体内容和准备的相关文件；第三，向学生说明操作本项目要达到的目的和标准；第四，概要向学生说明本项目的操作原则和基本方法；第五，由学生操作小组进行具体操作；第六，在学生操作过程中进行个体指导；第七，收集项目操作结果，进行检查、分析、评价；第八，总结项目操作结果体现的经验、教训、有待于改进的地方，填写相关的教学档案文件，并进行归档。

本项目教学按照下面 6 个教学步骤进行：

①确定项目任务。通常由教师提出一个或几个项目任务设想，然后同学一起讨论，最终确定项目的目标和任务。本项目教学法的项目任务就是，一个参加了城镇职工医疗保险的人因病住院到病愈出院，如何根据规定由医疗保险部门和职工个人分担住院费用。这个项目可以分解几个目标和任务。比如，目标和任务之一是哪些药品和费用属于目录内，哪些属于目录外，个人负担比例药品、材料的比例是多少。

②制订计划。由学生制订项目工作计划，了解项目的初步要求，确定工作步骤和程序，

并最终得到教师的认可。

③实施计划。学生确定各自在小组的分工以及小组成员合作的形式，之后按照已确立的工作步骤和程序工作。比如，让哪些有实际住院亲朋的学生寻找有关住院报销的项目案例，让其他学生查找政府财政部门、社会保障部门、卫生管理部门的有关的文件规定等。对照文件规定，分析实际案例，会使学生对这个项目有进一步的理解。

④检查评估。先由学生自己进行自我评估，之后再由教师对项目工作成绩进行检查评分。师生共同讨论、评判在项目工作中出现的问题、学生解决处理总是的方法以及学生的学习行为特征。各小组或由各小组选派的一个或多个代表汇报其项目成果。通过对比师生的评价结果，找出造成评价结果差异的原因。

⑤归档或结果应用。作为项目的实践教学产品，应尽可能具有实际应用价值。因此，项目工作的结果应该归档或应用到学校的教学实践中，如作为项目的成果的住院报销清单可应用到日常生活和学习中，让学生有一个实际感受。

⑥迁移。将项目成果迁移运用到新的同类任务或项目中是项目教学法的一个重要目标，迁移可作为附加教学阶段。学生迁移运用的能力并不能直接反映出来，而是在新任务的完成过程中体现出来。

教学设计如表 2-2-2 所示。

表 2-2-2

医疗保险资金使用课程教学设计（某中等专业学校某老师）　财政事务专业	
授课时间	某年某月某日第 1 周星期三 第 3～4 节
授课班级	职高财政事务专业二年级
教学内容	医疗保险事务——医疗保险资金使用
教学目的及要求	通过本节学习，了解医疗保险资金使用的原则与操作。
教学方法	项目教学法、讲授法、案例教学法、角色扮演法
教具、挂图	PPT
教学重点难点	医疗保险资金使用的原则理解、具体操作的规定。
教学过程（教学内容及环节）	**教学措施、手段及方法**
（1）复习、提问（10 分钟） ①上节课所授内容回顾：如何办理医疗保险？起到的作用。 ②分析案例说明谈判起到的作用： **案例：**以班级学生参加医疗保险为例，对办理医疗保险卡、网上申报进行回顾。 **分析案例：**参加医疗保险是承担住院花费的有效工具，进而引入新课内容。	采用提问方式回顾上节知识点。再通过案例使学生认识办理参加医疗保险的基本过程。 案例启发，医疗保险支付住院医疗费要遵循哪些要求？
（2）授新课（20 分钟） （四）医疗保险资金使用 **案例：**给出李先生出院后的清单（见教学内容）。 **问：**通过该例子，你认为在这项出院清单中获得了一个什么认识？ **分析：**医疗保险住院报销对住院病人非常重要。 引入几个相关的报销标准： ①起付线： ②封顶线。 之后按照项目教学法 5 个教学步骤安排教学。	采用阅读教材的方式先了解教材内容，请学生举出一些生活中的案例来体现教材要求。然后老师再予以分析总结。 课堂讨论，组织学生通过医疗保险资金使用谈谈自己的想法及体会。

续表

<table>
<tr><th colspan="2">教学过程（教学内容及环节）</th><th>教学措施、手段及方法</th></tr>
<tr><td colspan="2">课堂练习（10 分钟）
案例：可以以如果李先生目录内总费用为 11 423 元，其他没有变化，请计算李先生医疗保险费用分担情况。</td><td></td></tr>
<tr><td>本课小结</td><td colspan="2">（3 分钟）本次课通过介绍医疗保险资金使用的例子认识到该过程中有哪些标准？医疗保险的最终意义是什么？今后对我们生活或工作中有什么影响。</td></tr>
<tr><td>课外作业</td><td colspan="2">（2 分钟）了解新农合的报销要求。</td></tr>
<tr><td>课后分析</td><td colspan="2">对上述教学设计的实际授课感受、体会和改进措施。</td></tr>
</table>

（6）教学效果评价。教学效果评价的主要内容有：项目引用或设计的合适性、教师指导的有效性、学生操作过程的合理、合规性、学生操作结果的正确性及原因、教学档案的科学、完整性等等。根据之前确定的评价标准，教师和学生共同对项目的成果、学习过程、项目经历和经验进行评价和总结。项目教学法首先向学生呈现一个大的案例，学生起初处于比较盲目、无从下手的状态，所以若按传统评价方式看，初期的教学效果很难表现或者表面看没有进展。因此，项目教学应基于发展性教学评价观，采用多元化评价方式，对学生知识、能力、情感等整个学习过程进行适当评价。

医疗费用报销项目的项目教学评价中，每个学生都建立自己的电子档案夹，除了包含项目完成的过程、关联知识汇总外，教师、小组及自我评价资料也是重要内容。自我评价是项目教学中最强调的评价方式，主要是让学生采用自我反思和总结的方式，将任务完成过程中出现的问题、解决的方法、获得的经验、体会和感受等记录下来，有助于促进学生形成对工作成果、工作方式、工作经验进行自我评价的能力；小组评价主要是让小组中每个成员对他人任务完成过程中表现的能力、技术等做出详细的评价，使学生可以从同伴的评价中发现自己；教师对学生的评价则是从教师角度，运用学习风格测量表等，分析每个学生的学习风格，关注学生的每一点进步。评价应以学生职业能力形成的程度为依据，评价的内容包括：收集信息的质量、计划的可行性、完成任务的质量、操作的技能水平、工作的态度、工作的习惯、基础理论知识的记忆、思考和提出问题的深度、发现问题的敏锐性和处理问题的及时性、汇报过程的表达、合作的精神、在小组中统筹的能力等，涉及情感、态度、意识、习惯、方法、知识、技能、合作、创新能力等多个方面。

项目教学实施的过程是非确定的非固定的行为过程，在不同的学习环节，活动是不同的，而且项目学习的过程是动态生成的过程，因此，项目教学的评价是动态的、多样性的、多元的。

附评价表（见表 2-2-3）。

2.1.2 项目教学法的应用分析

项目教学法在运用过程中一定要考虑到教学对象、课程特点、应用场合等具体要素和问题。本教学设计中所授课程为财政事务之中的社会保险，财政事务是科学性和社会性高度统一的课程，对于情境陈述和描述要求较高，需要开放型的案例和开放型的学习环境。

表 2-2-3　　小组合作评价表

班级______评价小组__________日期__________

评分标准	小组名称	得分	得分依据或存在问题
分工协作好，并能充分发挥团队作用（20 分）			
资料组织有条理，内容丰富，并与题目主题相对应（20 分）			
内容具有创新性，能反映小组成员的接待能力与技巧（10 分）			
能够掌握好理论运用的幅度（15 分）			
展示手段多样化，效果良好（10 分）			
演示仪态好、语言简练、气质佳（5 分）			
组织纪律好；遵守课堂纪律，做好笔记（5 分）			
小组评价认真，能为其他小组提出一些建设性的建议（15 分）			
小　计			

（1）应用条件、场合和注意事项、教训。本项目主要适用于参加城镇职工基本医疗保险的情况，其他保险情况可以参考本项目的做法。注意不同地区、不同级别的医院、不同病种在运用基本医疗保险政策上的差别。

注意事项主要包括：

①学生分组应注意的事项：

a. 注意组织能力强弱、动手能力强弱的合理搭配。在进行小组划分时，任课教师应事先和班主任进行沟通，了解学生各自的特点和特长，以保证分组的合理性，继而保障项目工作的顺利进行。个别后进生，由于自学能力和自控能力较差，容易产生依赖思想。对此，可充分利用鲇鱼效应——以动带静，让学习好的学生对后进生给予及时的帮助和纠正。

b. 小组人数以 3~5 人为宜。若项目涉及知识面较广、难度较大，则要分组合作完成，因为学生各有所长，知识的互补性可以帮助他们解决更多的问题。组成小组后，由学生推选组长、副组长。进行适当的小组分工，让每一个人都明确自己的任务。

②注意教师的作用

a. 引导作用。学生在完成项目的整个过程中，教师要进行适当的引导。引导主要包括对新知识的讲解和对项目具体实施的解释。

新知识的讲解要抓重点，避重复。这样，学生才更容易理解、接受，也为学生独立完成项目打下良好的基础。

教师要解释清楚项目实施的步骤，相关资料要及时给出。教师除了要告诉学生即将完成的项目是什么，还应该适当地提醒学生先做什么、后做什么。

b. 指导作用。在项目任务确定后。教师指导学生获取资料、制订计划确定理论授课和实践培训的具体操作办法。教师和学生共同确定项目实施计划的提纲，然后由学生利用图书馆内藏书或电子阅览室查找相关资料，从而制订出项目实施计划。教师对学生拟订的计划进行共同讨论修改并最终确定统一标准。

c. 让学生学会反思、学会讨论。反思是不断创造的原动力。在教学过程中，教师要善于发现职校生在专业学习过程中存在的问题，但不要急于告诉学生答案，要让学生反思自己的专业学习过程，帮助学生找到问题的症结所在，让学生自行解决问题。

讨论是项目教学法的关键环节之一，讨论穿插于项目活动过程的每一阶段，包括项目活动的设计、小组成员的分工、实地考察的准备和项目成果的分享。讨论可以提高职校生学习的激情，可以辨别正误，可以促进学生专业水平的快速提升。在讨论过程中，教师要注意适时点拨，起到抛砖引玉的作用。

d. 检查评估作用。在项目内容讨论评估时，教师要尊重学生的成果，不要在学生面前评论谁对谁错，项目实施成功与否应看整个过程的进行情况。检查评估要以学生完成项目的情况来评价学生学习效果，更要关注过程，从中发展存在的问题和教训，以利于教学工作的完成。

（2）目标、内容、媒体、环境、组织。在项目教学法中，学生学习的途径由以课本为中心转变为以“项目”为中心。好项目可以充分调动学生学习的积极性。所以项目的选取非常关键，必须设计合理的子项目难度梯度。项目所涉及的知识和技能在教学大纲所要求的范围以内，内容是学生比较熟悉的，通过学生主动的探索和学习是有能力完成的。在项目完成过程中，最好能有利于对学生进行情感、态度和价值观的教育，介绍项目内容要讲究艺术性，吸引学生的注意力，激发学生学习的积极性和讨论的热情，特别是结合学生自身亲朋好友的情况，使学生对所确定的项目及其结果有着较强的兴趣。

项目的确定可由几位任课教师和部分学生共同完成。项目的确定应注意以下事项：

①从已有的教学资源和社会实际状况出发，项目要可行。发掘学生身边的案例，可以让学生自身形成一个比较完整的案例，有病住院是常见的社会实际情况，通过这个情况，可以在教学过程中让学生谈问题、谈感想、谈设想、谈自己亲朋好友的想法和期望，教学效果可能比较好。

②最初实施的项目所涉及的内容应是学生较易掌握的，这样学生的信心就会增强，学习积极性就会提高。以后可以逐步提高项目的难度，可促使学生学习和运用新的知识、技能，解决过去从未遇到过的实际问题。

③项目任务必须是非常具体的、可操作的。部分学生家庭有亲朋好友住院的情况，让相关学生掌握有关住院案例是非常具体的，可操作性比较强。

④项目应能激励学生收集有关资料，激发学习自觉性。部分学生家庭有亲朋好友住院，可能个人花费非常大，甚至有因病返贫的情况，而参加医疗保险的家庭个人负担可能比较轻，使学生感到学习的内容就在自己身边，基于此，能进一步提高学生对政府提供医疗保险作用的认识，激发学生学习自觉性。

项目教学欢迎家长和所有愿意为学生提供帮助的社会团体及个人参与教学活动。家长在项目活动时可以帮助教师带领学生小组活动，可以为学生活动提供与项目教学有关的信息、资料、自己的经验，参与活动；家长也可以充当专家帮助解答教师和学生的问题；或者作为联系学校和外界的纽带为各项活动的顺利开展牵线搭桥。

附件：配套的有关文件：

附件一

关于扩大基本医疗保险单病种结算范围和调整单病种住院结算标准的通知

大连市劳动和社会保障局　大连市财政局文件　大劳发［2009］86号

实施日期：2009/7/1

颁布日期：2009/8/27

主 题 词：医疗保险　单病种　结算　范围　标准　通知

各定点医疗机构、市医疗保险管理中心：

为进一步合理有效使用医疗保险基金，更好地保障参保人员的基本医疗，决定调整部分单病种住院结算标准，扩大单病种结算范围。现将有关事宜通知如下：

一、扩大单病种结算范围：将食管癌手术、安装心脏起搏器（含双室起搏、心室同步起搏、体内除颤）、脑缺血性疾病介入治疗、外周血管缺血性疾病介入治疗4个病种纳入单病种住院结算范围。

二、肾透析患者医疗费用标准为每人次400元，每月最高限额4800元。特殊情况门诊透析医疗费用超过最高限额以上的，需报市医疗保险经办机构审核。

三、此次调整后的单病种费用结算标准及部分病种界定标准见附件。

四、本通知自2009年7月1日起执行。《关于部分住院费用实行单病种结算的通知》（大医改办发［2000］15号）、《关于下达部分单病种结算标准的通知》（大医改办发［2002］7号）、《关于调整部分单病种医疗费用结算标准的通知》（大劳发［2005］3号）、《关于将前列腺手术纳入单病种管理的通知》（大劳发［2006］66号）、《关于增加部分单病种结算和调整部分单病种结算标准的通知》（大劳发［2008］112号）届时废止。

有关标准：

1. 定点医疗机构单病种医疗费用结算标准一览表；
2. 部分纳入单病种结算范围的病种界定标准。

转发关于压缩城镇职工基本医疗保险基金结余适当提高城镇职工基本医疗保险待遇的指导意见的通知

大连市劳动和社会保障局　大连市财政局　大劳发［2009］41号

各区、市、县劳动和社会保障局、财政局，市医疗保险管理中心，各相关单位：

为进一步提高参保职工的医疗保险待遇水平，现将省劳动保障厅、省财政厅联合下发的

《关于压缩城镇职工基本医疗保险基金结余适当提高城镇职工基本医疗保险待遇的指导意见》（辽劳社发［2009］9号）（以下简称《指导意见》）转发给你们，并就相关事宜通知如下，请一并贯彻执行。

一、根据《指导意见》关于放开乙类药品部分限制的要求，进一步调整《辽宁省基本医疗保险和工伤保险药品目录（2005年版）》。保留备注栏中“※提高个人自付比例”、“限工伤保险”的用药适应症限制，取消其他用药适应症限制（包括“限……及工伤保险”的限制），药品自付比例不变；限制“门诊用药”调整为住院统筹支付范围，药品自付比例设定为0。

二、根据《指导意见》关于扩大个人账户资金使用范围的要求，将参保人员个人账户资金支付范围调整为参保人员在定点医疗机构门诊和定点药店发生的医疗费用、购买国药准字号药品费用、住院医疗费用的个人现金自负（包括自费）部分，以及在定点医疗机构发生的健康体检费用。

三、各区、市、县劳动和社会保障局应会同财政部门根据基金收支情况，适时调整政策，提高待遇水平，完善结算管理，做好《指导意见》的贯彻落实工作。

四、各医疗保险定点单位应按照本通知的要求，做好各类药品的使用管理，保证合理用药，合理诊疗。

五、本通知从2009年5月1日起执行。

六、本通知有效期五年，法律、法规、规章和上级政策有新规定的，从其规定。

大连市劳动和社会保障局办公室　　2009年4月16日印发

关于压缩城镇职工基本医疗保险基金结余适当提高城镇职工基本医疗保险待遇的指导意见

辽劳社发［2009］9号

各市劳动和社会保障局、财政局：

为了贯彻省委、省政府关于解放思想、加快科学发展、实施民生工程、推进全面振兴系列实践活动总体方案的要求，结合全省城镇职工基本医疗保险实际，现就适当提高城镇职工基本医疗保险待遇和降低城镇职工基本医疗保险基金结余比例有关问题，提出如下指导意见。

一、总体目标

从2008年开始，全省各统筹地区城镇职工基本医疗保险统筹基金，扣除困难企业退休人员一次性参保筹集的资金及预期应支付的部分，要实现当期收支平衡；统筹基金历年累计结余额，市级统筹地区要控制在当期统筹基金收入额15%左右、县级统筹地区要控制在20%左右，作为风险调剂金，超过的部分，要采取措施逐年消化，以进一步发挥基金效能，使参保人员基本医疗保险待遇不断提高，用人单位参保缴费负担有所减轻。

二、主要政策措施

各统筹地区要根据城镇职工基本医疗保险基金结余比例控制的总体要求，对基金结余情况进行认真分析，基金结余过多的，应当采取以下政策措施逐步消化：

（一）进一步提高参保人员的待遇水平

1. 适当降低统筹基金起付标准。为了减轻参保患者负担，并合理利用各级各类医疗资源，对参保患者在社区定点医疗卫生服务机构治疗的，可不设统筹基金起付标准；在其他定点医院住院或特殊病种门诊治疗的，可根据医院级别适当降低现行统筹基金起付标准。

2. 适当提高统筹基金支付比例。各统筹地区可根据本地实际情况，适当提高参保患者在社区定点医疗卫生机构和二级以下定点医疗机构就医费用的统筹基金支付比例。

3. 扩大门诊特殊病种数量。门诊特殊病种，是指纳入基本医疗保险统筹基金支付范围的一些治疗周期较长，且不需要住院治疗，只需门诊治疗，但治疗费用较高的病种。为了扩大参保患者的收益面，解决患大病和慢性病参保患者的负担，各统筹地区要结合本地实际，适当扩大门诊特殊病种的数量，有条件的统筹地区，可研究探索门诊费用统筹办法。

4. 放开乙类药品的部分限制。为了减轻参保患者的医疗费用负担，将《辽宁省基本医疗保险和工伤保险药品目录（2005 年版）》备注栏中限序贯治疗、限二线用药、限工伤保险、提高个人自付比例以外的用药适应症限制和门诊用药限制放开，放开后的乙类药品个人先行自付比例，由各统筹地区自行决定。乙类药品的部分限制放开后，各地要在临床的对症用药、对症治疗方面加强管理。

（二）扩大个人账户资金使用范围

为了使个人账户资金发挥更大作用，个人账户资金可以支付在定点医院或定点零售药店购买的基本医疗保险药品目录以外的国药准字号药品以及统一组织健康体检发生的费用。

（三）合理确定统筹基金结算方式

各统筹地区要根据本地实际情况，确定统筹基金的科学结算方式，有条件的统筹地区，要逐步扩大病种结算范围。统筹基金结算标准，要根据费用增长情况，及时进行调整；统筹基金最高支付限额未达到国家规定标准的，要及时进行调整。各级医疗保险经办机构要按定点协议，及时与定点医疗机构进行基金的结算、拨付。

三、工作要求

（一）做好保费的征收工作

各统筹地区要加强城镇职工基本医疗保险基金征缴工作，认真核定用人单位的缴费基数，堵住跑冒滴漏现象，把应收的要全部收上来，不断扩大基金规模和增强基金的抗风险能力。

（二）要管好、用好基金

各统筹地区要加强对城镇职工基本医疗保险基金管理，建立健全各项规章制度，确保基金安全，任何单位和个人不得以任何理由挤占挪用基金。要在严格管理的基础上，科学合理使用基金，充分发挥基金的社会统筹和保障参保人员基本医疗需求的效能。各级劳动保障、财政部门要密切配合，根据本地区城镇职工基本医疗保险参保率、基金结余以及基础管理等实际，对以上政策措施进行落实，具体实施办法要报当地政府批准。

各级人民政府要坚持以人为本的执政理念，以科学发展观统领城镇基本医疗保险工作，通过政策调整，发挥基本医疗保险基金效能和基本医疗保险制度优越性，不断扩大基本医疗保险受益面，推动基本医疗保险的可持续发展，为社会稳定和经济振兴创造条件。

二〇〇九年一月二十一日

2.2 项目教学法专业应用二 所得税筹划实务

税收筹划是指纳税人在符合国家法律及税收法规的前提下，按照税收政策法规的导向，事前选择税收利益最大化的纳税方案处理自己的生产、经营和投资、理财活动的一种企业筹划行为。其中的所得税筹划具有一定的独立性，比较适合运用项目教学法教学。

2.2.1 项目教学法案例

（1）教学对象。财政事务专业高年级五班学生，已经学习税收课程两年，学习了经济学、财务会计、财务管理和税法相关课程的基本知识，企业所得税和个人所得税相关内容。本部分教学内容是所得税筹划实务。

（2）教学目标。

知识目标：

- 通过学习税收筹划基础知识，能够掌握基本的税收计算。
- 通过学习税收筹划基本的方法和步骤，能够进行合理简单的纳税筹划设计。
- 在此基础上，通过提出问题，结合具体案例筹划分析，能进一步理解相关税收筹划知识并运用相关方法和程序解决具体问题。

能力目标：

- 通过对项目工作的提出，培养综合分析问题，全面思考的能力。比如：所得税不仅包括企业所得税，还包括了个人所得税。对所得税的税收筹划应当包括这两个方面。
- 通过针对项目工作设计计划，培养合理分工，团队合作，责任心和时间观念。项目工作具有一定的难度，把项目工作细化，在一定程度上会降低难度，这就要求学生做好设计计划，发挥各小组成员的优势，互相配合并把握好时间。
- 通过决策，培养调研搜集信息的能力。比如：在相关信息搜集过程中的比较学习，是一个去伪存真、去粗取精的学习过程。
- 通过对项目工作的执行，培养克服困难，解决问题的能力，最终完成项目工作。在学生项目工作的执行过程中，通过对细化了的项目工作（即每一个小项目环节的）难题的攻克，获得满足感和成就感，有利于最终项目工作的完成。
- 通过讨论和评价，培养发散思维自主学习的能力。学生的讨论和教师的讲评，对正确思维的肯定和科学知识的不断重复，有利于学习的积累。

素质目标：

- 通过学习实践，培养迎难而上，团队分工协作，责任心和时间观念，树立信心。
- 教学内容具有相当的深度和广度，教学实践紧密联系现实问题，学生必须具备扎实的相应跨学科知识，如：经济学、财务会计、财务管理、税法；学生必须具备实践调研，解决现实问题的能力。

- 通过学习实践，深化对理论和实践内在联系的理解，形成对从事财政事务职业的热爱。

(3) 教学内容。所得税筹划实务

第一步：提出工作任务。通过对所得税的学习，我们已经掌握了企业所得税和个人所得税的基本知识，并且已经学习了税收筹划的基本知识，掌握了节税筹划、避税筹划和税收筹划风险管理相关内容。所谓税收筹划是纳税人在充分了解、掌握税收政策、法规的基础上，当存在多种纳税方案的选择时，以税收负担最低的方式来处理财务、经营、组织及交易事项的复杂筹划活动。要做好税收筹划活动，必须遵循不违法性原则、节税效益最大化原则、成本收益原则、风险防范原则、时效性原则和整体综合性原则，以实现税收筹划的目标：企业价值最大化。

因此，通过这一单元的学习和通过同学们前期实际调研，搜集信息，大量充分的准备工作最终完成的 PPT 项目案例分析，要掌握所得税筹划技术方法的灵活运用。

现在可以通过分小组（5~6 人），并按以下的方式完成下列不同组织形式的企业如何进行所得税筹划任务。

①自然人企业和法人企业的纳税筹划选择。

②子公司和分公司的纳税筹划选择。

同样，以下的方式完成下列如何进行个人所得税筹划任务。

其一，纳税义务发生前如何确定税目的纳税筹划。

其二，如何分散税基的纳税筹划。

其三，如何利用公积金优惠政策的纳税筹划。

根据教材中的所得税筹划内容的学习，下面是学习本单元内容要解决的核心问题。

①不同组织形式的企业如何进行所得税筹划（法人企业和自然人企业的纳税筹划选择；子公司和分公司的纳税筹划选择）？

②如何进行个人所得税筹划（在纳税义务发生前如何确定税目的纳税筹划；如何分散税基的纳税筹划；如何利用公积金优惠政策的纳税筹划）？

请每小组通过前期实际调研所搜集的基本信息，具体情况具体分析，运用税收筹划相关技术方法完成相关项目，并以 PPT 形式表现其主要的内容，包括基本案情、案例分析、得出结论、特殊问题的辅助说明等。

第二步：设计工作计划。各小组根据专业教师提出的项目工作任务，制订相应工作计划（具体工作步骤应包括：基本案例、筹划分析、筹划结果、特别说明）。设计工作计划形式多种多样，但必须明确：

①各小组明确项目工作任务并进行合理分工。

②运用各种学习手段和方式搜集相关资料和信息。

③各小组通过比较，最终形成最优选择。

④制作 PPT，派出各小组代表进行演讲。

⑤课堂讨论，共享学习成果。

第三步：进行工作决策。

①各小组围绕项目工作任务，研究讨论并提出小组的基本案例。

②各小组对基本案例进行筹划分析并最终得出合理结果。

第四步：有步骤地执行。

①各小组将通过前期实际调研搜集信息与学习后得出的学习成果制作成 PPT 形式。

②各小组选派一名代表，讲解呈现本组的 PPT 项目任务学习成果。

具体如下：

第一组派出一名代表进行如下发言：本小组选择的是自然人企业和法人企业的纳税筹划选择，做如下发言：

应用案例一

甲、乙、丙三个投资者决定投资经营一家企业，甲投资 30 万元，乙投资 20 万元，丙投资 20 万元，预计年赢利 40 万元。

基于案例的任务：

面对不同的企业设立形式（自然人企业和法人企业），该如何进行选择？

案例的教学组织和实施：

[筹划分析]

该企业若按自然人企业课征个人所得税：

依现行税制税后利润：

400000 -（400000 ×35% -6750）=266750（元）

该企业如按公司课征所得税，税率为 25%：

400000 ×25% =100000（元）

税后利润 10 万元全部作为股息分配，纳税人甲还要缴纳个人所得税：

100000 ×35% -6750 =35000 -6750 =28250（元）

其净得税后收益：

400000 -（100000 +28250）=271750（元）

[筹划结果]

企业按公司课税比按合伙人课税多负担所得税：

271750 -266750 =5000（元）

案例蕴含的专业能力、方法能力和社会能力分析：

面对公司税负重于合伙企业税负的情况，纳税人应当决定不组织公司，而办合伙企业（如以个体工商业户的形式设立）的决策。这一决定是法律规定所许可的，在纳税行为未发生之前进行筹划，可以达到合理避税的效果。

第二组派出一名代表进行如下发言：本小组选择的是子公司和分公司的纳税筹划选择，做如下发言：

应用案例二

甲总公司在国内拥有两家公司 A 和 B，某一纳税年度总公司本部实现利润 2000 万元，其公司 A 实现利润 200 万元，其公司 B 亏损 250 万元，企业所得税税率为 25%。

基于案例的任务：

甲总公司应当选择 A、B 为其分公司，还是为其子公司？

任务的教学组织和实施：

[筹划分析]

若甲总公司选择 A、B 为其分公司，则该公司该年度应纳税额为：

(2000 + 200 - 250) × 25% = 1950 × 25% = 487.5（万元）

若甲总公司选择 A、B 为其子公司，总体税负就不一样。

公司本部应纳所得税 = 2000 × 25% = 500（万元）

A 子公司应纳所得税 = 200 × 25% = 50（万元）

B 子公司由于当年亏损 250 万元，该年度无须缴纳所得税。

[筹划结果]

公司整体税负 = 500 + 50 = 550（万元），高出总分公司的整体税负 62.5 万元（550 - 487.5）。

第三组派出一名代表进行如下发言：本小组选择的是在纳税义务发生前如何确定税目的纳税筹划选择。

应用案例三

张先生 2009 年 2 月从甲公司取得工资、薪金 1500 元，由于单位工资太低，张先生同月在乙公司找了一份兼职，取得收入 6000 元。

基于案例的任务：

张先生应如何进行纳税筹划选择？

任务的教学组织和实施：

[筹划分析]

如果张先生与乙公司没有固定的雇佣关系，则按照税法规定，工资、薪金所得和劳务报酬所得应该分别计算征收个人所得税。从甲公司取得的工资、薪金没有超过扣除限额，不用纳税。从乙公司取得的劳务报酬应纳税额为：6000 ×（1 - 20%）× 20% = 960（元），则 2 月份张先生共应缴纳个人所得税 960 元。

如果张先生与乙公司存在固定的雇佣关系，则两项收入应合并按工资、薪金所得缴纳个人所得税为：(6000 + 1500 - 2000) × 20% - 375 = 725（元）

[筹划结果]

很显然，960 - 725 = 235（元），张先生若采用工资、薪金计算应缴个人所得税是明智的，因此，张先生应该在与乙公司签订固定的雇佣合同，将此项收入由乙公司以工资薪金的方式支付给张先生。

第四组派出一名代表进行如下发言：本小组选择的是如何分散税基的纳税筹划选择，作如下发言。

应用案例四

王先生是一家啤酒企业员工，该企业采用月薪制绩效工资，每年 6 个月淡季工资每月 2000 元，6 个月旺季工资每月 6000 元。

基于案例的任务：

王先生应如何进行纳税筹划选择？

案例的教学组织和实施：

[筹划分析]

王先生每年应纳所得税额为[(6000－2000)×15%－125]×6＝2850元，每年应得税后收入为2000×6＋6000×6－2850＝12000＋36000－2850＝45150（元）

若该企业采用年薪制，王先生每年应纳所得税额为{[(2000×6＋6000×6)÷12－2000]×10%－25}×12＝(2000×10%－25)×12＝2100（元），其每年应得税后收入为2000×6＋6000×6－2100＝45900（元）

[筹划结果]

采用年薪制比采用月薪制每年税负减轻45900－45150＝750（元）

案例蕴含的专业能力、方法能力和社会能力分析：

由上可见，对于收入不均衡的企业，采用年薪制要比采用月薪制可使职工减轻税收负担。

第五组派出一名代表进行如下发言：本小组选择的是如何利用公积金优惠政策的纳税筹划选择，作如下发言。

应用案例五

柳先生是A公司的中层经理，每月的工资薪金所得扣除养老保险及公积金后为4万元。

基于案例的任务：

柳先生应如何进行纳税筹划选择？

案例的教学组织和实施：

[筹划分析]

柳先生每月要缴纳(40000－2000)×25%－1375＝8125元的个人所得税。

如果柳先生通过单位，按缴存基数40000元缴纳补充公积金12000元，则柳先生每月交纳个人所得税为（40000－12000－2000）×25%－1375＝5125元。

[筹划结果]

8125－5125＝3000（元）

案例蕴含的专业能力、方法能力和社会能力分析：

每月要缴纳8125元的个人所得税，这对柳先生来说，是一笔固定且不小的“损失”。而公积金免征个人所得税，根据相关规定，补充公积金额度最多可交至职工公积金缴存基数的30%。由此可见，节省了3000元，该部分资金不但避开了个人所得税，同时享受了无利息税的存款利息。

第五步：评价。教师针对五个小组的发言进行评价总结：各小组都各抒己见，并各具特色。无论是在基本案例的准备，还是在具体的筹划过程，点点滴滴都充分体现了大家的聪明才智和积极思考、努力创新的学习精神。现将老师的一些想法和建议提出，供大家参考。

①自然人企业和法人企业的纳税筹划选择。在我国，个人独资企业是指依照《个人独资企业法》在我国境内设立的，由一个自然人投资，财产为投资人所有，投资人以其个人财产对企业债务承担无限责任的经营实体。合伙企业是指依照《合伙企业法》在我国境内设立的由各合伙人订立合伙协议，共同出资、合伙经营、共享收益、共担风险，并对合伙企业债务承担无限连带责任的营利性组织。我国对个人独资企业和合伙企业的各合伙人课征个人所得税时，只征收个人所得税，税率适用五级超额累进税率。

我国的《公司法》规定，在我国境内设立的公司为有限责任公司和股份有限公司。有限责任公司股东以其出资额为限对公司承担责任，公司以其全部资产对公司的债务承担责任，有限责任公司一般要由两个以上五十个以下的股东共同出资设立；股份有限公司，其全部资本分为等额股份，股东以其所持股份为限对公司承担责任，公司以其全部资产对公司的债务承担责任。作为法人企业，我国税法做了统一的规定：公司企业要在做了相应的扣除和调整后的应纳税所得额的基础上计算、缴纳企业所得税；同时，公司企业要分别负担公司企业所得税和投资个人的个人所得税。

从法律角度上讲，独资企业和合伙企业属自然人企业；公司企业属法人企业。由于我国税法规定对于个人独资企业和合伙企业，征收个人所得税，而不征收企业所得税，对于公司企业，既征收企业所得税又征收个人所得税，所以投资于个人独资企业与投资于合伙企业的所得税税负是一致的。

个人独资企业、合伙企业、公司企业的税务筹划与选择，实际上是在合伙企业（或个人独资企业）与公司企业之间进行的选择和合理筹划。

②子公司和分公司的纳税筹划选择。第二小组同学的发言很精彩，是从一个角度来分析子公司和分公司的纳税筹划选择的。大家想一想：如果总机构与子公司或分支机构适用税率不同，又将发生怎样的变化呢？老师会在稍后的时间与大家一同学习。

③纳税义务发生前如何确定税目的纳税筹划。第三小组同学在纳税筹划时将收入确定为工资、薪金，是很好的税收筹划方法。大家想一想，将收入确定为劳务报酬，是否是税收筹划的另一种方法呢？老师会在稍后的时间与大家共同探讨。

④如何分散税基的纳税筹划。目前，我国个人所得税对工资、薪金所得采用的是九级超额累进税率，随着应纳税所得额的增加，其适用税率也随着攀升。如果某个时期的收入越多，那么相应的个人所得税税收比重就越大。因此，对于工资、薪金收入各月不均衡的企业，采用年薪制进行税收筹划会达到理想节税效果。

⑤如何利用公积金优惠政策的纳税筹划。根据《财政部、国家税务总局关于住房公积金医疗保险金养老保险金征收个人所得税问题的通知》规定："企业和个人按照国家或地方政府规定的比例提取并向指定机构实际缴付的住房公积金、医疗保险金、基本养老保险金，不计入个人当期的工资、薪金收入，免予征收个人所得税。个人领取提存的住房公积金、医疗保险金、基本养老保险金时，免予征收个人所得税。

由此可见，利用公积金优惠政策也是不错的个人所得税纳税筹划选择。

第六步：知识的迁移。现在我们来共同解决在学习过程中引发的两个疑问。

①如果总机构与子公司或分支机构适用税率不同，子公司和分公司的纳税筹划选择。

应用案例六

我国甲地区外贸总公司在国内A和B两地各设一家公司，甲地区企业所得税税率为25%，A和B是15%。某一纳税年度公司本部实现利润3000万元，A和B两公司各实现利润300万元。总公司规定，公司税后利润50%汇回总公司，50%自己留用。

基于案例的任务：

甲地区外贸总公司应当选择A、B为其子公司，还是为其分公司？

任务的教学组织和实施：

［筹划分析］

甲地区外贸总公司选择A、B为其子公司：

公司本部应纳所得税额 = 3000 × 25% = 750（万元）

A子公司应纳所得税额 = 300 × 15% = 45（万元）

B子公司应纳所得税额 = 300 × 15% = 45（万元）

总公司汇回子公司利润额 = 2 ×（300 − 45）× 50% = 255（万元）

汇回利润应补税额 = 255 ×（25% − 15%）= 25.5（万元）

公司整体税负 = 750 + 45 + 45 + 25.5 = 865.5（万元）

甲地区外贸总公司选择A、B为其分公司：

公司整体税负 =（3000 + 300 + 300）× 25% = 900（万元）

［筹划结果］

甲地区外贸总公司选择设立子公司比设立分公司可减轻投资者总体税负34.5万元(900 − 865.5)。如果子公司税后利润全部汇回总公司，则总体税负与设立分公司一致。

任务蕴含的专业能力、方法能力和社会能力分析：

一般来说，子公司和分公司的选择标准：当外地的营业活动处于初始阶段时，母公司可在外地设立一个分支机构（分公司），使外地的开业亏损能在汇总纳税时减少母公司的应纳税款。以后，当外地的营业活动开始赢利，为保证享受外地利润仅缴纳低于母公司所在地的税款，这时就有必要建立一个子公司。

教学研讨：

大家注意了，我们在进行企业税务筹划时，不应当抛开企业的经营风险、经营规模、管理模式及筹资金额等因素单纯地去讨论税收负担的大小，而应当综合各方面的因素，加以权衡，进而决定所投资的企业组织形式。

②纳税义务发生前将收入确定为劳务报酬，是否是税收筹划的另一种方法呢？

应用案例七

齐教授是A大学经济管理学院的教师，在2009年4月在学校的收入是5万元，为甲企业讲课取得讲课收入6万元。

基于案例的任务：

齐教授应如何进行纳税筹划选择？

任务的教学组织和实施：

[筹划分析]

如果齐教授和甲企业存在稳定的雇佣关系，则应按工资、薪金所得缴税，齐教授4月份应缴纳所得税额为：(50000+60000-2000)×45%-15375=33225（元）

如果齐教授与甲企业不存在稳定的雇佣与被雇佣关系，则该项所得应按劳务报酬所得缴纳个人所得税，齐教授4月份应纳税额为：资、薪金收入应纳税额：(50000-2000)×30%-3375=11025(元)；劳务报酬所得应纳税额：60000×(1-20%)×30%-2000=12400（元），合计23425元。

[筹划结果]

齐教授与甲企业不存在稳定的雇佣与被雇佣关系，比齐教授和甲企业存在稳定的雇佣关系进行纳税筹划节税23425-33225=-9800（元）

可以看出，在这种情况下，齐教授即使和甲企业有长期合作的关系，也不应该将此项收入作为工资、薪金，而应作为自己的一项劳务报酬申报纳税。

任务蕴含的专业能力、方法能力和社会能力分析：

工资、薪金所得适用的是5%~45%的九级超额累进税率；劳务报酬所得适用的20%~40%三级超额累进税率，不同的收入情况采用工资、薪金或劳务报酬计算应纳税所得会产生很大的差异。无论是将收入确定为工资、薪金，还是将收入确定为劳务报酬，只要大家具体问题具体分析、选择，就可以达到合理的节税效果。

教学研讨：

将收入确定为劳务报酬，是否是税收筹划的另一种方法？

(4) 教学法应用的条件/场合/媒体（计算机教学媒体、工具、设备、文件、手册等）。

①本项目教学法应用的条件和场合。合格的专业教师、学生充分的前置知识技能和学生前期的项目调研素材，适当的学生项目操作小组分置；适当的情境创设；注重实践性（能够在实验室或试验基地等特定的场合完成项目内容）、项目工作任务的难度适中、轮廓清晰的项目工作任务说明（保证学生可操作），项目工作任务采用结构化的方法，项目工作任务案例的现实性日常化，各项目工作任务的参考答案以及教师的点评等。

②本项目教学法应用的计算机教学媒体、工具、设备、文件和手册。带投影仪的全套多媒体设备，并使用PPT和Flas等多媒体工具，以方便对项目工作任务案例的内容进行演示。具体计算工具：计算器、算盘等。配备记录笔、算草纸、信息卡片、实验实训操作簿、分析、总结和评价手册等文件。

(5) 教学设计（见表2-2-4）。

表2-2-4　《所得税筹划实务》课程教学设计

授课教师	××职业高级中学
授课时间	20××年×月×日　　第×节（共需10课时）
授课班级	财政事务专业××班
教学内容	所得税筹划
教学目的及要求	通过学习，掌握不同组织形式的企业如何进行所得税筹划以及个人所得税筹划的技能与方法。

续表

教学方法	讲授法、项目教学法、案例教学法、讨论法等
教学媒体	多媒体课件，实物投影，练习纸，信息卡
教学重点	（1）不同组织形式的企业如何进行所得税筹划？（法人企业和自然人企业的纳税筹划选择） （2）如何进行个人所得税筹划？（如何分散税基的纳税筹划；如何利用公积金优惠政策的纳税筹划）
教学难点	（1）不同组织形式的企业如何进行所得税筹划？（子公司和分公司的纳税筹划选择） （2）如何进行个人所得税筹划？（在纳税义务发生前如何确定税目的纳税筹划）

教学过程（教学内容及环节）	教学措施、手段及方法
（1）本课程的预备知识（30分钟）。 对所得税进行筹划，主要包括两个方面：一是对企业所得税和个人所得税的深入理解；二是对税收筹划基础知识，尤其是节税筹划，避税筹划以及税收筹划风险管理的技术运用。新的税法规定，企业所得税是对企业取得的所得征收的一种税，是政府直接参与各类企业收入分配的主要形式。个人所得税是对个人取得的所得征收的一种税，是政府直接参与个人收入分配的主要形式。明确税收筹划的目标：企业价值最大化。 **（2）本课程的教学活动（120分钟）。** 提出项目问题： ①法人企业和自然人企业的纳税筹划选择。 ②子公司和分公司的纳税筹划选择。 ③在纳税义务发生前如何确定税目的纳税筹划。 ④如何分散税基的纳税筹划。 ⑤如何利用公积金优惠政策的纳税筹划。 每小组将通过前期调研并已独立制作完成的教学项目派出小组代表进行展示并发言。 学生共享“各小组的项目”并进行讨论和评价；专业教师总结。 **（3）本课程的后续（20分钟）**。以每小组制作PPT及讨论分析报告的形式提交作业。	通过对所得税相关知识的回顾，在总结归纳节税筹划，避税筹划以及税收筹划风险管理的技术方法基础之上，提出项目任务。 通过咨询，组织和引领学生开展各项学习活动。 专业教师边看边记录学生制作的PPT，同时找中出存在的问题和不足。 专业教师分析并公布参考答案；为每小组评定成绩。
课堂练习（30分钟） 各小组通过企业所得税和个人所得税筹划分析，进一步具备相关知识技能的迁移和运用能力。对专业教师提出的两个疑问的思考和讨论。	

本课小结	通过对不同组织形式的企业如何进行所得税筹划以及如何进行个人所得税筹划两个核心问题的学习，你有什么收获？对你有何启发？税收筹划的意义何在？
课外作业	预习下一课内容。
课后分析	对上述教学设计的实际授课感受、体会和改进措施。

（6）教学法效果评价（见表2-2-5）。财政事务专业高年级五班学生，基本理论知识扎实，动脑动手能力较强，但缺乏对实际问题的理解和解决能力，通过项目教学法的教学，该班学生：

①能在专业教师的引导下，进行自我管理式的学习：积极主动合理地组成小组成员，以小组的形式进行知识技能的合作式学习，在遇到具体难题时，大家互相帮助，取长补短，集思广益，共同攻克难题，实现并提升了自我价值的满足感。

②在学习了所得税的税收筹划知识后，有些学生给家人或朋友当起了个税筹划小参谋。学生能把所学知识活学活用，从而进一步深化对理论知识的理解。

表 2-2-5　　　　小组合作评价表

班级______评价小组________日期________

评分标准	小组名称	得分	得分依据或存在问题
各小组成员分工协作好，能充分发挥团队合作优势（20 分）			
资料准备内容丰富且组织有条理，并与项目工作相对应（20 分）			
内容具有创新性、完整性（10 分）			
能较好的运用理论知识，灵活运用税收筹划的方法和技术（15 分）			
项目工作展示手段多样化，效果良好（10 分）			
演示仪态好、语言简练、气质好（5 分）			
组织纪律好；遵守课堂纪律（5 分）			
小组评价认真，并能为其他小组提出一些建设性的建议（15 分）			
小　计			

③在所得税税收筹划的项目教学法的整个过程中，学生能自主学习，在专业教师适当引导下，面对新问题大家一起研究讨论和解决。大部分学生敢说敢做，让专业老师有的放矢对不同特点的学生进行针对性的指导，最终在学生和专业教师的共同合作下达到教学最佳效果。

2.2.2　项目教学法的应用分析

本项目教学法的应用条件、场合和注意事项、教训，目标、内容、媒体、环境、组织主要有：

（1）本项目教学法适用于高年级学生，是高年级学生跨专业的学习实践过程。要求学生必须具备跨专业的知识储备，具备一定的自学能力，勤动脑勤动手的实践能力，解决复杂问题的能力。

（2）本项目教学法以解决现实问题的学生分小组为单位，成员分工协作，培养学生团队工作的能力，责任意识和时间观念。

（3）本项目教学法对学生的综合素质要求高，所以前期准备工作繁重，占用时间较多，教师应当注意教学节奏的合理安排。

（4）注意事项：

①本项目教学法项目工作的选取要以教学基本内容基本知识点为依据，要有一定的想象空间，有利于学生利用现有知识进行创新。

②本项目教学法的项目要符合其实施形式：以课本为中心转变为以项目工作为中心；以课堂为中心转变为以解决实际问题为中心；以教师填鸭式教学为中心转变为以学生自主学习为中心。

③本项目教学法项目工作的选取要充分考虑学生的立场（学生现有知识结构和知识体系；学生的实践能力强弱；项目工作的实用性和可操作性；能否引起学生的兴趣，激发学生的积极性，树立学生的自信心等）。

④项目小组的人员搭配（合理分工；男生女生搭配），专业教师的全程督导和组织讨论与评价，项目任务完成的进度，学生遇到难题的引导，讨论与评价的效果等。

2.3 项目教学法应用三
养老保险缴纳业务

养老一直是国计民生的大事，近年来国家一直在调整养老保险的政策，对于每一个人来讲养老保险的缴纳和使用都与自己的生活密切相关，因此，需要教师和学生来共同完成“养老保险缴纳”这样一个工作任务。

2.3.1 项目教学法案例

（1）教学对象。财政事务专业高二年级学生，已经学习财政与税收课程三个月，学习了财政支出的基本含义和分类，社会保障制度的基本概念、分类和有关规定等内容。开始学习社会保障的具体类别，本部分教学内容是社会保障教学中的社会保险部分之养老保险。

（2）教学目标。本项目应该满足下面的目标：

知识目标：

- 通过学习了解现有的养老保险的档案新建业务，即熟悉业务说明和业务流程，知道办理业务所需的资料；
- 通过学习了解现有的养老保险的缴费卡办理业务，即熟悉业务说明和业务流程，知道办理业务所需的资料；
- 掌握缴纳养老保险的网上申报程序，并学会进行网上申报。

能力目标：

- 学生能够看懂业务流程，并熟记业务流程；
- 学生能够正确填写办理业务的所有申请表格；
- 学生会进行网上申报操作。

素质目标：

- 通过业务训练，提高学生的业务水平；
- 提高学生解决日常生活中出现养老保险问题的能力；
- 穿插职业教育，培养学生的职业道德。

（3）教学内容。

模块三　社会保障　单元一　养老保险业务。

在前期的教学中，学生已经有了一定的知识基础，因此，对于这一单元学生可以通过前期的知识储备以及自身的专业能力，在老师的帮助下，以小组为单位，进行独立作业，共同获取项目信息、制定项目计划、进行项目决策、最后执行项目，教师和其他同学给予项目评价，最后实现项目迁移。

①阅读本单元引导案例。

②阅读教材“养老保险业务”。

应用案例

大学生王明毕业后与同学共同创业，成立了一家投资咨询公司，并办理了相关手续，王明认为，为公司的每一位员工购买社会保障保险是非常必要的，因此，王明委派公司会计小张携带相关办理材料到所属社保机构办理企业档案新建，缴纳当月社会保险费，并进行网上申报和缴纳以后社会保险费。

通过本案例，教学内容具体安排如下：

①确定目标、提出工作任务。通常由教师提出项目信息，即确定目标，提出工作任务，本节课，教师经过简单复习讲解后与同学一起讨论，最终确定项目的目标是每一个工作小组要学会操作养老保险企业档案新建这个业务，项目的任务是每一个工作小组通过填写申请表、查询办理业务所需资料与流程，帮助小张完成企业档案新建以及网上申报业务。

②项目计划。学生针对项目工作设计一个项目工作计划，确定工作步骤和程序，进行工作小组安排，最好多于5人，进行权责分配和时间安排，教师根据需要给学生提供咨询，并最终得到教师的认可。

工作小组安排：5~7人。

权责分配：再分成三小组，分别进行所需资料以及业务流程查询准备工作、填写申请表工作、网上申报操作工作。

时间安排：前期所需资料以及业务流程查询准备工作为一周时间（教师给出范围，有条件可以带领学生到社会保障部门实地进行考察），课上填表以及进行网上申报演示（需要使用计算机），一课时时间。

工作步骤：一是准备所需资料以及查询业务流程；二是填写相关申请表；三是进行网上申报。

③进行项目决策。学生通过调研、考察和研究来搜集信息、来决策，讨论如何具体实施完成项目计划中所确定的工作任务。按照工作步骤决策如下：

第一步：准备所需资料以及查询业务流程。

a. 企业档案新建所需资料如下：

营业执照、批准成立证件或其他核准证件；

国家质量监督部门颁发的组织机构统一代码证书；

法人代表或负责人身份证；

银行开户许可证；

税务登记证；

单位公章、财务大小印。

企业档案新建办理流程：由小张携带相关资料到所属社会保障部门办理。

b. 办理保险缴费卡所需资料如下：

《社会保险缴费卡申请表》一式三份；

营业执照正本复印件一份；

组织代码证正本复印件一份；

法人身份证复印件一份；

基本账户开户许可证复印件一份；

税务登记证复印件一份；

加盖单位财务专用章和法人印章的银行预留印鉴一份。

保险缴费卡办理流程：由小张携带相关资料到所属社会保障部门办理。

第二步：填写相关申请表

在此共需要学生填写两个申请表（以大连市为例如表2－2－6、表2－2－7所示）：

表2－2－6　　　　大连市社会保险企业登记（变更）申报表

年　月

□登记□暂停缴费□终止缴费□恢复缴费
□修改□转制
□合并□分立□注销□破产□转移

单位名称（盖章）：　　　　　　　　社会保险登记证编码：

单位基本信息						
单位信息	单位编号					
	单位地址					
	单位注册地址					
	单位邮政编码		单位电话		组织机构统一代码	
相关人员信息	法人代表姓名		身份证号码		电话	
	缴费专管人员姓名		所在部门		电话	
	EMAIL					
单位相关信息	单位类型	□企业　□事业　□社会团体　□民办非企业　□城镇个体工商户　□农民　□其他				
	经济类型					
	隶属关系	□中央　□省　□计划单列市　□市、地区　□县　□乡镇　□部队　□其他				
	是否行业	□企业　□行业	行业类型			
	主管部门或总机构		专管员			
	行业企业分类	□铁路　□煤炭　□石油　□电力　□邮电　□有色　□交通　□金融　□中建　□民航　□企业				
社会保险相关信息						
工商登记	工商登记证执照种类	□企业法人　□企业　□中华人民共和国企业法人　□中华人民共和国企业　□个人独资企业　□合伙企业　□个体工商户				
	工商登记执照号码					
	工商登记证发照日期		工商登记有效期限			
	批准成立单位					
	批准日期		批准文号			
缴费相关	基本开户银行					
	基本开户银行户名		基本开户银行账号			
	缴费开户银行					
	缴费开户银行户名		缴费开户银行账号			

续表

分支机构相关信息							
分支机构代码		分支机构名称					
分支机构负责人		身份证号码					
联系人姓名		单位电话					
邮政编码		地　址					
变更相关信息							
变更批准信息							
批准部门		批准日期		批准文号		变更日期	
单位编号							
□暂停缴费	原因						
□终止缴费	原因						
□恢复缴费	原因						
□单位转制	原单位性质						
□单位合并	被合并单位编号		被合并单位名称				
	合并后单位编号		合并后单位名称				
	合并原因						
□单位分立	被分立单位编号		被分立单位名称				
	分立后单位编号		分立后单位名称				
	分立原因						
□单位注销	原因						
□单位破产	原因						
□单位转移	原因						
	转出经办机构		转入经办机构				
□其他修改	原因						
说明							
备注：以上内容填写真实，若填写内容与实际情况不相符，愿承担一切相关法律责任。 经办人：　　　填表日期：							
社保经办机构意见（签章）： 经办人（签章）：　　　审核日期：							

填表说明：本表一式三份。

表 2-2-7　　　　　　　　“社会保险缴费卡”申请表

单　位　资　料			
单位编号		社保缴费卡账号	
单位名称		社保缴费卡卡号	
单位专管员姓名		专管员电话	
单位邮寄票据地址		邮政编码	
基本账户开户银行名			
基本银行账号			
单位（公章）：		法人（盖章）：	
大连市商业银行开发区支行	审核人： 年　月　日	大连社保中心	审核人： 年　月　日

第三步：至此王明企业的档案建立成功，单位编号、社会保险登记证编码生成，小张每月应在规定时间登陆“大连人力资源和社会保障网”进行网上申报操作。

④完成项目执行。学生确定各自在小组的分工以及小组成员合作的形式，之后按照已确立的工作步骤和程序工作。

⑤进行项目评价。首先由各小组派代表汇报项目成果，进行自我评估，之后再由教师和其他学生对项目工作成绩进行检查评分。师生共同讨论、评判在项目工作中出现的问题，以及需要改进的方面。通过对比师生的评价结果，找出造成评价结果差异的原因。教师对学生每一步给出评价表如表 2-2-8、表 2-2-9 所示：

表 2-2-8　　　　　　　　企业档案新建的业务评价表

被评价者：

评价指向：　　　　　　　　　　　　　　　　　　　　评价时间：　　年　月　日

训练项目	训练重点	评价标准	小组评价（5分满分）					老师评价				
掌握企业档案新建所需要资料	资料的认识	能掌握资料类别名称	1	2	3	4	5	1	2	3	4	5
	资料的获取	能知道资料获取的渠道	1	2	3	4	5	1	2	3	4	5
	资料的解读	能正确理解资料的含义	1	2	3	4	5	1	2	3	4	5
掌握企业档案新建的业务的办理流程	企业档案新建的申请	会正确填写“社会保险企业登记申请表”	1	2	3	4	5	1	2	3	4	5
	缴纳当期保险费	会正确缴纳当期保险费	1	2	3	4	5	1	2	3	4	5

续表

训练项目	训练重点	评价标准	小组评价（5分满分）					老师评价				
独立性完成与纪律性	独立性	能够独立填写申请表	1	2	3	4	5	1	2	3	4	5
	运用能力	能够正确运用资料	1	2	3	4	5	1	2	3	4	5
	组织纪律性	遵守课堂纪律，按时完成任务	1	2	3	4	5	1	2	3	4	5
个人努力方向与建议								评价汇总： 总分：				

表 2－2－9　　缴费卡办理业务评价表

被评价者：

评价指向：　　评价时间：　　年　月　日

训练项目	训练重点	评价标准	小组评价（5分满分）					老师评价				
掌握缴费卡办理业务所需要资料	资料的认识	能掌握资料类别名称	1	2	3	4	5	1	2	3	4	5
	资料的获取	能知道资料获取的渠道	1	2	3	4	5	1	2	3	4	5
	资料的解读	能正确理解资料的含义	1	2	3	4	5	1	2	3	4	5
掌握缴费卡办理业务的办理流程	保险缴费卡的申请	会正确填写“社会保险缴费卡申请表”	1	2	3	4	5	1	2	3	4	5
	缴纳当期保险费	会正确缴纳当期保险费	1	2	3	4	5	1	2	3	4	5
独立性完成与纪律性	独立性	能够独立填写申请表	1	2	3	4	5	1	2	3	4	5
	运用能力	能够正确运用资料	1	2	3	4	5	1	2	3	4	5
	组织纪律性	遵守课堂纪律，按时完成任务	1	2	3	4	5	1	2	3	4	5
个人努力方向与建议								评价汇总： 总分：				

⑥进行项目迁移以及归档。将项目成果迁移到新的同类任务或项目中，因此，项目工作的结果应该归档。

（4）教学法应用的条件/场合/媒体（计算机教学媒体、工具、设备、文件、手册等）。

①本项目教学法应用的条件和场合。本教学内容使用项目教学法，主要是本教学内容可操作性很强，但是教学条件相对苛刻，要求教师提前做出大量准备，必要时或有条件最好能够带领学生到相关社会保障部门进行实地调研与考察，在进行网上申报业务时，可能没有办法输入正确的代码，因此学生可能看不到完整的网上申报过程，但是教师可以到相关部门找到企业网上申报指导手册，弥补这一部分的知识缺陷。

②本项目教学法应用的计算机教学媒体、工具、设备、文件和手册。本案例中使用项目教学法，在网上申报这第一部分可以应用到计算机或者多媒体演示，帮助学生快速清晰掌握教学内容。尤其是填表内容，配有评价标准表用于进行项目评价。

③实施过程、步骤。本项目教学法的实施过程主要有：第一，复习提问前期所学知识；

第二，向学生提交项目的具体内容和准备的相关表格；第三，向学生说明操作本项目要达到的目的和标准；第四，概要向学生说明本项目的操作原则和基本方法；第五，由学生操作小组进行具体操作；第六，在学生操作过程中进行个体指导；第七，收集项目操作结果，进行检查、分析、评价；第八，总结项目操作结果体现的经验、教训、有待于改进的地方，填写相关的教学档案文件，并进行归档。

（5）教学设计（见表2－2－10）。

表2－2－10

养老保险费用缴纳课程教学设计（某中等专业学校某老师）财政事务专业	
授课时间	某年某月某日第1周星期三　第3～4节
授课班级	职高财政事务专业二年级
教学内容	养老保险事务——养老保险费用缴纳
教学目的 教学要求	通过本节学习，了解养老保险费用缴纳的办事流程以及进行网上申报。
教学方法	项目教学法，讲授法
教具、挂图	PPT
教学重点 教学难点	养老保险网上申报

教学过程（教学内容及环节）	教学措施、手段及方法
1. 导入新课：（1）给出课前案例。 （2）指导学生阅读相关知识。 通过这个环节提高学生的学习兴趣，很好的导入到新课中。	教师给出案例
2. 新授。 （1）确定目标、提出工作任务。 ①项目目标：学会企业养老保险。 ②项目任务：学生在讲师的帮助下，通过学习养老保险档案新建业务的办理流程，完成养老保险的网上申报。	进行项目教学法的第一步，项目信息，教师给出项目目标和项目任务。
（2）制定项目计划。 ①搜集所需资料、查询办理流程。 ②企业档案新建、养老保险缴费卡的办理。 ③网上申报。 （3）进行项目决策。 ①项目组中的1～2人，熟悉业务办理流程，准备相关资料，填制《社会保险企业登记申请表》，完成企业档案新建。 ②项目组中的1～2人，熟悉业务办理流程，准备相关资料，填制《社会保险缴费卡申请表》，完成养老保险缴费卡的申请。	进行项目教学法的第二步和第三步由学生自己组内研究讨论制定自己的工作计划和决策，教师巡回给予指导和帮助。
③由小组其他人员进行网上申报。 （4）进行项目执行。将整个工作完整地展示给教师和其他学生看。	进行项目教学法第四步，分组展示项目成果，检验学生的知识掌握程度、协同工作能力和自我控制意识。
（5）进行项目评价。教师对于三个步骤的工作给出三个评价标准表，学生教师进行评价。 （6）进行项目迁移。师生共同讨论通过本工作任务学习到了什么，怎么运用，并检验是否达到了教学目标。	进行项目教学法第五步、第六步，给出评价标准，找出项目进行中存在的问题，并加以讨论。

续表

<table>
<tr><th colspan="2">教学过程（教学内容及环节）</th><th>教学措施、手段及方法</th></tr>
<tr><td colspan="2">课后作业：
就本节课所学内容到社保部门进行实地考察，找出理论与实践的差距并加以完善。</td><td>运用考察教学法，利用课余时间可以带领学生到社会保障相关部门去具体了解。</td></tr>
<tr><td>课后分析</td><td colspan="2">本节课使用项目教学法，充分调动了学生的积极性，锻炼了学生的协同工作能力和自我控制意识。</td></tr>
</table>

（6）教学效果评价。教学效果评价的主要内容有：项目引用或设计的合适性、教师指导的有效性、学生操作过程的合理、合规性、学生操作结果的正确性及原因、教学档案的科学、完整性等。评价表如表2－2－11所示。

表2－2－11　　小组合作评价表

班级______评价小组__________日期__________

工作内容	评分标准	得分	得分依据或存在问题
前期准备	1. 合理分工，并能充分发挥团队作用 2. 充分调研，信息量足，计划合理（40分）		
项目实施	1. 小组配合默契，展示条理清晰 2. 能够掌握好理论运用的幅度 3. 展示手段多样化，效果良好 4. 演示仪态好、语言简练、气质佳（50分）		
项目评价	小组评价认真，能为其他小组提出一些建设性的建议（10分）		
	小　计		

2.3.2　项目教学法的应用分析

项目教学法在运用过程中一定要考虑到教学对象、课程特点、应用场合等具体要素和问题。本教学设计中所授课程为财政事务之中的社会保险，财政事务是科学性和社会性高度统一的课程，对于情境陈述和描述要求较高，需要开放型的案例和开放型的学习环境。

本项目主要适用于参加城镇职工基本养老保险的情况，其他保险情况可以参考本项目的做法。注意不同地区、不同户口类型在运用基本养老保险政策上的差别。

注意事项主要包括：

（1）学生分组应注意的事项：

①注意学生之间协同工作能力、自我控制意识强弱的合理搭配。在进行小组划分时，任课教师应事先和班主任进行沟通，了解学生各自的特点和特长，以保证分组的合理性，最好是以关系相近学生分在一组，便于项目的展开，继而保障项目工作的顺利进行。个别后进生，由于自学能力和自控能力较差，容易产生依赖思想，要敦促组长派给其相应工作任务。

②小组人数以5~7人为宜。若项目涉及知识面较广、难度较大，则要进行二次分组合

作完成，组成小组后，由学生推选组长、副组长进行适当的小组分工，让每一个人都明确自己的任务。

（2）注意教师的作用。

①引导作用。学生在完成项目的整个过程中，教师要进行适当的引导。引导主要包括对新知识的讲解和对项目信息的解释。新知识的讲解要抓住重点，突破难点。其过程应该精练，最好是通过简单的例子或实际操作的方法进行，这样形象地讲授，学生才更容易理解、接受，也为学生独立完成项目打下良好的基础。

教师要解释清楚项目实施的步骤，相关资料要及时给出并要给出评价标准。让学生有的放矢地去完成。

②指导作用。在项目任务确定后，教师指导学生通过调研、实验和研究来获取资料、搜集信息、制订计划，学生在完成项目的过程中如遇到困难，教师应及时给予指导。

③让学生学会团结合作，实践为主。在项目教学法中，学生的团队合作能力很重要，应以学生为主体，提高学生的学习兴趣，促进学生的独立工作的能力和自我责任意识培养。

④检查评估作用。在项目内容讨论评估时，教师要尊重学生的成果，不要在学生面前评论谁对谁错，项目实施成功与否应看整个过程的进行情况。

（3）目标、内容、媒体、环境、组织。与角色扮演法相比，项目教学法更加注重于小组共同计划与决策的过程，教师只给出项目信息，即项目目标与项目任务，更多需要学生以此为方向自己搜集资料、研究、考察，教师不会参与其中，而只是起到一个辅助的作用，必要时给学生帮助，直到学生执行一个完整项目为，而角色扮演法虽然与项目教学法部分雷同，但是对于教师来讲角色的选择非常重要，而且要帮助学生进行角色的分配，并调整，当然也是需要学生自己计划决策，但在学生具体实施之前教师要检查学生准备的资料以及角色分配，即学生要预演给教师看。两种教学方法都大大提高了学生的积极性，提高了学生的自学能力以及团队协作能力，更好地培养了学生的业务水平。

项目的确定可由几位任课教师和部分学生共同制定。项目的确定应注意以下事项：

①从已有的教学资源和社会实际状况出发，项目要可行。

②最初实施的步骤要提供给学生方便的查询途径和具体的帮助，给出学生“大连市人力资源和劳动保障”这个网站，这样学生的信心就会增强，学习积极性就会提高。

③项目任务必须是非常具体的、可操作的。

④项目应能激励学生收集有关资料，激发学习自觉性。

项目教学从计划开始，经过“认识实践再认识实践”到总结，是一条螺旋上升的辩证实践方法，本章所涉及到的几个财政事务的教学项目都体现了“认识实践再认识实践”的要求。在项目教学中，学生制定实施项目计划，实施操作运行，思考建构知识，实际训练技能，项目作品构思创作，参与小组讨论交流，上台演示讲授答辩，师生研讨评价小结等自主过程，都有利于提高学习活动、社会活动、职业活动的效率和效果，有利于提高综合职业能力。财政事务专业是涉及多个领域的专业，本章所介绍的项目都有各自的专业要求，因此具备了培养综合职业能力人才的基本要求。项目教学主要过程不是以教师讲授为主，实践教学过程也不是以教师计划好的实践步骤进行，而是以学生自主学习，学生自主践行，学生自主操作为主要教学过程。学生“自主学习过程”与教师“主导教学过程”是有区别的。“项目教学法”将有利于推动“以学生为本、以服务为宗旨”的中职教学过程与教育工作的改革。实施项目教学，教师不是学生具体学习过程的主导者，不起直接的主导作用，而是指导、引导、协导者；是项目内容的设计者，项目计划的制定者；是动态教学的调控、管理者。实施项目教学，学生的自主性强，自由度大；教师备课量增加，动态管理事物多，要求也高；学习质量评价出现多元综合复杂情况。思考教学管理如何适应这些变化，将有利于推动中职教育教学管理改革。

3

财政事务专业项目引导文教学法

引导文是在德国职业教育培训部门普遍采用的一种方法，它是借助引导文（Leadtext）等教学文件，引导学生独立学习和工作的教学方法。

引导文法的种类很多，大致分为以下三类：项目工作引导文、知识技能传授性引导文、岗位描述引导文。

①项目工作引导文。这种方法主要的任务是建立起项目和其所需要的知识能力间的关系，即让学生清楚完成任务应该懂得什么知识，应该具备哪些技能等。

②知识技能传授性引导文。这种课文引导法的主要功能在于使学生不仅学习了知识、而且还真正地知道了该知识在实际工作中有什么作用。

③岗位分析引导文。此种引导文可以帮助学生学习某个特定岗位所需要的知识、技能以及有关劳动、作业组织方式的知识。

引导文教学法是借助一种专门的教学文件（即引导文），引导学生独立学习和工作的教学方法。在教学文件中包括一系列难度不等的引导问题。学生通过阅读引导文，可以明确学习目标，清楚地了解应该完成什么工作、学会什么知识、掌握什么技能。在引导文的引导下，学生必须积极主动地查阅资料，获取有意义的信息，解答引导问题制订工作计划，实施工作计划，评估工作计划，避免了传统教学方法理论与实践脱节，难以激发学生学习兴趣的弊端。它是项目教学法的完善和发展。引导文是引导文教学法成败的关键，采用此种方法的目的是促进学生独立工作能力的发展。

在财政事务专业教学中，应用引导文教学法的领域较多。由于财政、税收政策性较强，教材中法规、规范性的内容较多，需要学生通过阅读引导文，进一步加深对相关问题的理解，并掌握其中的关键点。比如，在各种税的缴纳实务教学中，通过对各税种计税依据、征收范围、税率规定的学习，从而掌握不同税种之间的区别和特点。在部门预算编制中，由于涉及的内容较分散，需要通过引导案例，将部门预算的编制进行整体化，给学生一个完整的知识链。

本部分通过三个教学内容：营业税自查实务、部门预算编制及国库集中支付，对引导文教学法进行应用。

3.1 引导文教学法应用一 企业营业税的自查实务

3.1.1 引导文教学法案例

(1) 教学对象。财政事务专业三级一班学生已经学习税收课程一年，学习了税法的基本知识以及增值税、所得税的自查等内容。本部分教学内容是营业税的自查。

(2) 教学目标。本教学应该完成下列目标：

知识目标：

- 通过学习现行的《营业税条例》，掌握营业税的纳税范围、计税依据、税目、税率的规定。
- 在此基础上通过案例的学习，进一步理解并运用一定的程序和方法，完成营业税的自查的工作任务。
- 运用教材及案例作为引导文，提出并解决本教学内容的重点问题。

能力目标：

- 通过典型案例分析，学会并掌握营业税自查程序和方法，培养分析问题和解决实际问题的能力。
- 由于教学内容和形式都具有一定的难度，学生不仅应具备已有知识、技能，还要求会运用新学习的知识、技能，解决过去从未遇到过的实际问题，如不同行业营业税的特点。

素质目标：

- 通过学习过程，使学生能够克服在学习中出现的困难和问题，提升知难而进的信心。
- 围绕引导问题组织学生展开讨论，培养自主学习的能力。
- 通过小组互助的方式，搜集信息，分析案例，思考问题，培养团队合作的能力。

(3) 教学内容。阅读引导文：

①教材《税收基础知识》中第三章第二节的“企业营业税自查”内容。

②企业营业税自查案例及自查报告范本。

应用案例

广源饮食公司为民营企业，企业编写号：3659056790；税务管理码：356802；法人代表：王江；财务负责人：张一凡；办税员：刘莉莉。生产饮料——酸奶。主要生产250毫升及500毫升酸奶。现有职工50人，注册资金500万元。位于广州市白云区人民路100号，开户银行：工商银行白云支行，账号4580—6587，纳税人识别码：44016715252528。

2009年10月营业税计税收入15万元，申报营业税7500元。2009年10月企业经过自查，发现本月由于销售部门工作的失误，将应计入本期的1万元收入漏记。经检查发现后补计收入的同时，补缴营业税。

填写的“营业税自查报告”如表2－3－1所示。

表2－3－1 **营业税自查报告表**

纳税人登记号：44016715252528
报告日期：2009年10月30日
企业编号：3659056790
金额单位：元

企业名称	广源饮食公司	电话		26589908		邮政编码		110987
地址	广州市白云区人民路100号	所属时间	2009年10月1日至2009年10月31日					
开户银行	工商银行白云支行	账号	4580—6587					
税目	纳税范围	收入额		税率	申报税额	自查应缴税额	应补缴税额	应补缴税额所属年月
		申报收入	自查核实收入					
一、金融保险业	金融、保险、典当等			5%				
二、邮电通信业	传递函件或包件、邮汇、报刊发行、邮政储蓄、邮政物品销售、电报、电传、电话、电话安装、电信物器销售等			3%				
三、娱乐业	歌厅、舞厅、卡拉OK歌舞厅、音乐茶座、高尔夫球、游艺场等			20%				
	台球、保龄球（2004年7月1日以前）			20%				
	台球、保龄球（2004年7月1日之后）			5%				
四、服务业	代理业、旅游业、饮食业、旅店业、仓储租赁业、广告业、其他服务业等	150000	160000	5%	7500	8000	500	2009年10月
五、转让无形资产	转让土地使用权、商标权、著作权、技术权、商誉权等			5%				
六、销售不动产	销售建筑物、构筑物、及其他土地附着物等			5%				
七、其他收入								
合计								
		150000	160000		7500	8000	500	2009年10月

纳税人（企业）盖章　　法人（负责人）签名：王江　经办人签名：刘莉莉

注：本表填报一式三份，一份企业自存，一份报省地税稽查局，一份报所在地的地税征管部门。

基于案例的问题：

提出引导问题

营业税收入作为一种流转税，在整个税收中占有相当的比重，也是地方财政收入的主要来源。具有以营业收入额为计税依据，税源广泛；按行业大类设计税目税率，税负公平合理；计征简便，便于征管的特点。

通过阅读教材和上述营业税自查案例和报告，可以看出营业税的自查主要是自查核实收入、自查应缴税额、计算应补缴的税额、填写自查报告，完成营业税的自查工作。

同学们就业后，可以在不同的行业从事会计工作，而不同行业其营业税的计税依据又不同，因此，通过这一单元的学习和同学们的案例分析，要基本掌握在不同行业营业税的自查原理和方法。

现在可以通过分小组（3~5人），并按以下的行业和纳税范围分配任务：

第一组：建筑业

第二组：金融保险业

第三组：服务业

第四组：交通运输业

第五组：邮电通信业

第六组：娱乐业

第七组：文化体育业

第八组：销售不动产、转让无形资产

根据教材中的营业税自查这部分内容的学习，下面是学习本单元内容要解决的核心问题：

①怎样描述营业税的课税对象？

②营业税的征税范围包括哪些税目？

③企业对营业税进行自查，主要包括哪几个方面？

④不同行业应税营业收入如何确认？

⑤营业税的应税税率是如何规定的？

⑥请各小组通过不同的方式查找营业税自查的案例，并用PPT表现其主要内容，包括基本案情、案例分析、自查结论（每小组负责一个行业）。

案例教学法组织与实施：

咨询

①教师根据上述引导文布置的任务，请各小组制订一份计划。

②教师指导学生如何查找相关的资料信息和案例。

③教师在每小组成员中选出1~2名优秀学生作为小组学习骨干，负责搜集资料并制作案例PPT。同时，在小组内部对其他成员进行必要的帮助。

计划

各小组根据引导文提出的问题和工作任务，制订工作计划，如表2-3-2所示。

决策（计划中的解决问题的方法 第5栏）

①在指导和引领学生的学习中，检查各小组的任务完成情况。

表 2-3-2　学习过程工作计划

时间	工作任务	准备资料	可能遇到的问题	解决问题的方法
1	2	3	4	5
1 课时	①小组集中学习引导文并明确核心的问题 ②小组内部分工	教材	①多数学生看不懂教材 ②部分同学没有学习的毅力	教师要强调阅读教材的重要性，并积极帮助学生坚持认真看教材的相关内容。
1 课时	查阅资料	相关税法 网络信息 走访实务工作	①各组进度不一 ②搜集的资料、信息不正确 ③缺少加工整理的经验	跟踪学生的自主学习过程，给予必要的帮助。
2 课时	各组交流答案	引导问题答案 制作 PPT 案例	①知识性的错误 ②各组之间的分歧	教师应起主导作用 给予正确的引导和评判。
1 课时	总结评价	评价表	成绩不公平	正确评价各组的成绩
学生填写	学生填写	学生填写	学生填写	教师填写

②对学生在搜集信息中存在的问题进行解答。

③指导各小组制作营业税自查案例的 PPT。

实施（计划中的工作任务、准备资料 第 2、3 栏）

①各组将通过搜集信息和学习后得出的答案公布。

②各小组选派一名代表，讲解本组营业税自查的案例并进行分析。

③各小组根据案例检查情况，完成并填写纳税检查报告，并进行会计调整。

检查

任务完成情况检查如表 2-3-3 所示。

表 2-3-3　任务完成情况检查表

引导问题	答　案	信息来源	学生互评	教师评语
1	2	3	4	5
怎样描述营业税的课税对象？	参见附录教师教学准备	教材、文献 网络信息等	正确	基本正确，但要注意课税对象应明确，根据《中华人民共和国营业税条例》规定。
其他引导问题（略）				
请各小组通过不同的方式查找营业税自查的案例，并用 PPT 表现其主要内容，包括基本案情、案例分析、自查结论（每小组负责一个行业）。	××建筑公司营业税自查案例 ××银行营业税自查案例 ………	中国税务网、调研资料等	案例生动、具体，有一定的典型性。	案例的选取符合本行业的特点，但素材还应进一步丰富，使营业税自查的思路更加清晰。
填写纳税检查报告并进行会计调整	××建筑公司营业税自查报告 ××银行营业税自查报告 ………	中国税务网	自查报告内容正确	自查报告内容正确，需要对与申报表不一致的税款部分作出会计调整。
填写要求	学生填写	学生填写	学生填写	教师填写

案例蕴含的专业能力、方法能力分析：

引导文法的教学阶段一般包括下列七个步骤：

第一，提出引导问题。获取信息，解决“应该做什么”的问题。

第二，咨询。解决“应该怎样做”的问题。

第三，制订计划。解决“如何规划全过程并实现目标”的问题。

第四，决策。解决“运用什么程序和方法”的问题。

第五，实施。解决“如何具体操作或完成计划”的问题。

第六，检查。回答“是否圆满满足要求”的问题。

第七，评价，回答“下一次在哪些方面应该做得更好”的问题。

教学研讨：

①营业税的适用范围是什么？

②在不同的行业中营业额又如何计算确定？

(4) 引导文教学法应用的条件/场合/媒体（计算机教学媒体、工具、设备、文件、手册等）。

①本项目教学法应用的条件和场合。引导文教学法尤其适用于培养学生具备独立制订工作计划、实施和检查的能力。教师提供一个书面的以问答形式出现的任务，学生借助于辅助材料完成任务，辅助材料中含有完成任务所需要的提示和必要的专业信息，学生必须并能够依据引导问题完成自学。

运用引导文教学法进行教学，所需要的条件主要有：适当的引导问题设计、创设教学情景与引导问题及答案参考等。

②本项目教学法应用的计算机教学媒体、工具、设备、文件和手册。应用的计算机教学媒体主要有带投影仪的全套多媒体设备，用于学生展示案例及由教师指导性的案例操作演示；现行的《营业税条例》；营业税纳税申报表、营业税自查报告、会计相关原始凭证、记账凭证、账簿等。

③引导文教学法的适用范围：只有具有最终产品或可检验工作成果的教学过程，才能采用这种教学模式。在财政事务专业的教学法中，一般的教学法活动的结果表现为一项工作的完成，如编制财政预算、填写纳税申报表、提交纳税检查报告等。

(5) 教学设计见表2-3-4。

(6) 教学法效果评价。营业税自查相关知识和技能评价如表2-3-5所示。

3.1.2 引导文教学法应用分析

(1) 引导文教学法应用的注意事项、教训，目标、内容、媒体、环境、组织。

①引导文的形成，决定着教学所需要的教学组织形式、教学媒体和教材等。不同职业领域，不同的专业所采用的引导文也不尽相同。本教学法适用不同年级的学生，具备一定的专业基础和收集资料解决问题的能力即可。同时适合于校内、外教学，有利于调动学生积极地参与和主动思考，强调团队合作精神。

表 2－3－4

授课教师：	××中职学校		专业：	财政事务
课　　题	营业税的自查		课　时	4 课时
使用教材	《税收基础》高等教育出版社（第二版）			
教学内容分析	对营业税进行自查，主要包括两个方面：一是营业收入；二是税率。新的税法规定，营业额是指纳税人提供应税劳务向被服务方收取的全部价款和价外费用。由于营业税的涉税面广，取得服务收入的行业主要包括建筑业、金融保险业、服务业、交通运输业、邮电通信业、娱乐业、文化体育业、销售不动产和转让无形资产等。在营业税的 9 个税目中，分别适用于不同的行业和业务范围。			
学生情况分析 授课年级：职三级	通过增值税自查的学习，学生对纳税检查的程序和方法有了初步认识，但由于学生对营业税的纳税范围（不同行业）了解不够，因此，需要通过搜集案例、进一步了解和掌握不同行业的营业税特点，此外，由于中职学生普遍具有好动、好新颖、表现欲强的特点，因此，利用小组的形式进行搜集案例和制作 PPT，既能提高学生学习的积极性，也能培养学生的竞争意识和互相协作的团队精神。			
教学目标： ①知识目标 ②能力目标 ③素质目标	①通过学习现行的营业税条例，掌握营业税的纳税范围、计税依据、税目、税率的规定；在此基础上通过案例的学习，进一步理解并运用一定的程序和方法，完成营业税自查的工作任务。通过引导文教学法的应用，运用教材及案例作为引导文，提出并解决本教学内容的重点问题。 ②通过典型案例的分析，学会并掌握营业税自查的程序和方法，培养分析问题和实际解决问题能力；围绕引导问题组织学生展开讨论，培养自主学习的能力；通过小组互助的方式，收集信息、分析案例、思考问题培养团队合作的能力。 ③通过学习过程，使学生具备克服在学习中出现的困难和问题，提升知难而进的信心；由于教学内容与形式都具有一定的难度，学生不仅应具备已有知识、技能，还要求会运用新学习的知识、技能解决过去从未遇到过的实际问题，如不同行业营业税的特点；学习结束时，通过师生共同评价项目工作成果和工作学习方法，达到学以致用的效果。			
教学重点	①营业税检查的重点是各行业的应税营业收入。通过回顾不同行业（建筑业、金融保险业、服务业、交通运输业、邮电通信业、娱乐业、文化体育业、销售不动产和转让无形资产）应税营业收入的确认，进一步明确纳税的范围。 ②营业税检查的另一个重点是各行业的营业税税率。			
教学难点	由于营业税的纳税范围较广，不同的行业其特点不同。在进行税务检查时，要了解和掌握不同行业的核算要求及营业税的相关规定。			
教学媒体	多媒体课件、实物投影、练习纸、信息卡			
教学方法	引导文教学法、案例教学法、讲授法、讨论法等			
教学过程	教学内容	教师活动	学生活动	教学意图
导入（时间：20 分钟）	通过两种方式的引导文，将同学们带入本课程的教学活动中。	创设情景	进入情景； 组成小组并开始做计划。	创设情景，提出以小组的形式进行学习和训练，激发学生学习的积极性和参与欲，培养学生的竞争意识。
教学活动 （时间 10 分钟）	提出引导问题	通过咨询，组织和引领学生开展各项学习活动。	各小组准备案例	检查学生的学习效果，及时反馈，培养学生对案例资料加工能力及对引导问题的理解。

续表

教学过程	教学内容	教师活动	学生活动	教学意图
实训（时间：90 分钟）	每小组将已制作的教学案例进行展示并讲解。	展示背景材料；教师边看边记录学生制作的 PPT，同时找出存在的问题；	分小组合作完成指定代表台上讲演，台下同学填写学习评价表。	有效教学，倡导"做中学"，实现学生的主体地位。此环节让学生自己动手实践，合作完成任务，既能提高学生的专业能力，又能培养学生与人沟通和协作的能力。教师的及时点评则能纠正学生在案例讲解过程中易犯的错误，帮助学生准确掌握正确的知识点，这是对教学难点的再次突破，也突出了本课的教学重点。
交流与分享（时间：10 分钟）	学生分享"各小组的案例"；教师总结。	教师分析并公布正确答案；为每小组计算成绩。	每小组请代表分享"优秀案例"。	培养学生学会与人分享学习成果和感受；让学生理解从事制单工作需要有严谨认真的工作态度和高度的责任心。
课后延伸（时间：5 分钟）	以每小组制作 PPT 及引导问题的标准答案的形式提交作业。	为获胜小组颁奖；教师总结评讲。	记录作业。	培养归纳、提炼问题的能力，以及"举一反三"的实操能力。

表 2-3-5　营业税自查相关知识、技能评价表

被评价者：　　　　评价时间：　年　月　日

训练项目	训练重点	评价标准	小组评价（5 分满分）					老师评价				
掌握营业税自查相关知识	资料的获取	资料获取的渠道	1	2	3	4	5	1	2	3	4	5
	资料的解读	能正确理解资料的含义	1	2	3	4	5	1	2	3	4	5
	知识点的掌握	能较好地完成学习任务	1	2	3	4	5	1	2	3	4	5
案例的代表性及制作	案例素材	符合实际情况	1	2	3	4	5	1	2	3	4	5
	PPT 制作	表达准确	1	2	3	4	5	1	2	3	4	5
	案例讲解	讲解清楚	1	2	3	4	5	1	2	3	4	5
团队合作自我学习能力	团队合作	小组成员参与程度	1	2	3	4	5	1	2	3	4	5
	自学能力	自我管理、自我学习能力	1	2	3	4	5	1	2	3	4	5
	表现突出者	小组中优秀成员多少	1	2	3	4	5	1	2	3	4	5
不足与建议								评价汇总： 总分：				

②通过这种教学法方法的应用，将发散的、大量的学习内容进一步典型化。培养学生学会举一反三的学习能力，便于学习和理解；在整个教学法中教师的组织与引导十分重要，最后要通过多媒体展示各小组的学习成果，同时将教师答案、案例与学生共同分享。

③这种教学方法和模式，无论是对学生还是教师都是新的尝试，在教学活动中，老师要注意控制教学节奏，避免学生过于活跃而影响教学的进度。教师要做到"有放有收"，确保教学法任务的完成。

④教师应该在整个教学中过程中，尽量可能地只在一旁扮演咨询师的角色，但教师为了应用引导文教学法需要付出相当大的精力来做准备工作，授课老师必须制定和整理相关的计划和教学辅助材料，并对工作任务和引导文进行选择。

（2）引导文教学法的教学效果评价

①引导文教学法活动使学生成为课堂的主体，改变以往老师讲、学生听不进的现状；培养学生积极参与的意识，使绝大多数学生由原来的被动学习改为主动学习。

教学结果表明，这种以自学为主的学习方式有以下突出的优点：

- 能极大地激发学生的学习欲望，充分调动学生的学习积极性，促使学生独立学习能力的发展。
- 通过学生独立提出问题，解决问题，可以帮助学生建立起知识与技能问题的内在联系，实现真正意义上的理论与实践的统一。
- 通过自学后的测验与谈话，教师可以确定学生理解的程度并能进行系统性的补充。
- 能力较强的学生主要通过自学来学习，教师可以抽出更多的时间帮助能力较差的学生，做到了真正意义上的面向全体学生。
- 通过与他人进行专业信息交流和共同制定工作计划，培养了学生的合作能力和其他社会能力。
- 培养了学生毅力、责任心、获取书面信息的能力，独立制定计划的能力，自行组织和控制工作过程以及检验工作成果的能力。

②引导文教学法的主要功能在于使学生不仅学习了知识，而且还真正地知道该知识在实际工作中有什么作用。教师通过组织教学，将教材的知识以转化为能力和技术的方式传授给学生，从而使老师的教学工作体现出职业教育的特色。同时，教师通过教学也能真正地达到将知识融入到实务工作中的效果。

③在教学中真正地体现教学相长的观念。师生互动，学生在搜集资料中发现问题，教师在引导学生在学习中解决问题，师生共同协同完成全部教学法内容，实现双赢。

④通过设计问题，引导学生思考、搜集资料、准确案例、制作 PPT 等，将学生的学习过程从单一的课堂转为课前、课后，从过去的只在校内学习延伸到走入社会，在实践中学、在实践中做。

⑤引导文教学法缓解了教师重复传授知识的问题，使教师有时间专心了解学生的个人学习进度和学习上遇到的困难，也使学生在工作计划和执行过程中融入个人的学习、行动和行为。

附录：教师教学准备（引导问题正确答案）

（1）怎样描述营业税的课税对象？

根据《中华人民共和国营业税条例》规定，在中华人民共和国境内提供本条例规定的应税劳务、转让无形资产或不动产的单位和个人，为营业税的纳税义务人，应当依照条例规定的营业税额（销售额）缴纳营业税。

（2）营业税的征税范围包括哪些税目？

目前，营业税的征税范围包括9个税目，即建筑业、金融保险业、服务业、交通运输业、邮电通信业、娱乐业、文化体育业、销售不动产和转让无形资产等。

（3）营业对营业税进行自查，主要包括哪几个方面？

企业对营业税进行自查，主要包括两个方面：一是营业收入；二是税率。

（4）不同行业应税营业收入如何确认？在检查中重点关注哪些方面？

①建筑业征税范围的检查。建筑业的征税范围包括建筑、安装、修缮、装饰和其他工程作业五项内容。

在检查过程中应特别关注以下几个方面：

- 纳税人从事建筑安装业务，是否在所承包的工程所在地缴纳营业税。
- 纳税人从事建筑、修缮、装饰和其他工程作业，与对方实行“包清工”结算方式的，工程耗用的原材料和动力是否并入计税营业额缴纳营业税。
- 建筑业总承包人将工程分包或转包给他人的，总承包人的计税营业额是否按工程全部承包额减去付给分包人的价款后的余额计缴。总承包人是否对分包、转包的工程履行代扣代缴营业税的义务；如果总承包人未对分包人的工程价值履行扣缴义务，则总承包人是否按工程全部承包额计缴营业税。
- 对单位和个人自建自售建筑物的，其自建行为视同提供建筑劳务，纳税人是否按建筑税目缴纳营业税。
- 工程承包公司与建设单位签订了承包合同的建筑安装工程业务，工程承包公司不参与施工的，是否按“建筑业”税目缴纳营业税。

②金融保险业征税范围的自查。

- 贷款利息收入的检查，要结合“利息收入”、“利息支出”、“营业费用”明细账及其有关的原始凭证和记账凭证，核实有无随意分解收入，或将费用、支出直接冲减收入的现象。对于委托贷款业务，应重点检查“应付账款”、“手续费收入”账户，查其有无错计、漏计营业收入，漏缴营业税的现象。
- 融资租赁业务的检查，首先根据租赁合同的相关事宜，检查“应收账款——应收租赁收益”和“租赁收益”账户及其有关的原始凭证；再次检查纳税人应税的营业额是否扣除了向承租方收取出租货物的实际成本，扣除的金额是否正确。
- 金融商品转让的检查，主要检查“销售收入”、“利息支出”、“金融业务往来支出”等账户，并抽检查原始凭证和记账凭证，核实从“利息收入”等科目抵减的支出科目是否真实、正确。

③邮电通信业范围的自查。邮政电信企业单独设置柜台销售电信物品与传递实物信息无关联的应属于兼营业务，应分别征收增值税和营业税。

④交通运输业征税范围的自查。

- 将“运输收入”等明细账中记录的营业额与营业税纳税申报表及有关的发票、收款单据等原始凭证核对，核实已实现的营运收入是否及时、足额地申报纳税，有无将收入不及时入账，漏报收入或收入抵支的现象。
- 检查“应付账款”、“预收账款”等会计科目相对应的原始凭证，查看有无将实现的营运收入长期挂账、不作收入处理的现象。

- 有无将营运收入记入“营业外收入”账户，故意偷逃营业税款的现象。
- 检查“运输支出”、“装卸支出”等支出类明细账，是否存在以收入直接冲减费用支出、小计收入的情况。
- 检查应纳税额的计算是否正确，将税务机关当期核定纳税人的应纳税额与其自行申报数比较，如果发现少缴税款行为，在检明原因后，及时补缴税款。

⑤文化体育业征税范围的自查。文化体育业提供表演、比赛场所可能出现两种情况：一种情况是与对方共同表演、比赛，一方以出专场为主要资源合作，另一方以组织、管理为主要资源合作，这种情况下双方按比例取得的收入按3%征收营业税。第二种情况是出场地一方以租赁方式与对方合作，在这种情况下，应按5%征收营业税。

⑥娱乐业征税范围的自查。许多娱乐公司为顾客提供服务不仅仅是娱乐活动，同时兼营餐饮服务、客房服务；也有的宾馆、饭店在为顾客提供餐饮服务、客房的同时，提供娱乐活动；在这种多项兼营的情况下，最容易将高税率收入计入低税率收入的金额中，以达到少缴税款的目的。

⑦服务业征税范围的自查。

- 饮食业：由于收入核算涉及到服务人员开具的菜单、报送的日报表等来自不同部门的记录，容易出现分解收入、漏列收入的现象。主要将“营业收入”明细账与有关的收款凭证和原始凭证发票记录核对。必要时可以通过原材料耗用量来换算成品的销售量，估计营业收入额的准确性，并与营业日报表和交款凭单核对，以查明有无漏记、漏报或瞒报收入的情况。
- 旅店业：由于规模不同，检查的方法和重点有所不同。规模大、档次高的旅店，其功能除住宿外，还从事饮食、桑拿、歌舞厅、美发美容、会议、代理购票、停车等多项服务。检查时，首先要核对经营项目、经营方式、收费标准等；然后对会计资料进行审核，看其是否全额入账；对已申报的应税收入是否存在属于“娱乐业”税目的征税范围，防止出现从低适用税率、少缴税款。
- 旅游业：重点通过核对收款凭证的领、用、存情况和旅客报名表等资料，查看“营业收入”贷方和“应收账款”借方，核实营业收入结算是否及时、正确，有无另收餐费、保险费、签证费等费用不入账或少入账而不按规定计算税款的情况。
- 广告业：重点检查广告承揽合同和收款凭证，看其取得的收入是否全部入账，有无以提供广告为理由，向对方索取货物，而不折算为收入入账的行为，或将取得的款项以赞助费的名义入账。特别是有无将广告制作费、劳务费等混入免税收入。

⑧销售不动产征税范围的自查。

- 房地产企业销售不动产（商品房）应缴纳营业税，主要取决于不动产的销售收入，由于销售方式不同（现销、分期付款、按揭销售、委托销售、先租后售、非货币交易），销售收入的确认是检查的关键。同时，对于视同销售行为收入确认、代建工程和提供劳务的收入的确认也是检查的重点。
- 非房地产开发企业销售不动产应缴纳营业税，以全部收入减不动产的购置原价后的余额为营业额。销售使用过的不动产，发生的收入和费用应通过“固定资产清理”账户，因此，主要检查申报表中的相关金额与“固定资产清理”账户有关核算内容的核对。

⑨转让无形资产征税范围的自查。

(5) 营业税的应税税率是如何规定的?

营业税9个税目中，适用于3%税率的有4个；适用于5%税率的有4个；适用于20%的税率只有娱乐业。营业税税目税率表如表2-3-6所示。

表2-3-6 营业税税目税率表

税　目	征收范围	税率(%)
一、交通运输业	陆路运输、水路运输、航空运输、管道运输和装卸运输	3
二、建筑业	建筑、安装、修缮、装饰和其他工程作业	3
三、金融保险业	贷款业务、融资租赁业务、金融商品转让业务、金融经纪业务、保险业务	5
四、邮电通信业	邮政、电信	3
五、文化体育业	文化业、体育业	3
六、娱乐业	提供经营场所和服务业务	20
七、服务业	代理业、饮食业、旅游业、广告业、旅店业、仓储业、租赁业、和其他服务业	5
八、转证无形资产	向受让方收取的全部价款和价外费用	5
九、销售不动产	销售建筑和其他土地附着物	5

各小组通过不同的方式查找营业税自查的案例，经教师点评并指导后得出正确答案，包括案例的背景、案例的分析、存在的问题、检查的结论（每小组负责一个行业）。

3.2 引导文教学法应用二　部门预算的编制

3.2.1 引导文教学法案例

(1) 教学对象。财政事务专业××级××班学生已经学习财政基础知识结构课程3个多月，学习了财政概述、财政职能、公共产品与外部效应纠正、财政原则、财政支出概述、购买性支出、转移性支出、税收收入、国债、财政管理体制和政府预算的有关内容。

(2) 教学目标。本项目应该满足下面的目标：

知识目标：

- 通过学习，了解部门预算的内容。
- 掌握部门预算的编制方法。
- 理解部门预算编制在财政预算中的意义。
- 在学习探讨中培养学生的科技创新能力。

能力目标：

- 培养学生认真学习的态度及课前的自学能力。
- 通过提问提高学生的分析能力及语言表达能力。
- 培养学生学习财政基础知识的兴趣。

素质目标：

- 培养学生的情感、态度、价值观。
- 培养学生实际操作能力，增强解决问题的信心。
- 通过与同伴合作、交流及共同完成任务，使学生具有团队精神，从而为学生今后的就业打下坚实的基础。

（3）教学内容。阅读引导文：

①教材：《财政基础》，单元十一“预算编制”，任务二“部门预算”。

②教学引导案例：A职业学校编制预算。

应用案例

海南市教育局下属的A职业学校属于有预算外收入的全额财政供给经费事业单位，其编制预算的相关资料如下：

①单位名称：X市A职业学校，单位代码：201010。

②人员基本情况：现有在职教职工106人（编制人数110人），退休人员10人，离休人员2人。在职人员独生子女20人。20×9年7月份在校学生人数1600人，共34个班。

③公用设施、设备情况：

a. 房屋状况：（略）。

b. 机动车。其中，预算内核定经费的小汽车1辆，预算内核定经费车辆以外的摩托车1辆。

④人员支出。

- 一般预算支出（在职在编人员用财政拨款安排的支出）项目：

工资及津贴：根据市财政局下达的部门预算编制口径，工资及津贴按20×9年7月份计算填列。

基本工资=[职务工资+津贴(活的部分)+教护龄提高10%工资]

津贴=教护龄津贴+保留工资+开放补贴+适当补贴+保留补差工资+生活补贴+粮差补贴+清凉饮料费(42.5元/人、年)+班主任津贴(132元/班、年)

在职教职工工资见表2-3-7。

离退休人员工资见表2-3-8。

奖金：按在职在编人员应发工资总额的50%计算。

养老保险费：按在职在编人员应发工资总额-开放补贴-适当补贴-生活补贴的8%计算。

失业保险费：按在职在编人员应发工资总额-开放补贴-适当补贴-生活补贴的2%计算。

表 2-3-7　　在职教职工工资表

单位：A 职业学校　　[日期] 20×9—07　　金额单位：元

序号	姓名	职务工资	津贴（活的部分）	教护龄津　贴	教护龄提高10%	保留工资	开放补贴	适当补贴	保留补差工资	生活补贴	粮差补贴	应发工资
1	李英	626	268.3	5	62.60	52	150	15	50	330	4.3	1653.20
2	王力	557	238.7	0	0	52	150	14	51	300	4.3	1448.0
3	梁山	535	229.3	5	53.5	52	150	15	50	330	4.3	1514.10
……	……	……	……	……	……	……	……	……	……	……	……	……
合计		58936	25271.8	371	3710.8	5512	15900	15885	52.6	33490	455.8	159585

表 2-3-8　　离退休类工资表

姓名	职务工资	级别工资	…	开放补贴	适当补贴	生活补贴	粮差补贴	…	…	…	应发工资
刘三	996	426.9	…	150	160	350	4.3	…	…	…	2244.2
陈强	996	426.9	…	150	165	380	4.3	…	…	…	2306.0
吕美	783.5	0	…	150	155	300	4.3	…	…	…	1461.0
…	…	…	…	…	…	…	…	…	…	…	…
合计	10604.2	853.8	…	1800	1820	3665	51.6	…	…	…	19547.5

[单位] A 职业学校　　[日期] 20×9—07　金额单位：元

（注：刘三、陈强为离休人员）

医疗保险费：在职职工基本医疗保险费按在职在编人员应发工资总额 - 开放补贴 - 适当补贴 - 生活补贴的 6% 计算。

公务员医疗补助 = 在职在编人员公务员医疗补助 + 退休人员公务员医疗补助

在职在编人员公务员医疗补助按在职在编人员应发工资总额 - 开放补贴 - 适当补贴 - 生活补贴的 4% 计算。

退休人员公务员医疗补助按离退休人员应发工资总额 - 开放补贴 - 适当补贴 - 生活补贴的 4% 计算。

医疗保险费 = 在职职工基本医疗保险费 + 公务员医疗补助

工伤、生育保险：按在职在编人员 30 元/人、年计算。

- 预算外经费安排的人员支出项目：

津贴 = 在职教师讲课酬金（425000 元/学期）+ 在职行政人员劳务费（按在职教师讲课酬金的 80% 计算）

奖金 =［在职教师讲课酬金（425000 元/学期）+ 在职行政人员劳务费（按在职教师讲课酬金的 80% 计算）］×20%

⑤对个人和家庭的补助支出预算定额。

- 一般预算支出（用财政拨款安排的支出）项目：

离休费：按 20×9 年 7 月份离休人员应发工资总额计算填列。

退休费：按20×9年7月份退休人员应发工资总额计算填列。

住房补贴：按20×9年7月份在职在编人员应发工资总额的10%计算填列。

助学金：按20×9年7月份在校学生人数435元/人·年计算填列。

其他：独生子女费按60元/人、年标准计算填列。

• 预算外经费安排的对个人和家庭的补助支出项目（非财政拨款安排的支出）：

离退休人员补助费（200元/人·年）。

奖学金（6000元/年）。

职工探亲旅费，按在职职工人数的10%，以30元/人·年计算编制。

⑥公用支出预算定额。

• 一般预算支出（用财政拨款安排的支出）项目：

办公费：按在校学生人数60元/人·年计算填列。

水电费：按在职在编人数90元/人·年计算填列。

差旅费：按在职在编人数30元/人·年计算填列。

邮电费：按在职在编人数20元/人·年计算填列。

培训费：按在职在编人数80元/人·年计算填列。

维修费：设备修缮费按在校学生人数6元/人·年计算填列。小汽车公用经费，每年每辆按1万元核定。

离休人员公用经费：按离休人员200元/人·年计算填列。

退休人员公用经费：按退休人员100元/人·年计算填列。

工会经费：按在职在编人数80元/人·年计算填列。

• 预算外经费安排的公用支出预算（非财政拨款安排的支出）：

摩托车公用经费，每年每辆按4000元核定。

交通费按在职在编人数90元/人·年计算填列。

福利费按工资总额2%提取。

⑦项目支出预算的定额。

• 一般预算支出（用财政拨款安排的支出）项目：

办公设备购置费：用财政拨款通过政府采购购买办公设备（办公家具），拟定采购目录编码A030301。数量：5件；金额：2万元。

图书资料购置费：用财政拨款订购图书200册，金额6000元。

教学设备购置费：用财政拨款通过政府采购购买计算机，拟定采购目录编码A1019。数量：10台；金额：6万元。

• 预算外经费安排的支出项目（非财政拨款安排的支出）：

招生经费全年5万元。

实习经费全年2万元。

办公设备购置费：用预算外经费通过政府采购购买办公设备（办公家具），拟定采购目录编码A030301。数量：5件；金额：2万元。

图书资料购置费：用预算外经费订购图书300册；金额9000元。

教学设备购置费：用预算外经费通过政府采购购买计算机，拟定采购目录编码

A1019。数量：50 台；金额：30 万元。

改造学生宿舍楼工程，拟定采购目录编码 A1022，建筑面积 200 平方米，总造价 12 万元。

⑧收入测算。

- 应缴财政专户收入预算：每学期学费收费标准为 800 元/人。
- 财政补助收入：按编制预算规定，A 职业学校上报市教育局 20×6 年财政收入补助数额，经市教育局审核后报市财政局核定。根据财政局《关于下达 2×10 年部门预算控制数的通知》和市教育局下达编制单位预算文件确定：A 职业学校 2×10 年财政补助收入控制数为 4475005 元。

基于案例的问题：

提出引导问题

①依据提供的有关资料，熟悉该单位的基本情况，确定基本数据：主要是部门单位的机构人员编制方面的基本数字和定员定额。

②依据提供的有关资料，按照预算编制的测算方法，测算各项收入。

③依据提供的有关资料，按照预算编制的测算方法，测算各项支出。

- 基本支出预算的测算。
- 项目支出预算的测算。
- 政府采购预算的测算。

④依据测算的结果，审核无误后填制相关报表。

案例教学组织与实施：

咨询

这家职业学校预算的编制涉及三个主要的知识点：

①预算编制必须遵循国家财政部关于编制部门预算的基本原则。

②该职业学校的预算中收、支的具体内容。

③该职业学校预算编制的方法。

计划

各小组根据引导文提出的问题和工作任务，制订工作计划，如表 2-3-9 所示。

决策（完成预算的编制）

①依据提供的有关资料熟悉该单位的基本情况。确定基本数据：主要是部门单位的机构人员编制方面的基本数字和定员定额。

该职业学校：在职人员 106 人（编制 110 人）

退休人员 10 人

离休人员 2 人

在职人员独生子女 20 人

20×9 年 7 月在校学生人数 1600 人（34 个班）

②依据提供的有关资料，按照预算编制的测算方法，测算各项收入。

- 应缴财政专户收入预算：$800 \times 1600 \times 2 = 2560000$（元）
- 财政补助收入：4331563.2 元

表 2-3-9 学习过程工作计划表

时间	工作任务	准备资料	可能遇到的问题	解决问题的方法
1	2	3	4	5
1 课时	小组集中学习引导文并明确核心的问题 小组内部分工	教材	①多数学生看不懂教材 ②部分同学没有学习的毅力	教师要强调阅读教材的重要性，并积极帮助学生坚持认真看教材的相关内容。
1 课时	查阅资料	相关税法 网络信息 走访实务工作	①各组进度不一 ②搜集的资料、信息不正确 ③缺少加工整理的经验	跟踪学生的自主学习过程，给予必要的帮助。
2 课时	各组交流答案	引导问题答案 制作 PPT 案例	知识性的错误 各组之间的分歧	教师应起主导作用 给予正确的引导和评判。
1 课时	总结评价	评价表	成绩不公平	正确评价各组的成绩
学生填写	学生填写	学生填写	学生填写	教师填写

③依据提供的有关资料，按照预算编制的测算方法，测算各项支出。

- 一般预算支出（在职在编人员用财政拨款安排的支出）项目：

工资及津贴：根据市财政局下达的部门预算编制口径，工资及津贴按 20×9 年 12 月份计算填列。

基本工资 =［职务工资 + 津贴（活的部分）+ 教护龄提高 10% 工资］
=［58936 + 25271.8 + 3710.8］×12 = 1055023.2（元）

津贴 = 教护龄津贴 + 保留工资 + 开放补贴 + 适当补贴 + 保留补差工资 + 生活补贴 + 粮差补贴 + 清凉饮料费（42.5 元/人、年）+ 班主任津贴（132 元/班、年）
=（371 + 5512 + 15900 + 15885 + 52.6 + 33490 + 455.8）×12 + 42.5 ×106 + 132 ×34
= 868989.8（元）

奖金：奖金 = 159585 ×50% ×12 = 957510（元）

养老保险费：养老保险费 =（159585 − 15900 − 15885 − 33490）×8% ×12 = 90537.6（元）

失业保险费：失业保险费 =（159585 − 15900 − 15885 − 33490）×2% ×12 = 22634.4（元）

医疗保险费：

在职职工基本医疗保险费 =（159585 − 15900 − 15885 − 33490）×6% ×12
= 67903.2（元）

公务员医疗补助 = 在职在编人员公务员医疗补助 + 退休人员公务员医疗补助
= 45268.8 + 5886 = 51154.8（元）

［在职在编人员公务员医疗补助 =（159585 − 15900 − 15885 − 33490）×4% ×12
= 45268.8（元）

退离休人员公务员医疗补助 =（19547.5 − 1800 − 1820 − 3665）×4% ×12
= 5886（元）］

医疗保险费 = 在职职工基本医疗保险费 + 公务员医疗补助

= 67903.2 + 51154.8 = 119058（元）

工伤、生育保险：工伤、生育保险 = 30 × 106 = 3180（元）

● 预算外经费安排的人员支出项目：

津贴 = 在职教师讲课酬金(425000 元/学期) + 在职行政人员劳务费(按在职教师讲课酬金的 80% 计算)

425000 × 2 + 425000 × 2 × 80% = 1530000（元）

奖金 = [在职教师讲课酬金(425000 元/学期) + 在职行政人员劳务费(按在职教师讲课酬金的 80% 计算)] × 20%

= [425000 × 2 + 425000 × 2 × 80%] × 20% = 306000（元）

④对个人和家庭的补助支出预算定额。

● 一般预算支出（用财政拨款安排的支出）项目：

离休费：(2244.2 + 2306) × 12 = 54602.4（元）

退休费：(19547.5 − 4550.2) × 12 = 179967.4（元）

住房补贴：159585 × 10% × 12 = 191502（元）

助学金：435 × 1600 = 696000（元）

其他（独生子女费）：60 × 20 = 1200（元）

● 预算外经费安排的对个人和家庭的补助支出项目（非财政拨款安排的支出）：

离退休人员补助费 = 200 × 12 = 2400（元/年）

奖学金（6000 元/年）

职工探亲旅费：30 × 106 × 10% = 318（元/年）

⑤公用支出预算定额。

● 一般预算支出（用财政拨款安排的支出）项目：

办公费：60 × 1600 = 96000（元/年）

水电费：90 × 106 = 9540（元/年）

差旅费：30 × 106 = 3180（元/年）

邮电费：20 × 106 = 2120（元/年）

培训费：80 × 106 = 8480（元/年）

维修费：6 × 1600 + 10000 × 1 = 19600（元/年）

离休人员公用经费：200 × 2 = 400（元/年）

退休人员公用经费：100 × 10 = 1000（元/年）

工会经费：80 × 106 = 8480（元/年）

● 预算外经费安排的公用支出预算（非财政拨款安排的支出）：

摩托车公用经费：4000 × 1 = 4000（元/年）

交通费：90 × 106 = 9540（元/年）

福利费：159585 × 2% × 12 = 38300.4（元/年）

⑥项目支出预算的定额。

- 一般预算支出（用财政拨款安排的支出）项目：

办公设备购置费：用财政拨款通过政府采购购买办公设备（办公家具），拟定采购目录编码 A030301。数量：5 件；金额：2 万元。

图书资料购置费：用财政拨款订购图书 200 册，金额 6000 元。

教学设备购置费：用财政拨款通过政府采购购买计算机，拟定采购目录编码 A1019。数量：20 台；金额：12 万元。

- 预算外经费安排的项目支出项目（非财政拨款安排的支出）：

招生经费全年 6 万元。

实习经费全年 4 万元。

办公设备购置费：用预算外经费通过政府采购购买办公设备（办公家具），拟定采购目录编码 A030301。数量：10 件；金额：4 万元。

图书资料购置费：用预算外经费订购图书 600 册，金额 18000 元。

教学设备购置费：用预算外经费通过政府采购购买计算机，拟定采购目录编码 A1019。数量：50 台；金额：30 万元。

⑦依据测算的结果，审核无误后填制相关报表（见表 2－3－10 至表 2－3－13）。

（4）教学设计见表 2－3－14。

（5）教学效果评价。教学效果评价的主要内容有：项目引用或设计的合适性、教师指导的有效性；形式是否生动、活泼；学生操作过程的合理性、合规性、学生操作结果的正确性及原因、教学档案的科学、完整性；学生展示得是否真实、有效；学生的参与是否是积极状态；结论是否对行政事业单位预算编制有帮助；教学档案的建立是否完整、科学等等。具体内容如表 2－3－15 所示。

案例蕴含的专业能力、方法能力和社会能力分析：

以某个行政事业单位为例，细致演示部门预算编制的整个流程。让学生从亲身的感受中说、做、学，优化教学过程，改进学习方式，并倡导学生主动参与学习，与同学交流合作，用不同的方式来学习知识。通过自己的讨论交流进行探索和实现问题的解决，形成一定的知识解决模型，最终解决实际问题。

教学研讨：

①调研一家事业单位，如何根据单位的实际情况确定预算编制的收入、支出的具体项目？

②根据预算收支的具体项目与单位内部各部门的收支进行核对。

表 2－3－10

某市 2×10 年部门预算表

编制单位（盖章）： A 职业学校　报送日期： 2×10－××－××

单位负责人（签字）：张强　财务负责人（签字）：李明　编制人：王英

填报单位：A 职业学校　部门预算收支总表　预算 01 表　单位：元

项　目	预算数	项　目	预算数		
			合计	预算内	预算外
一、财政拨款	0	一、基本支出			
1. 正常经费		1. 人员经费支出	4952933	3116933	1836000
2. 纳入预算管理的收费安排的拨款		2. 对个人和家庭补助支出	1131989.8	1123271.8	8718
3. 纳入预算管理的罚没收入安排的拨款		3. 日常公用经费支出	202640.4	150800	51840.0
4. 纳入预算管理的基金、附加安排的拨款					
二、财政预算外核拨收入	0	二、项目支出			
1. 行政性收费收入		1. 行政事业性项目支出	604000	146000	458000
2. 事业性收费收入		2. 基本建设性项目支出	0	0	0
3. 主管部门集中收入					
4. 政府性基金（专项资金、附加）收入					
5. 其他预算外收入					
三、事业收入（不含预算外核拨收入）		三、税费支出	0		
四、经营收入		四、经营支出	0		
五、上级补助收入	4331563.2	五、上缴上级支出	0		
六、附属单位缴款		六、补助下级支出	0		
七、拨入专款	2560000	七、待安排资金	0		
八、其他收入		八、其他支出	0		
本年收入合计	6891563.2	本年支出合计	6891563.2	4537004.8	2354558.4
用事业基金弥补收支差额					
上年结转		结转下年			
收　入　总　计	6891563.2	支　出　总　计	6891563.2	4537004.8	2354558.4

表 2－3－11

日常公用经费支出预算表

预算 05 表

填报单位：A 职业学校　　　　单位：元

项　目	合计	办公费	水电费	邮电费	交通费	差旅费	一般会议费	一般培训费	一般招待费	福利费	工会经费	物业管理费	小额维修费	其他
1	2	3	4	5	6	7	8	9	10	11	12	13	14	15
合计	199240.4	96000	9540	2120	9540	3180	0	8480	0	38300.4	8480	0	23600	0
其中：预算内合计	147400	96000	9540	2120		3180		8480			8480		19600	
预算外合计	51840.4				9540					38300.4			4000	

表 2－3－12

项目支出预算表

预算 06 表

填报单位：A 职业学校　　　　单位：元

项目名称	项目类型		本年部门预算安排									政府采购金额
	行政事业性项目	基本建设性项目	合计	财政预算内拨款					财政预算外资金	经营弥补	其他	
				小计	正常经费	纳入预算管理的收费安排	纳入预算管理罚没收入安排	纳入预算管理的基金、附加安排				
1	2	3	4	5	6	7	8	9	10	11	12	13
合计	0	0	604000	146000	0	146000	0	0	458000	0	0	458000

表 2－3－13

政府采购预算表

预算 07 表

填报单位：A 职业学校　　　　单位：元

项目名称	采购目录（货物类、工程类、服务类）	数量	计量单位	资金来源									采购时间（月份）	政府采购方式	
				合计	财政预算内拨款					财政预算外资金	经营弥补	其他		集中采购	部门采购
					小计	正常经费	纳入预算收费安排	罚没收入安排	纳入预算管理的基金、附加安排						
	1	2	3	4	5	6	7	8	9	10	11	12	13	14	15
合计				486000	146000	6000	140000	0	0	340000	0	0		0	0

注：上述部门预算为按财政统一口径进行编制的部门预算。

表 2－3－14

“部门预算”课程教学设计	
授课时间	2010 年×月×日　　第×节（需要课时 5 课时）
授课班级	中职财政事务专业××年级××班
教学内容	预算编制——部门预算
教学目的及要求	通过本任务的学习，了解部门预算的编制基本原则，掌握部门预算编制的操作技能与方法。
教学方法	引导文教学法、项目教学法、讲授法、案例教学法、角色扮演法
教具、挂图	PPT
教学重点难点	项目重点： 1. 使学生了解编制部门预算的全流程。 2. 综合运用知识解决实际问题。 3. 熟练所学的部门预算编制知识、部门预算编制的相关知识解决实际部门预算的编制。 项目难点： 1. 学生综合运用知识来解决实际问题的能力。 2. 分工合作完成整个项目。 3. 部门预算编制的创新能力。
教学过程（教学内容及环节）	教学措施、手段和方法
一、复习、提问（20 分钟） 上次课所授内容回顾：如何编制部门预算？ 前面我们已经学习了部门预算的特点、编制原则和编制方法，并感受了根据这些知识操作的一个具体实例。那么在实际工作中哪些单位预算编制用到这一知识点呢？让学生讨论、回答…… 教师根据回答进行总结，展示部门预算的重要性。 **二、授新课（80 分钟）** 引出今天的课程，展示一个单位编制部门预算的全过程。将部门预算编制与其编制方法的相关知识结合起来，设计实际工作一个行政事业单位编制部门预算的全过程。让学生从亲身的感受中说、做、学，优化教学过程，改进学习方式，并倡导学生主动参与学习，和同学交流合作，用不同的方式来学习知识。通过自己的讨论交流进行探索和实现问题的解决，形成一定的知识解决模型，最终解决实际问题。 示范项目：以某个行政事业单位为例，细致演示部门预算编制的整个流程。 **三、本课程的教学活动（项目实施）（2 课时）** 1. 引导文引出：某行政事业单位编制预算（老师提供相关的资料）。 2. 学生分组实战。将学生分成若干组，每组 6 名同学，每个组模拟一家行政事业单位。 角色扮演： 小组：某行政事业单位。 小组成员：财务人员、单位各部门负责人。 小组组长：单位负责人。 教师：扮演实际工作中的主管行政事业单位的财政部门的预算部门负责人。	采用提问方式回顾旧知。再通过案例使学生了解部门预算编制的整个过程。 案例启发，部门预算编制的原则有哪些？部门预算编制的步骤分几步？ 整个演示过程制作成多媒体课件，增加学生的感性认识。

续表

<table>
<tr><th colspan="2">教学过程（教学内容及环节）</th><th>教学措施、手段和方法</th></tr>
<tr><td colspan="2">
<table>
<tr><td>组名</td><td>某行政事业单位负责人</td><td>成员</td><td>某行政事业单位名称</td></tr>
<tr><td>1 组</td><td>（由教师指派）</td><td>…</td><td>某行政事业单位名称由各小组在单位负责人的组织下自己命名</td></tr>
<tr><td>2 组</td><td>…</td><td>…</td><td>…</td></tr>
<tr><td>…</td><td>…</td><td>…</td><td>…</td></tr>
<tr><td>10 组</td><td>…</td><td>…</td><td>…</td></tr>
</table>
3. 各单位交流：各单位在编制预算之前，要由单位负责人召开单位部门负责人会议，根据教师事先示范的部门预算编制例子，讨论如何根据单位的实际情况确定预算编制的收入、支出的具体项目，并根据预算收支的具体项目与单位内部各部门收支进行核对。
4. 各单位分部门讨论：首先由各单位的负责人向单位各部门负责人介绍本单位收支的实际情况，并提出预算年度预算收支的要求，各部门负责人根据本部门的情况，进行本部门费用情况的调查并列出本部门费用的具体使用情况，然后报告给财务部门负责人，财务部门负责人再报告给单位负责人，经过单位负责人的同意，然后由财务部门负责人负责编制预算收支并报告给教师，然后由教师提出修改意见，再根据教师提出的修改意见进行最后的修改。
5. 最后各单位将本单位预算收支总表、日常公用经费支出预算表、项目支出预算表、政府采购预算表等成果收集整理好，参加本次教学法的评比。
四、项目验收（内部验收）
各单位财务部门负责人向全班汇报、展示、交流本单位的预算编制成果，在介绍过程中，要求说明各单位是如何进行预算编制的以及在进行编制过程中遇到过什么问题，这些问题是如何解决的，同时，其他单位的同学也可以提出问题，让该单位财务部门负责人解释编制预算收支所用的相关知识。
最后各单位之间进行互评，互相学习，通过相互评价进一步修改各自的预算编制的具体操作，评选出最佳单位预算编制，教师点评。
</td><td rowspan="2">引导文教学法的实施

课堂讨论，组织学生通过部门预算编制谈谈自己的想法及体会。</td></tr>
<tr><td colspan="2">案例：由案例引导学生进而设想在遇到不可预料的情况下如何调整预算的编制？</td></tr>
<tr><td>本课小结（3 分钟）</td><td colspan="2">本次课通过介绍部门预算编制的例子，认识到该过程中应遵循的编制原则有哪些？部门预算编制的最终意义是什么？对行政事业单位有什么影响？</td></tr>
<tr><td>课外作业（2 分钟）</td><td colspan="2">到实际工作中去了解行政事业单位预算收支编制的情况。</td></tr>
<tr><td>课后分析</td><td colspan="2">对上述教学设计的实际授课感受、体会和改进措施。</td></tr>
</table>

表 2－3－15　　教学效果评价表

总体印象：优□　良□　中□　差□　评议分数：______

	评价项目	分值	A	B	C	D	E
			1.0	0.8	0.6	0.4	0.2
1	情景内容符合教学目标和教学内容。	10 分					
2	教学目标和教学内容的安排合理。	10 分					
3	能加深学生对项目的价值观的了解。	10 分					
4	情景项目的情节清晰，内容充实，信息量大。	10 分					
5	教学环境安全、没有噪音影响。	10 分					
6	教学气氛愉快、活跃。	10 分					

续表

	评 价 项 目	分值	A	B	C	D	E
			1.0	0.8	0.6	0.4	0.2
7	情景设置的内容能反映或联系学科发展的新思路、新概念、新成果。	10 分					
8	能给予学生思考、联想、创新的启迪。	10 分					
9	教学组织工作井然有序。	10 分					
10	能有效地利用各种教学媒体。	10 分					
对本节课的教学内容、方法、手段等的具体指导意见或建议： 签字： 年 月 日							

3.2.2 引导文教学法应用分析

引导文教学法在运用过程中一定要考虑教学对象、课程特点、应用场合等具体要素和问题。本教学设计中所授课程为“财政基础知识”中的“部门预算”。“财政基础知识”是政策性、科学性和管理性高度统一的课程，对于情境陈述和描述要求较高，需要开放型的案例和开放型的学习环境。

（1）应用条件、场合和注意事项、教训。本引导文教学法主要适用于部门预算的编制、支出预算执行、税收等知识的学习。在本教学内容中，重点选用了一个职业学校的预算编制计划作为引导问题，使学生对预算的具体编制有一个整体的印象和认识。本教学法应用的有关资料有部门预算编制的表格、行政事业单位的预算管理办法及相关的规范，也可以将案例中的资料以小册子的方式印发给学生，以便熟悉案例的具体内容。

引导文教学法运用中应注意的问题：引导文教学法是以学生为主体、教师为主导，以学生自学为主的教学方法。要正确运用这种教学方法应注意以下几个问题：

①准备工作必须充分。引导文教学法在实施过程中需要的材料很多，而且学生在学习过程中也会不断发现、不断提出新问题，这要求教师要认真研究教材，尽可能多地搜集相关材料，并尽可能全面地考虑学生学习中可能出现的问题，做到充分准备、整体把握。

②引导问题要全面、准确、适宜。引导问题是引导文的主要部分，也是学生制订和实施学习计划的重要依据。因此，在设计引导问题时，教师要充分挖掘教材的内涵，充分了解学生的个性特点；用准确的语言，提出适合学生学习的、能涵盖教材所有知识点的引导问题，充分体现引导问题的引导作用。

③教学过程中，教师要认真组织、耐心辅导。引导文教学法是一种学生自由性较强的教学方法，组织不好将严重影响教学的效果。因此，教师要认真组织教学，实行分组管理，组长负责制，保证各小组学习任务的顺利完成。学生在学习过程中会提出各种问题和疑问，老师要耐心指导、及时纠正，争取在课内及时解决发现的新问题。

④全面总结，重点讲评。各小组把本组的学习总结写好之后，教师要认真批阅，并结合辅导中发现的问题，对本节内容做系统全面的归纳和总结；并对学生反映较多的问题、易错易混的部分做出重点讲评，保证学生系统全面、重点突出地掌握知识。

正确运用引导文教学法可以提高学生的自学能力，发现、分析、解决问题的能力和科技创新能力，培养学生的创造性思维能力和创新品质，开发学生自身潜能以及迎接各种挑战的能力，是一种值得推广运用的教学方法。

（2）目标、内容、媒体、环境、组织。在引导文教学法中，学生学习的途径由以课本为中心，转变为以项目为中心。好的项目可以充分调动学生学习的积极性。因此，项目的选取非常关键。必须设计合理的子项目难度梯度。项目所涉及的知识和技能在教学大纲要求的范围以内，内容是学生比较熟悉的，通过学生主动的探索和学习是有能力完成的。在项目完成过程中，最好能够有利于对学生进行情感、态度和价值观的教育，介绍项目内容要讲究艺术性，吸引学生的注意力，激发学生学习的积极性和讨论热情，使学生对所确定的项目及其结果有着较强的兴趣。

本项目教学法的实施组织过程主要有：

- 总结、归纳前置知识；
- 向学生提交项目的具体内容和准备的相关文件；
- 向学生说明操作本项目要达到的目的和标准；
- 概要向学生说明本项目的操作原则和基本方法；
- 由学生操作小组进行具体操作；
- 对学生操作过程中出现的问题进行个体指导（如果存在的问题具有普遍性，则在全班进行指导）；
- 搜集项目操作结果，进行检查、分析和评价；
- 总结项目操作结果出现的经验、教训、有待于改进的地方，填写相关的教学档案文件，并进行归档。

项目的确定可以由几位任课教师和部分学生共同制定。项目的确定应注意以下事项：

- 从已有的教学资源和社会实际状况出发，项目要可行。
- 最初实施的项目所涉及的内容应该是学生较易掌握的，这样学生的信心就会增强，学习积极性就会提高。以后可以逐步提高项目的难度，可以促使学生学习和运用新的知识、技能，解决过去从未遇到过的实际问题。
- 项目任务必须是非常具体的、可操作的。
- 项目应能够激励学生收集有关资料，激发学习的自觉性。

3.3　引导文教学法应用三　国库集中支付事务

说明：国库集中支付事务典型案例分析——引导文教学法的示范

我们以统发工资为例，来介绍国库集中支付系统直接支付的工作流程：

①财政部门将部门预算指标从预算管理系统导入到国库集中支付系统，发送给预算单位。

②财政部门依据基本支出预算中的人员支出，按照均衡支付的原则为预算单位代编计划，计划类型选择直接支付下的“工资支出”，发送给预算单位。

③财政部门依据工资支出的用款计划，按照当月统发工资的实际金额，为预算单位代编直接支付用款申请，收款人为统发工资专户。

④财政部门依据直接支付用款申请，生成直接支付凭证，并打印出纸质单据，将电子支付凭证和纸质支付凭证一并发送给代理银行进行支付。

⑤财政部门依据直接支付凭证信息，生成直接支付汇总清算通知单，并打印出纸质单据，发送给人民银行，作为清算资金的依据。

⑥直接支付。代理银行网点行在接到财政发送的支付凭证后，将纸质凭证与电子凭证进行核对无误后，从财政直接支付零余额账户上将资金划转到统发工资专户上，并将支付回单返回给财政部门作为账务处理的依据。

⑦直接支付。代理银行归集行依据确认支付过的支付凭证，生成划款申请，并打印出纸质单据，发送给人民银行，申请清算。

⑧人民银行接到代理银行发送的划款申请，将电子划款申请与纸质划款申请核对无误，并与财政直接支付汇总清算通知单核对无误后，将资金从国库代理银行划出，并将清算回单返回财政作为账务处理的依据。

⑨财政登记保存代理银行返回的支付凭证回单，作为账务处理的依据。

⑩财政登记保存人民银行返回的清算回单之后，生成直接支付入账通知书，打印并发送给预算单位，作为预算单位账务处理的依据。

⑪直接支付代理银行归集行登记保存人民银行返回的清算回单，作为账务处理的依据。

⑫直接支付代理银行网点行在归集登记清算回单之后，生成直接支付入账通知书，打印并发送给预算单位，作为预算单位账务处理的依据。

⑬预算单位登记保存代理银行发送的直接支付入账通知书，作为账务处理的依据。

图2-3-1中的文字表述和图示表达的含义都是财政直接支付中的工资方法流程。

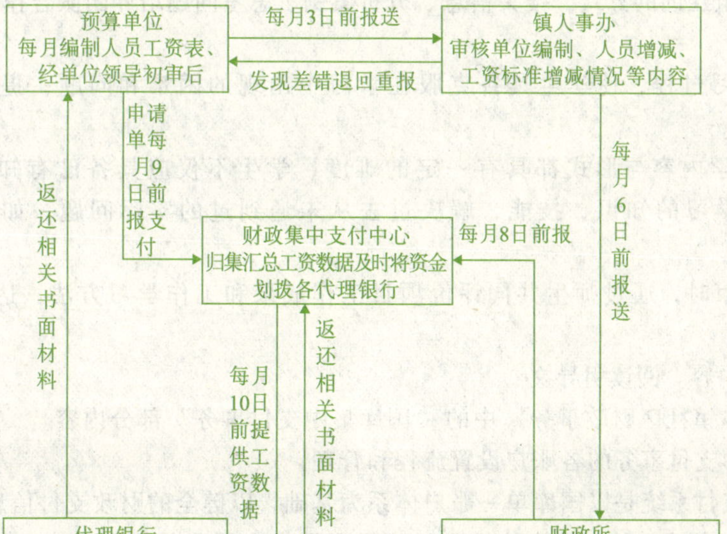

资料来源：http：//www.szxc.gov.cn/new/zwgk/node587/node652/tu/87.jpg。

图2-3-1 工资发放业务工作流程

如果采取引导文教学法进行教学，那么该如何对学生进行引导和启发呢？

3.3.1 引导文教学法案例

（1）教学对象。财政事务专业的学生已经学习了财政学、乡镇社区财政事务等课程，理解和掌握了财政学基础知识，诸如财政收入、财政支出、预算管理等内容。本部分教学内容是国库集中支付事务。国库集中支付事务是乡镇社区财政事务专业学生必须学习的教学内容之一，本部分教学内容是如何设置国库单一账户体系、如何开设财政零余额账户、如何开设财政预算单位零余额账户、如何在国库集中支付事务中进行财政直接支付和授权支付业务等内容。

（2）教学目标。本教学应该完成下列目标：

知识目标：

- 通过学习现行的国库集中支付事务具体业务流程，掌握国库单一账户体系的设置和组成以及各账户功能，了解如何开设财政零余额账户、如何开设财政预算单位零余额账户、如何在国库集中支付事务中进行财政直接支付和授权支付业务等内容。
- 在此基础上通过案例学习，进一步理解并运用一定的程序和方法，完成国库集中支付事务的工作任务。
- 通过引导文教学法的应用，运用教材和案例作为引导文，提出并解决本教学内容的重点问题。

能力目标：

- 通过典型案例的分析，学会并掌握国库集中支付事务的程序和方法，培养分析问题和实际解决问题的能力。
- 围绕引导问题组织学生展开讨论，培养自主学习的能力。
- 通过小组互助的方式，搜集信息、分析案例、思考问题培养团队合作的能力。

素质目标：

- 通过学习过程，使学生具备克服在学习中出现的困难和问题，提升知难而进的信心。
- 由于教学内容与形式都具有一定的难度，学生不仅应具备已有知识、技能，还要求会运用新学习的知识、技能，解决过去从未遇到过的实际问题，如不同账户开设流程。
- 学习结束时，通过师生共同评价项目工作成果和工作学习方法，达到学以致用的效果。

（3）教学内容。阅读引导文：

①教材《乡镇社区财政事务》中的“国库集中支付事务”部分内容。

②国库集中支付事务的各账户设置流程和管理。

国库集中支付系统是以国库单一账户体系为基础，以健全的财政支付信息系统和银行间实时清算系统为依托，所有预算单位需要购买商品或支付劳务款项时，由预算单位提出申请，经国库集中支付机构审核后，将资金通过单一账户体系支付给收款人的制度。相对于银行账户多头设置、财政性资金收支分散进行的现行财政国库管理制度，集中支付制度能够使财政收支更公开、更透明，能够实现财政性资金事前、事中、事后的全过程监督，提高资金的使用效益。

国库单一账户由五类账户体系构成：一是财政部门在中国人民银行开设的国库存款账户；二是财政部门在商业银行开设的预算外资金财政专账；三是财政部门在商业银行开设的财政零余额账户，用于财政直接支付和清算；四是财政部门在商业银行为预算单位开设的预算单位零余额账户，用于财权授权支付和清算；五是经政府批准或授权，财政部门开设的特殊性资金专户。

基于案例的问题：

提出引导问题

我们已经学习了国库集中支付事务的相关基础知识，其中，建立单一的银行账户体系作为一种重要方式和方法在整个乡镇财政事务中占有相当的比重，也是提高财政资金使用效益的主要方法。这种制度具有三个基本特征：一是财政统一开设国库单一账户；二是所有财政收入直接缴入国库，主要财政支出由财政部门直接支付到商品或劳务供应者；三是建立高效的预算执行机构，科学的信息管理系统和完善的监督检查机制。

通过阅读教材和上述国库集中支付事务业务中各账户的性质、使用主体和主要功能，可以看出国库集中支付事务主要是各账户的使用流程和管理工作。

中等职业技术学生在就业后，可以在不同的地区从事乡镇社区财政事务管理工作，而不同地区在具体执行国库集中支付事务时会结合地方特点，在不违背国库集中支付事务设置初衷的情况下，自行采取和实行国库集中支付事务的具体流程和管理，因此，通过这一单元的学习和通过同学们的案例分析，要基本掌握不同地区的国库集中支付事务的共同原理和方法。

现在可以通过分小组（5～7人），并按以下账户分配任务：

第一组：国库单一账户。

第二组：非税收入（预算外资金）财政专户。

第三组：非税收入（预算外资金）财政汇缴专户。

第四组：财政零余额账户。

第五组：预算单位零余额账户。

第六组：特设账户。

根据教材中的国库集中支付事务这部分内容的学习，解决本单元内容要解决的核心问题如下：

①怎样描述国库集中支付账户体系组成？

②国库集中支付事务中各账户的性质、开户银行和主要功能？

③建立国库单一账户应该注意哪些问题？

④国库集中支付的基本运作程序？

⑤如何进行不同账户开设流程和管理？

⑥国库集中支付系统运行的基本条件？

⑦请各小组通过不同的方式查找国库单一账户体系中各账户的设置程序和管理的案例，并用PPT表现其主要的内容，包括基本案情、案例分析、自查结论（每小组负责一个账户）。

案例教学法组织与实施：

咨询

①教师根据上述引导文布置的任务，请各小组制订一份计划，在计划中标明各项国库集中支付事务的工作中心。

②教师指导学生如何查找相关的资料信息和案例，如财政直接支付、财政授权支付等案例。

③教师在每小组成员中选出1~2名优秀学生作为小组的学习骨干，负责搜集资料并制作案例PPT，同时在小组内部对其他成员进行必要的帮助。

计划

各小组根据引导文提出的问题和工作任务，制订工作计划，具体内容如表2-3-16所示。

表2-3-16　学习过程工作计划

时间	工作任务	准备资料	可能遇到的问题	解决问题的方法
1	2	3	4	5
2课时	小组集中学习引导文并明确核心的问题 小组内部分工	教材	1. 多数学生看不懂教材 2. 部分同学没有学习的毅力	教师要强调阅读教材的重要性，并积极帮助学生坚持认真看教材的相关内容
2课时	查阅资料	相关国库集中支付事务中各账户基本内容 网络信息 走访实务工作	1. 各组进度不一 2. 搜集的资料、信息不正确 3. 缺少加工整理的经验	跟踪学生的自主学习过程，给予必要的帮助
2课时	各组交流答案	引导问题答案 制作PPT案例	1. 知识性的错误 2. 各组之间的分歧	教师应起主导作用 给予正确的引导和评判
2课时	总结评价	评价表	成绩不公平	正确评价各组的成绩
学生填写	学生填写	学生填写	学生填写	教师填写

决策（计划中的解决问题的方法　第5栏）

①在指导和引领学生的学习中，检查各小组的任务完成情况。

②对学生在搜集信息中存在的问题进行解答。

③指导各小组制作国库集中支付事务中单一银行账户体系中各账户设置流程和管理的PPT。

实施（计划中的工作任务、准备资料　第2、3栏）

①各组将通过搜集信息与学习后得出的答案公布。

②各小组选派一名代表，讲解本组的账户设置流程和管理的案例，并进行分析。

③各小组根据案例的检查情况，理解和掌握各账户并进行账户开设练习和相关会计处理。

检查

任务完成情况检查如表2-3-17所示。

表 2－3－17　　任务完成情况检查表

引导问题	答　案	信息来源	学生互评	教师评语
1	2	3	4	5
怎样描述国库单一账户的组成？	参见附录教师教学准备	教材、文献网络信息等	正确	基本正确，但要注意各账户的开户银行、性质和主要功能。
其他引导问题（略）				
请各小组通过不同的方式查找国库集中支付事务的案例，并用 PPT 表现其主要内容，包括基本流程、案例分析、自查结论（每小组负责一个银行账户）。	财政直接支付案例 财政授权支付案例 ………	财政预算管理实务教材和网络资料	案例生动、具体，有一定的典型性	案例的选取符合国库集中支付事务的特点，但素材还应进一步丰富，使国库单一账户设置流程和管理的思路更加清晰。
掌握银行账户的开设流程和管理并进行会计处理	财政直接支付流程 财政授权支付流程 ………	各地财政局网 ……	财政直接支付和财政授权支付等内容正确	财政直接支付和财政授权支付业务处理是否正确，需要对各类账户业务作出相应处理。
填写要求	学生填写	学生填写	学生填写	教师填写

案例蕴含的专业能力、方法能力分析：

进一步理解并运用一定的程序和方法，完成国库集中支付事务中各账户的开调用和管理工作。围绕引导问题组织学生展开讨论，培养自主学习的能力；通过小组互助的方式，搜集信息、分析案例、思考问题培养团队合作的能力。

教学研讨：

在进行国库集中支付事务时，如何了解和掌握各账户开设流程和管理以及相关会计账户处理？

（4）引导文教学法应用的条件/场合/媒体（计算机教学媒体、工具、设备、文件、手册等）。

①本引导文教学法应用的条件和场合。在国库集中支付事务教学中，需要符合条件的财政事务专业教师；授课对象需要具备财政学和财政预算等基础性知识；将学生分成 5～7 人小组，每组选择一个具有团队号召力的学生带领全组；选择具备多媒体教学的授课教室；提出关于国库集中支付事务的相关问题；在授课前，授课教师设计案例进行讲解，如财政直接支付中工资的发放等，引导学生尽早进入学习状态等。

②本引导文教学法应用的计算机教学媒体、工具、设备、文件和手册。应用的计算机教学媒体主要有带投影仪的全套多媒体设备，用于指导性的案例操作演示，并使用 Power Point 和 Flash 等多媒体工具，对教学的具体内容进行动画等方式演示。为了方便学生掌握国库集中支付事务的相关知识，还应当有从各网站下载相关表格和实务工作文件等。为了对学生的项目操作过程和结果进行检查、分析、总结和评价，应配备各账户的开设申请表和会计处理账簿等资料。

（5）教学设计见表 2－3－18 至表 2－3－20。

表 2-3-18

授课时间	200×年×月×日　　第×节（共需 8 课时）
授课班级	财政事务专业××班
教学内容	国库集中支付事务
教学目的及要求	通过本课学习，掌握国库集中支付事务中各账户的设置流程和管理操作以及相关会计科目处理
教学方法	引导文教学法，讲授法，案例教学法
教具、挂图	PPT
教学重点难点	国库单一账户体系中各账户的开设和会计处理
教学过程（教学内容及环节）	教学措施、手段及方法
一、本课程的预备知识（20 分钟） 1. 什么是国库集中支付事务？ 2. 国库单一账户的开设和管理。 3. 国库集中支付制度的特征有哪些？ 4. 国库集中支付的基本运作程序。 5. 国库集中支付系统运行的基本条件。	通过两种引导文的方式，创设情景并提出引导问题。
二、本课程的教学活动（90 分钟） 提出引导问题。 每小组将已制作的教学案例进行展示并讲解。 学生分享“各小组的案例”；教师总结。 **三、本课程的后续（20 分钟）** 以每小组制作 PPT 及引导问题的标准答案的形式提交作业。	通过咨询，组织和引领学生开展各项学习活动。 教师边看边记录学生制作的 PPT，同时找出存在的问题。 教师分析并公布正确答案。 为每小组计算成绩。
四、课堂练习（10 分钟） 各小组通过对国库单一账户的开设流程进行讨论分析，进一步具备实践业务处理的能力，在此基础上对相关会计业务进行处理。	
本课小结	检查学生的学习效果，及时反馈，培养学生对案例资料的加工能力及对引导问题的理解
课外作业	预习所得税的自查程序和方法
课后分析	对上述教学设计的实际授课感受、体会和改进措施

表 2-3-19

授课教师	××中职学校	专　业	财政事务
课　题	国库集中支付事务	课　时	4 课时
使用教材	《乡镇社区财政事务》		
教学内容分析	1. 什么是国库集中支付事务？ 2. 国库单一账户的开设和管理；各账户的性质和主要功能。 3. 国库集中支付制度的特征有哪些？ 4. 国库集中支付的基本运作程序。 5. 国库集中支付系统运行的基本条件。		
学生情况分析 授课年级：中职三级	通过国库集中支付事务的学习，学生对国库集中支付事务初步的认识，但由于学生对不同账户的开设和财政直接、授权支付业务的处理程序了解不足，因此，需要通过收集案例、进一步了解和掌握国库集中支付事务的基本特点，此外，由于中职学生普遍具有较强动手能力和展现自我知识的特点，因此，利用小组的形式进行收集案例和制作 PPT，既能提高学生学习的积极性，也能培养学生的竞争意识和互相协作的团队精神。		

续表

教学目标： 1. 知识目标 2. 能力目标 3. 素质目标	1. 通过学习现行的国库集中支付事务，掌握国库集中支付事务的含义、国库单一账户的开设和管理、国库集中支付制度特征、国库集中支付的基本运作程序和基本条件。 2. 通过典型案例的分析，学会并掌握国库集中支付的程序和方法，培养分析问题和实际解决问题的能力。 3. 通过学习过程，使学生具备克服在学习中出现的困难和问题，提升知难而进的信心；由于教学内容与形式都具有一定的难度，学生不仅应具备已有知识、技能，还要求会运用新学习的知识、技能，解决过去从未遇到过的实际问题；学习结束时，通过师生共同评价项目工作成果和工作学习方法，达到学以致用的效果。
教学重点	1. 国库集中支付事务中各账户的设置和管理。 2. 各账户的会计业务处理。
教学难点	由于国库集中支付事务是对已往国库分散支付的改革，各地根据地方特色进行适度范围内调整，但主要宗旨没有发生改变
教学媒体	多媒体课件，实物投影，练习纸，信息卡
教学方法	引导文教学法、案例教学法、讲授法、讨论法等

表 2－3－20

教学过程	教学内容	教师活动	学生活动	教学意图
导 入 （时间：20 分钟）	通过两种方式的引导文，将同学们带入本课程序逻辑的教学活动中	创设情景	进入情景； 组成小组并开始做计划	创设情景，提出以小组的形式进行学习和训练，激发学生学习的积极性和参与欲，培养学生的竞争意识
教学活动 （时间：10 分钟）	提出引导问题	通过咨询，组织和引领学生开展各项学习活动	各小组准备案例	检查学生的学习效果，及时反馈，培养学生对案例资料的加工能力及对引导问题的理解
实训 （时间：90 分钟）	每小组将已制作的教学案例进行展示并讲解	展示背景材料； 教师边看边记录学生制作的 PPT，同时找中出存在的问题	分小组合作完成指定代表；台上讲演；台下同学填写学习评价表	有效教学倡导“做中学”，实现学生的主体地位，此环节让学生自己动手实践，合作完成任务，既能提高学生的专业能力，又能培养学生与人沟通和协作的方法能力。而教师的及时点评能纠正学生在案例讲解过程中容易犯的错误，帮助学生准确掌握正确的知识点，这是对教学难点的再次突破，也突出了本课程的教学重点
交流与分享 （时间：10 分钟）	学生分享“各小组的案例”；教师总结	教师分析并公布正确答案； 为每小组计算成绩	每小组请代表分享“优秀”案例	培养学生学会与人分享学习成果和感受；让学生理解从事制单工作需要有严谨认真的工作态度和高度的责任心
课后延伸 （时间：5 分钟）	以每小组制作 PPT 及引导问题的标准答案的形式提交作业	为获胜小组颁奖；教师总结评讲	记录作业	培养学归纳、提练问题能力，以及“举一反三”的实操能力

（6）教学法效果评价见表2-3-21。

表2-3-21　国库集中支付事务相关知识、技能评价表

被评价者：　　　　　　　　　　　　　　　　评价时间：　年　月　日

训练项目	训练重点	评价标准	小组评价（5分满分）					老师评价				
掌握国库集中支付事务相关知识	资料的获取	资料获取的渠道	1	2	3	4	5	1	2	3	4	5
	资料的解读	能正确理解资料的含义	1	2	3	4	5	1	2	3	4	5
	知识点的掌握	能较好地完成学习任务	1	2	3	4	5	1	2	3	4	5
案例的代表性及制作	案例素材	符合实际情况	1	2	3	4	5	1	2	3	4	5
	PPT制作	表达准确	1	2	3	4	5	1	2	3	4	5
	案例讲解	讲解清楚	1	2	3	4	5	1	2	3	4	5
团队合作自我学习能力	团队合作	小组成员参与程度	1	2	3	4	5	1	2	3	4	5
	自学能力	自我管理、自我学习能力	1	2	3	4	5	1	2	3	4	5
	表现突出者	小组中优秀成员多少	1	2	3	4	5	1	2	3	4	5
不足与建议								评价汇总： 总分：				

3.3.2 引导文教学法应用分析

（1）引导文教学法的应用条件、场合和注意事项、教训。

①引导文的形成决定着教学所需要的教学组织形式、教学媒体和教材等。不同职业领域、不同的专业所采用的引导文也不尽相同。本教学法适用不同年级的学生，具备一定的专业基础和收集资料解决问题的能力即可。同时，适合到相关单位进行实践教学，引导学生尽快掌握实务性知识，调动学生参与和主动思考问题的积极性，强调团队合作精神。

②通过这种教学方法的应用，将实务性较强、基础知识容量大的学习内容进一步提炼和融会贯通，培养学生的实践操作能力，便于掌握国库集中支付事务中各账户的开设流程和管理。在该教学法中，强调教师的组织和引导作用，同时通过多媒体的教与学展示各小组的学习成绩，将教师答案与案例同学生共享。

③这种教学方法和模式是一种新的尝试。在教学活动中，授课教师要注意掌握学生的接受程度和领悟能力，避免学生因接受不充分而影响教学进度。

④引导文教学法的适用范围，只有具有最终产品或可检验工作成果的教学过程，才能采用这种教学模式。在财政事务专业的教学法中，一般的教学法活动的结果表现为一项工作的完成，如编制财政预算、开设国库单一账户、完成财政直接支付和财政授权支付业务等。

（2）目标、内容、媒体、环境、组织。

①这种教学方法的使用，能够激发学生的学习兴趣和参与的积极性，使学生成为课堂主体，改变以往“填鸭式”教学的枯燥和乏味，提高教学效果，改善知识吸纳程度，使绝大多数学生主动参与学习并完成学习任务。通过对运用这种教学方法产生的教学效果进行检验，表明这种引导文式的学习方式有下列突出优点：

- 极大地激发了学生的学习潜能，充分调动学生的学习积极性，促使学生自主学习能力的发展；

- 在学生提出问题、分析问题和解决问题的过程中，提升学生处理实际问题的能力，引导学生将理论与实践进行统一；
- 通过自学后的测验与谈话，教师可以确定学生对国库集中支付事务的理解程度并能进行系统性的补充；
- 在对国库集中支付事务的学习中，能力较强的学生对该项任务的把握较为全面和扎实，这种类似自主学习的方法，在教师进一步的辅导下，可以使全体学生得到提高；
- 通过与他人进行专业信息交流和共同制定工作计划，培养了学生的团队合作能力。

②引导文法的主要功能在于通过引导式问题的介入，使学生复习和运用已学知识，并且了解该知识的实际用途。这种方法也使教师的工作能力得到极大发挥，同时，对教师的职业教育也起到帮助作用。

③在教学中真正地体现教学相长的观念。师生通过互动，将国库集中支付事务中的难点、重点进行分类和揣摩。学生在搜集资料中发现问题，教师在引导学生学习中解决问题，师生共同协同完成全部教学法内容，实现双赢。

④通过设计问题，引导学生思考、收集资料、准确案例、制作 PPT 等活动，将学生的学习过程从单一的课堂转为课前、课后，从过去的只在校内学习延伸到走入社会，在实践中学、在实践中做。

附录：教师教学准备（引导问题正确答案）

（1）什么是国库集中支付事务？

国库集中收付制度是对财政资金实行集中收缴和支付的制度，由于其核心是通过国库单一账户对现金进行集中管理，所以这种制度一般又称做国库单一账户制度。

（2）国库单一账户的开设和管理；各账户性质和主要功能。

①国库单一账户的开设和管理。中国人民银行国库管理机构为财政部门开设国库单一账户，主要用于记录、核算和反映纳入预算管理的财政收入和支出活动，并用于与财政部门在商业银行开设的零余额账户进行清算，实现支付。国库单一账户按专用存款账户管理。开户时，财政部门须向中国人民银行提交开户申请并预留印鉴。

②各账户性质和主要功能。

（3）国库集中支付制度的特征有哪些？

这种制度具有三个基本特征：一是财政统一开设国库单一账户；二是所有财政收入直接缴入国库，主要财政支出由财政部门直接支付到商品或劳务供应者；三是建立高效的预算执行机构、科学的信息管理系统和完善的监督检查机制。

（4）国库集中支付的基本运作程序。预算单位按照批准的用款计划（见图 2-3-2）向财政支付机构提出申请，经支付机构审核同意后在预算单位的零余额账户中向收款人支付款项，然后通过银行清算系统由零余额账户与财政集中支付专户进行清算，再由集中支付专户与国库单一账户进行清算。在国库集中支付方式下，由于银行间的清算是通过计算机网络实时进行的，因而财政支付专户和预算单位的账户在每天清算结束后都应当是零余额账户，财政资金的日常结余都保留在国库单一账户中。

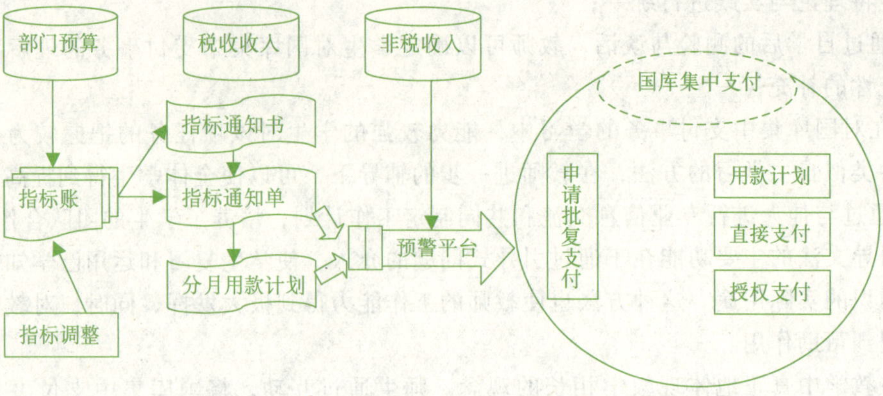

图 2-3-2

（5）国库集中支付系统运行的基本条件。国库集中支付系统功能的实现，在财政系统必须建立连接财政业务部门、央行国库、集中支付机构、预算单位和经办银行的财政支付管理信息系统，该系统向有关各方提供实时的预算指标信息和支付指令信息；在银行系统必须建立连接央行国库、财政集中支付专户经办银行和所有预算单位经办银行的银行间清算系统，该系统在预算单位发生支付时，能够实时提供央行国库与财政专户及预算单位零余额账户的资金清算。另外，国库集中支付制度的改革，还涉及到现行的预算管理、国库管理、银行结算等方面的有关法规必须进行相应的修改，以保证此项改革的合法实施和规范运作。

4

财政事务专业项目思维导图教学法

思维导图（见图2－4－1）又叫心智图，是表达发射性思维的有效的图形思维工具。思维导图运用图文并重的技巧，把各级主题的关系用相互隶属与相关的层级图表现出来，把主题关键词与图像、颜色等建立记忆链接，充分运用左右脑的机能，利用记忆、阅读、思维的规律，协助人们在科学与艺术、逻辑与想象之间平衡发展，开启人类大脑的无限潜能。

思维导图以放射性思考模式为基础的收放自如方式，除了提供一个正确而快速的学习方法和工具之外，运用在创意的联想与收敛、问题解决与分析等方面，往往产生令人惊喜的效果。它是一种展现个人智力潜能极至的方法，将可提升思考技巧，大幅增进记忆力、组织力与创造力。它与传统笔记法和学习法有跳跃式的差异，主要是因为它源自脑神经生理的学习互动模式，展开人生而具有的放射性思考能力和多感官学习特性。

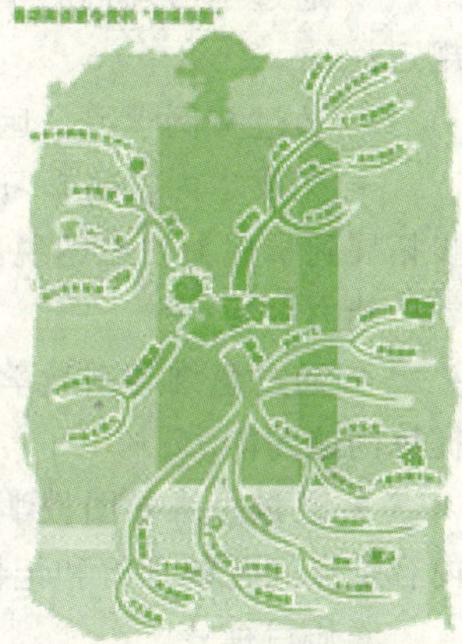

图2－4－1　思维导图

在财政事务专业的教学中，由于知识点多，各知识点之间存在一定的联系，为了帮助学生将相关的知识有机的结合在一起，达到融会贯通的目的，进一步通过加强记忆来掌握所学的内容、知识与技能。这种方法的适用性较强，对于不同年级、不同基础的学生均适用。教师可以根据所教的不同内容，引导学生通过自学、讨论、讲授等方式，将已有的知识与新知识结合在一起，通过绘制大小不等、内容繁简不同的各种思维导图，将需要掌握的内容牢固的记印在头脑中。

本部分通过消费税纳税实务、增值税的申报及其支出预算执行三个教学内容，对思维导图教学法进行应用。

4.1 思维导图教学法应用一　企业消费税的纳税实务

4.1.1 思维导图教学法案例

在纳税实务教学中，我们会发现多数知识属于记忆性的，比如，关于消费税纳税实务这部分，主要的内容是相关税法中规定的，学生在学习中更多的方法是通过记忆来逐渐加以理解。以往的教学中由于没有掌握记忆的有效方法，而不能掌握相关的内容，就更谈不上应用了。因此，我们认为思维导图法比较适用于这类的教学内容。

现以学生用教材的本部分内容为例，说明思维导图法的应用：

（1）教学对象。财政事务专业二级二班学生已经学习税收课程一年，学习了税法的基本知识，增值税、所得税纳税实务等内容。教材《税收基础知识》中第二章第四节的“企业消费税实务”内容。

（2）教学目标。本教学应该完成下列目标：

知识目标：

- 通过学习现行的消费税条例，掌握消费税的纳税范围、计税依据、税目、税率的规定；
- 通过案例学习，运用一定的程序和方法完成消费税的申报；
- 完成本内容的学习过程，有明确而具体的成果展示（填写消费税纳税申报表），进一步拓展到掌握消费税纳税申报及会计处理的程序和方法。

能力目标：

- 通过思维导图教学法的应用，以教材和其他信息为素材，学会应用绘图的方式总结、提炼问题的能力；
- 通过思维导图教学法的应用，运用教材及案例制作思维导图，帮助和提高对本教学内容重点问题的理解和记忆。

素质目标：

- 围绕思维导图中的重点和难点问题，培养和提高学生自主学习的能力；
- 学生初次绘图会有一定的难度，不仅是已有知识、技能的应用，而且学生还要运用新学习的知识、技能，解决过去从未遇到过的实际问题。
- 学习结束时，在教师的引导下，师生共同评价学习成果和总结学习方法。

（3）教学内容。消费税是对我国境内从事生产、委托加工和进口应税消费品的单位和个人，就其应税消费品的销售额或销售数量征收的一种税。

①消费税具有以下特点：

- 征税项目具有选择性。我国消费税主要包括了特殊消费品、奢侈品、高能耗消费品、不可再生的资源消费品和税基宽广、消费普遍、不影响人民群众的生活水平，但又具有一定财政意义的普通消费品，共计有 14 个税目。

- 征税环节具有单一性。消费税是在生产（进口）、流通或消费的某一环节一次征收。
- 消费税的计税方法灵活。根据课税对象的不同特点，选择不同的征收方法。有些产品采取从价定率的方式征收，有些产品则采取从量定额的方式征收。
- 税收调节具有特殊性。消费税属于国家运用税收杠杆对某些消费品或消费行为特殊调节的税种。
- 消费税具有转嫁性。消费税是一种价内税，不论在哪个环节征收，消费品中所含的消费税税款最终都要转嫁到消费者身上，由消费者负担，税负具有转嫁性。

②消费税纳税义务人。消费税的纳税人是在中华人民共和国境内生产、委托加工和进口应税消费品的单位和个人，以及国务院确定的销售本条例规定的消费品的其他单位和个人。

“单位”是指国有企业、集体企业、私有企业、股份制企业、外商投资企业和外国企业、其他企业和行政单位、事业单位、军事单位、社会团体及其他单位。

“个人”是指个体经营者及其他个人。

“中华人民共和国境内”是指生产、委托加工和进口应税消费品的起运地或所在地在境内。

③征税范围。消费税的征税范围是指在我国境内生产、委托加工以及进口的应税消费品。列入消费税征税范围的消费品并不很多，大体上可归为以下五类：

第一类：一些过度消费会对人身健康、社会秩序、生态环境等方面造成危害的特殊消费品，如烟、酒、鞭炮、焰火等。

第二类：非生活必需品，如化妆品、贵重首饰、珠宝玉石等。

第三类：高能耗及高档消费品，如摩托车、小汽车等。

第四类：不可再生和替代的稀缺资源消费品如汽油、柴油等油品。

第五类：具有一定财政意义的消费品，如汽车轮胎。

④消费税税目、税率。现行消费税课税对象为烟、酒及酒精、化妆品、贵重首饰及珠宝玉石、鞭炮、焰火、成品油、汽车轮胎、摩托车、小汽车、高尔夫球及球具、高档手表、游艇、木制一次性筷子、实木地板 14 个税目。税率采用比例税率和定额税率两种。比例税率 1% ~56% 共设 13 档；定额税率 0.1 ~250 元共设 8 档税额，请学生自己查找《消费税税目税率（税额）表》。

⑤消费税应纳税额的计算。消费税应纳税额的计算，分为从价定率计税、从量定额计税和复合计税三种方法。具体内容如表 2 -4 -1 所示。

表 2 -4 -1　　消费税应纳税额的计算

计税形式	税　率	适用项目	计税公式
从量计征	定额税率	啤酒、黄酒、成品油	应纳税额 = 销售数量（移送使用数量、进口数量）× 单位税额
复合计税	比例税率和定额税率并用	卷烟、白酒	应纳税额 = 销售数量 × 定额税率 + 销售额（同类消费品价格或组成计税价格）× 比例税率
从价计征	比例税率	除上述以外其他项目	应纳税额 = 销售额 × 税率

应用案例一

中原酒厂是一家有限责任公司，20×9年9月销售粮食白酒120吨，售价7000元/吨；销售薯类白酒30吨，售价6000元/吨；销售黄酒28860升，每升售价5元；销售啤酒19760升，每升售价3元。上述售价均不含增值税款，货款均已收齐，计算该厂9月应纳消费税款并填制纳税申报表（见表2-4-2）。

计算过程如下：

粮食白酒应纳消费税 = 120×2000×0.5 + 120×7000×20%
= 288000（元）

薯类白酒应纳消费税 = 30×2000×0.5 + 30×6000×20%
= 66000（元）

黄酒应纳消费税 = 28860÷962×240 = 7200（元）

啤酒单价 = 988×3 = 2964元 < 3000元，适用220元定额税率。

啤酒应纳消费税 = 19760÷988×220 = 4400（元）

该厂9月份应纳消费税 = 288000 + 66000 + 7200 + 4400 = 365600（元）

表2-4-2　　酒及酒精消费税纳税申报表

税款所属期：20×9年9月1日至20×9年9月30日

纳税人名称（公章）：中原酒厂　　纳税人识别号：876908643

填表日期：20×9年10月15日　　金额单位：元（列至角分）

<table>
<tr><th rowspan="2">项目
应税消费品名称</th><th colspan="2">适用税率</th><th rowspan="2">销售数量</th><th rowspan="2">销售额</th><th rowspan="2">应纳税额</th></tr>
<tr><th>定额税率</th><th>比例税率</th></tr>
<tr><td>粮食白酒</td><td>0.5元/斤</td><td>20%</td><td>120</td><td>840000</td><td>288000</td></tr>
<tr><td>薯类白酒</td><td>0.5元/斤</td><td>20%</td><td>30</td><td>180000</td><td>66000</td></tr>
<tr><td>啤　酒</td><td>250元/吨</td><td>—</td><td></td><td></td><td></td></tr>
<tr><td>啤　酒</td><td>220元/吨</td><td>—</td><td></td><td>20</td><td>4400</td></tr>
<tr><td>黄　酒</td><td>240元/吨</td><td>—</td><td></td><td>30</td><td>7200</td></tr>
<tr><td>其他酒</td><td>—</td><td>10%</td><td></td><td></td><td></td></tr>
<tr><td>酒　精</td><td>—</td><td>5%</td><td></td><td></td><td></td></tr>
<tr><td>合　计</td><td>—</td><td>—</td><td>—</td><td>—</td><td></td></tr>
<tr><td>本期准予抵减税额：</td><td colspan="5" rowspan="3">声　明
此纳税申报表是根据国家税收法律的规定填报的，我确定它是真实的、可靠的、完整的。
经办人（签章）：
财务负责人（签章）：
联系电话：</td></tr>
<tr><td>本期减（免）税额：</td></tr>
<tr><td>期初未缴税额：</td></tr>
</table>

续表

<table>
<tr><td rowspan="2">项目
应税消费品名称</td><td colspan="2">适用税率</td><td rowspan="2">销售数量</td><td rowspan="2">销售额</td><td rowspan="2">应纳税额</td></tr>
<tr><td>定额税率</td><td>比例税率</td></tr>
<tr><td>本期缴纳前期应纳税额：</td><td colspan="5" rowspan="4">（如果你已委托代理人申报，请填写）
授权声明
为代理一切税务事宜，现授权＿＿＿＿＿（地址）＿＿＿＿＿＿为本纳税人的代理申报人，任何与本申报表有关的往来文件，都可寄予此人。
授权人签章：</td></tr>
<tr><td>本期预缴税额：</td></tr>
<tr><td>本期应补（退）税额：365600</td></tr>
<tr><td>期末未缴税额：</td></tr>
</table>

以下由税务机关填写：

受理人（签章）： 受理日期： 年 月 日 受理税务机关（章）：

税收缴款书如表2-4-3所示。

表2-4-3

中华人民共和国
税收缴款书

地

（2009） 3675251 号

隶属关系：区级 征收机关：滨江市地税局第二税务所

注册类型：有限责任公司 填制日期：20×9年10月15日

<table>
<tr><td rowspan="4">缴款单位</td><td>代　码</td><td>514093862387652</td><td rowspan="3">预算科目</td><td>编码</td><td colspan="2">1002</td></tr>
<tr><td>全　称</td><td>中原酒厂</td><td>名称</td><td colspan="2"></td></tr>
<tr><td>开户银行</td><td>工商银行兴安支行</td><td>级次</td><td colspan="2">市级40% 区级60%</td></tr>
<tr><td>账　号</td><td>83852674</td><td colspan="2">收缴国库</td><td colspan="2">市金库</td></tr>
<tr><td colspan="3">税款所属时期：20×9年9月1日至20×9年9月30日</td><td colspan="4">税款限缴日期：20×9年12月15日</td></tr>
<tr><td>品目名称</td><td>课税数量</td><td>计税金额或销售收入</td><td colspan="2">税率或单位税额</td><td>已缴或扣除额</td><td>实缴金额</td></tr>
<tr><td>消费税</td><td>酒及酒精消费</td><td>1020050</td><td colspan="2"></td><td></td><td>365600.00</td></tr>
<tr><td></td><td></td><td></td><td colspan="2"></td><td></td><td></td></tr>
<tr><td></td><td></td><td></td><td colspan="2"></td><td></td><td></td></tr>
<tr><td colspan="2">金额合计</td><td colspan="5">（大写）人民币：叁拾陆万伍仟陆佰元整</td></tr>
<tr><td colspan="2">缴款单位（盖章）　经办人（章）</td><td>税务机关（盖章）
填票人（章）</td><td colspan="3">上列款项已收妥并划转国库（盖章）
2009年10月15日</td><td>备注：</td></tr>
</table>

第一联缴款单位作完税凭证

逾期不缴按税法规定加收滞纳金

应用案例二

南方卷烟厂为一家民营企业，注册资本1000万元，法人代表：张晓力，纳税号：37590947238。该厂主要生产宇宙牌卷烟（乙类），对外调拨价260元/条（不含增值税）。20×9年9月份共销售20箱（每标准箱5万支），共1000条（每标准条200支）。按现行的消费税计税范围和税率计算本月应纳的消费税，并填写下列申报表，如表2-4-4所示。

应纳税额=销售数量×定额税率+销售额×比例税率

应有纳税额：100×150+260000×45%=132000（元）

表2-4-4　　烟类应税消费品消费税纳税申报表

税款所属期：20×9年9月1日至20×9年9月30日

纳税人名称（公章）：南方卷烟厂

纳税人识别号：37590947238

填表日期：20×9年10月15日　单位：卷烟万支、雪茄烟支、烟丝千克　　金额单位：元（列至角分）

项目 应税消费品名称	适用税率 定额税率	适用税率 比例税率	销售数量	销售额	应纳税额
卷烟	30元/万支	45%	100	260000	132000
卷烟	30元/万支	30%			
雪茄烟	—	25%			
烟丝	—	30%			
合计	—	—	—	—	

本期准予抵减税额：	声　明 此纳税申报表是根据国家税收法律的规定填报的，我确定它是真实的、可靠的、完整的。 经办人（签章）： 财务负责人（签章）： 联系电话：
本期减（免）税额：	
期初未缴税额：	
本期缴纳前期应纳税额：	（如果你已委托代理人申报，请填写） 授权声明 为代理一切税务事宜，现授权＿＿＿＿（地址）＿＿＿＿为本纳税人的代理申报人，任何与本申报表有关的往来文件，都可寄予此人。 授权人签章：
本期预缴税额：	
本期应补（退）税额：	
期末未缴税额：	

以下由税务机关填写：

受理人（签章）：刘加　　受理日期：20×9年10月15日　　受理税务机关（章）：

应用案例三

江南外贸进出口公司为增值税一般纳税人。20×9年9月，该公司进口140辆小汽车（汽缸容量1.8升），每辆小汽车关税完税价格为8万元。已知小汽车关税税率为110%，消费税税率为5%。计算该公司该批进口小汽车的组成计税价格。计算该厂9月份应纳消费税款并填制纳税申报表，如表 2-4-5 所示。

该公司进口该批小汽车的进口关税税额 $= 8 \times 140 \times 110\% = 123.2$（万元）

该公司进口该批小汽车的组成计税价格 $= (8 \times 140 + 123.2) \div (1 - 5\%)$

$= 2475.79$（万元）

应纳消费税 $= 2475.79 \times 5\% = 123.79$（万元）

表 2-4-5 **小汽车消费税纳税申报表**

税款所属期：20×9 年 9 月 1 日至 20×9 年 9 月 30 日

纳税人名称（公章）：江南外贸进出口公司 纳税人识别号：3678900012

填表日期：20×9 年 10 月 5 日 单位：辆；金额单位：元（列至角分）

应税消费品名称 \ 项目		适用税率	销售数量	销售额	应纳税额
乘用车	气缸容量≤1.5 升	3%			
	1.5 升<气缸容量≤2.0 升	5%	140	11200000	1237900
	2.0 升<气缸容量≤2.5 升	9%			
	2.5 升<气缸容量≤3.0 升	12%			
	3.0 升<气缸容量≤4.0 升	15%			
	气缸容量>4.0 升	20%			
中轻型商用客车		5%			
合　计		—	—	—	

本期准予抵减税额：	声　明 此纳税申报表是根据国家税收法律的规定填报的，我相信它是真实的、可靠的、完整的。 经办人（签章）： 财务负责人（签章）： 联系电话：
本期减（免）税额：	
期初未缴税额：	
本期缴纳前期应纳税额：	（如果你已委托代理人申报，请填写） 授权声明 为代理一切税务事宜，现授权__________（地址）__________为本纳税人的代理申报人，任何与本申报表有关的往来文件，都可寄予此人。 授权人签章：
本期预缴税额：	
本期应补（退）税额：	
期末未缴税额：	

以下由税务机关填写：

受理人（签章）： 受理日期：　年　月　日 受理税务机关（章）：

基于案例的问题：

上述三个案例通过不同的企业（酒厂、卷烟厂、外贸进出口公司），根据消费税的规定，运用思维导图法，将相关的知识点进行归纳。

案例教学法组织与实施：

根据上述内容完成思维导图的绘制过程。

①准备。

- 浏览：详细阅读本项目学习内容消费税纳税实务后，然后取一张大纸，或者用一张思维导图专用纸，画一个中央图，把这部分内容的主题总结上去。如果你对从中央图像发散出去的主干有非常合理的把握，不妨同时画上主干，通常用不同的颜色加以区别。

在开始制作思维导图的早期阶段，你是在给自己的大脑传输一个中心的焦点和基本的结构，在这个框架里面，它可以将这部分内容学习得来的全部信息综合起来。

这部分的时间不需要太长，主要是通过浏览式的阅读，找到本项目学习内容的主要几个部分组成。通常是几个大的标题。

下面的思维导图（见图2-4-2）属于教学内容框架图。

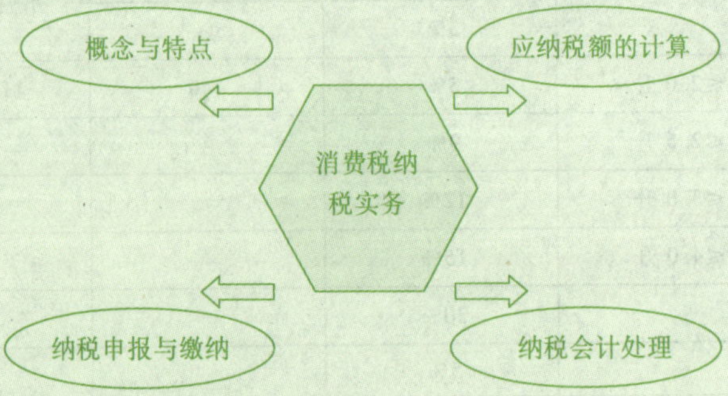

图2-4-2

- 设定时间和总量目标：根据自己的学习目标，该项目的学习与掌握的内容及困难水平，结合已经具有的知识总量，决定你将花在这个任务上的全部时间，以及每个学习期间包含的内容。

下面的思维导图（见图2-4-3）属于教学内容时间分配图。

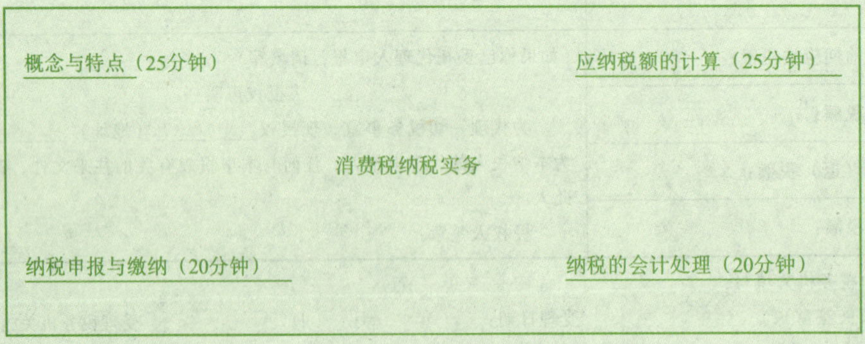

图2-4-3　思维导图

- 把对该项目现存的知识用思维导图画下来：放下教材和你刚画的思维导图，拿过几张纸来，以尽量快的速度画一张速射思维导图，把对于即将要学习内容相关的已有知识画出来。包括你在前面学习时得到的任何信息，或者在其他方面得到的所有与该课题有关的任何信息。

由于在这之前，我们已经学习了税收的基础知识及增值税、营业税两种流转税的相关知识，这些无疑会对消费税的学习起到铺垫作用，因此，通过回顾已具备的知识，一方面是一个复习的过程，同时，也是为这部分将要学习新的内容提供帮助。

大部分同学都很高兴而且很惊讶地发现，他们对一些课题已经具备的知识比他们预想的多得多。它还可以让你看出自己知识领域里的强项和弱项，让你知道哪些方面的知识是需要进一步弥补的。

下面的思维导图（见图2－4－4）属于知识拓展图。

1. 税收的基本知识　（由学生完成）
(1)纳税人
(2)税率
(3)计税依据
(4)税收的征收
2. 增值税相关知识
(1)纳税人
(2)税率
(3)计税依据
(4)税收的征收
(5)会计处理
3. 营业税相关知识
(1)纳税人
(2)税率
(3)计税依据
(4)税收的征收
(5)会计处理

图2－4－4

- 给目标下个定义并用思维导图画出来：你可以用不同的颜色在刚刚完成的知识思维导图上增加一些内容，或者重新拿一张新纸，再做一次快速思维导图速射，说明你学习本项目的目标。这些目标可以是一些具体的问题，你希望得到对这些问题的回答，可能是你希望知道有关更多的知识，或者是你希望获取某些技巧。

按照这种方式把目标用思维导图画出来，会极大地增大眼睛/大脑系统把它碰到的一些与目标相关的信息登记下来的可能性。实际上，目标思维导图起一种“胃口”的作用，它会自然而然地刺激你的学习兴趣。跟一个几天没有吃饭的人会整天想着吃东西一样，好的预备性思维导图会增大你对知识的“渴望”。

下面的思维导图（见图2－4－5）属于学习目标图。

②应用。准备完毕后，可以开始在四个水平上进行阅读——总述、预览、内视和复习——这种水平上的阅读会把你带入该项目更深的层次。

- 总述、预览：做思维导图的过程可有以下两种方式：

一边阅读教材一边做思维导图。一边读一边在教材上做一些标记，并在事后完成思学习本项目的目标：

1. 掌握消费税的相关基础知识
2. 会计算不同情况下（不同税目）的消费税的应纳税额
3. 能运用已知的资料填写相关的消费税纳税申报表
4. 会进行消费税的会计处理

上述目标是通过学生们阅读教材、思考、讨论后得出的，这其中要可能会出现不同的目标，需要教师在总结不同意见的基础上，最终达到统一。只有这样才能保证实现该项目的教学、学习效果。

图 2－4－5

维导图。一边读一边做思维导图就好像与教材的编写者进行持续的“对话”，在教材往前进展的时候，会反映出知识的展开模式。不断扩大的思维导图也会让你注意到理解水平，并据此调整自己的注意力。

阅读教材后，再做思维导图。事后画思维导图有一个长处，即你只在掌握理解了全项目内容，和部分内容与彼此的关系后才开始做。你的思维导图因此就会更为全面，更有一个核心，也不太可能需要修改。

● 内视：不管选择哪一种方法，都必须记住，对一个项目或任务做思维导图是一个双向的过程。目标不是简单地以思维导图的形式复制作者的思想。它是要根据你自己的知识、理解力、解释和具体目标来组织和综合。你的思维导图应该能够理想地包括你自己的评论、想法以及从刚刚读到的东西中得到创造性理解。

下面的思维导图（见图 2－4－6 至图 2－4－9）属于核心教学内容图。

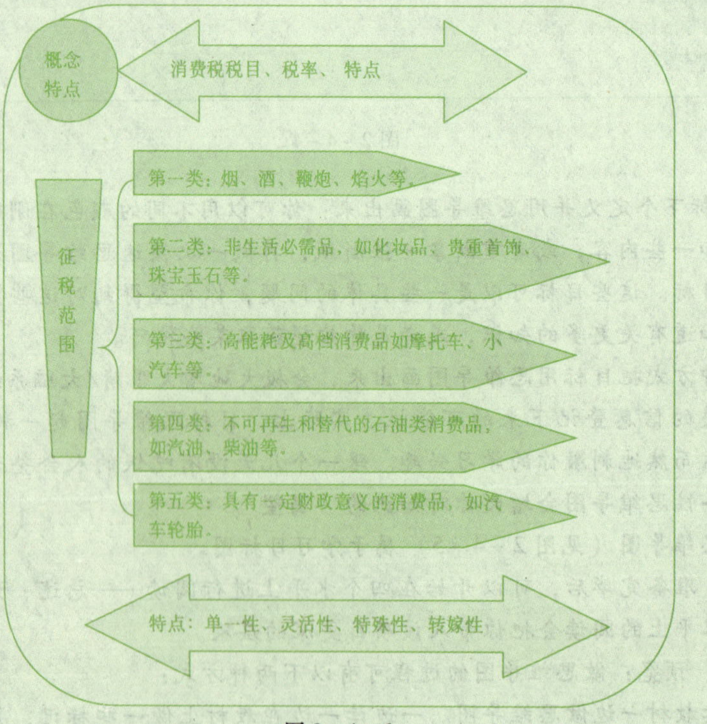

图 2－4－6

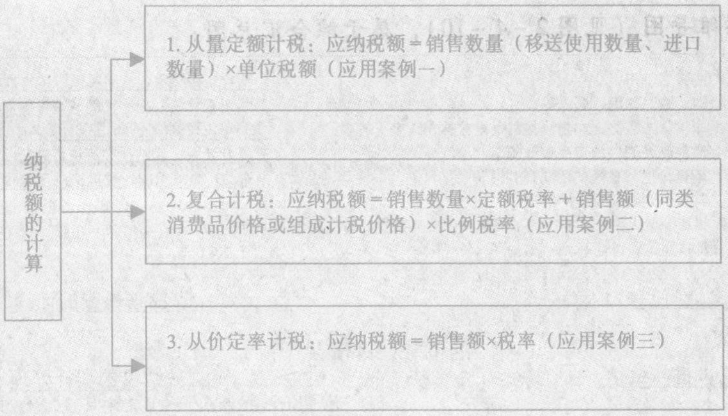

图 2－4－7

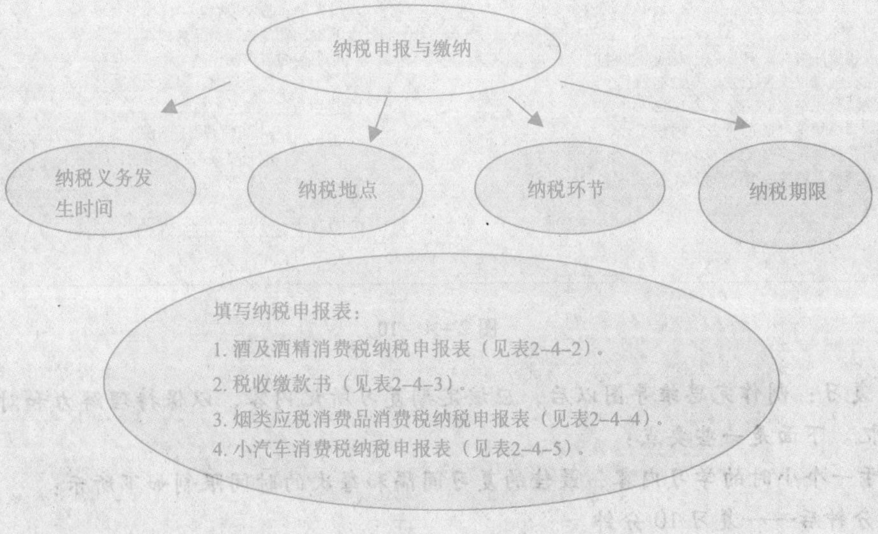

图 2－4－8

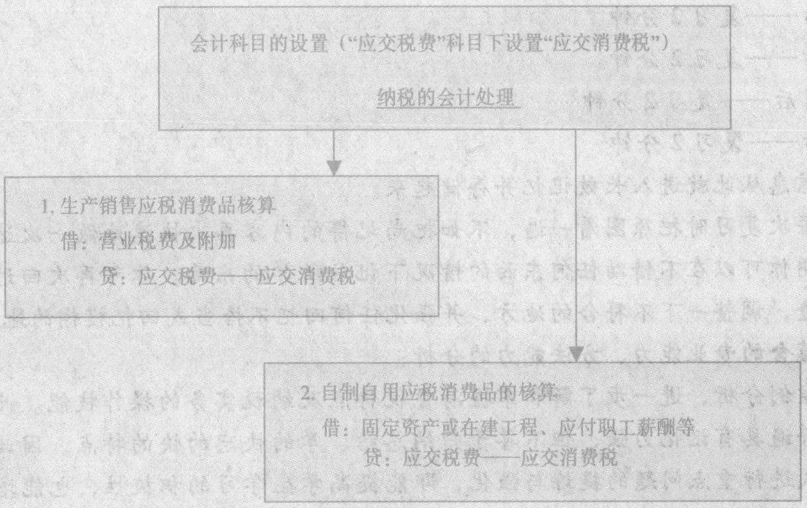

图 2－4－9

下面的思维导图（见图2－4－10），属于综合汇总图：

消费税纳税实务

概念与特点

消费税税目、税率：见表

征税范围：第一类：烟、酒、鞭炮、焰火等；

第二类：非生活必需品，如化妆品、贵重首饰、珠宝玉石等．

第三类：高能耗及高档消费品如摩托车、小汽车等．

第四类：不可再生和替代的稀缺资源消费品如汽油、柴油等油品．

第五类：具有一定财政意义的消费品，如汽车轮胎．

纳税义务人：在中华人民共和国境内生产、委托加工和进口应税消费品的单位和个人

特点：单一性、灵活性、特殊性、转嫁性

应纳税额的计算

1. 从价定率计税：应纳税额＝销售额×税率（案例应用3-1）
2. 量定额计税：应纳税额＝销售数量(移送使用数量、进口数量)×单位税额(案例应用3-3)
3. 复合计税：应纳税额＝销售数量×定额税率＋销售额(同类消费品价格或组成计税价格)×比例税率(案例应用3-4、3-5)

纳税申报与缴纳

1. 纳税义务发生时间
2. 纳税地点
3. 纳税环节(生产环节、进口环节、零售环节)
4. 纳税期限
5. 纳税申报

(1) 烟类应税消费品消费税纳税申报表(见表2-3-1)

(2) 卷烟消费税纳税申报表(批发)(见表2-3-2)

(3) 酒及酒精消费税纳税申报表(见表2-3-3)

(4) 成品油消费税纳税申报表(见表2-3-4)

(5) 小汽车消费税纳税申报表(见表2-3-5)

(6) 其他应税消费品消费税纳税申报表(见表2-3-6)

纳税的会计处理

会计科目的设置(“应交税费”科目下设置“应交消费税”)

(1)生产销售应税消费品核算

借：营业税费及附加

贷：应交税费——应交消费税

(2)自制自用应税消费品的核算

借：固定资产或在建工程、应付职工薪酬等

贷：应交税费——应交消费税

(3)进口应税消费品的核算

借：材料采购(消费税应计入该应税消费品的成本)

贷：应交税费——增值税(进项税)

银行存款

(4)上缴消费税核算

借：应交税费——应交消费税

贷：银行存款

图2－4－10

● 复习：制作完思维导图以后，应该定期复习所记内容，以保持理解力和对所学东西的记忆。下面是一些要点：

对于一个小时的学习内容，最佳的复习间隔和每次的时间限制如下所示：

10分钟后——复习10分钟

24小时后——复习2－4分钟

1周后——复习2分钟

1月后——复习2分钟

6个月后——复习2分钟

1年后——复习2分钟

这个信息从此就进入长效记忆并存储起来。

与其每次复习时把原图看一遍，不如把尚记得的内容再次快速地做一次速射思维导图。这证明你可以在不借助任何东西的情况下记住所学的东西。你可再次回过头来看原图进行检查，调整一下不符合的地方，并强化任何回忆不恰当或回忆模糊的地方。

案例蕴含的专业能力、方法能力的分析：

通过案例分析，进一步了解和掌握消费税特点及纳税实务的操作技能。此外，由于中职学生普遍具有记忆力强、但不善于归纳总结、学的快忘的快的特点，因此，利用思维导图形式进行重点问题的提炼与强化，即能提高学生学习的积极性，也能培养学生的积极动脑、创造性思考的精神。

教学研讨：

通过知识点的学习和案例分析，进一步掌握填写“酒及酒精消费税纳税申报表”、“烟类应税消费品消费税纳税申报表”和“小汽车消费税纳税申报表”之间的区别。

（4）思维导图教学法应用的条件/场合/媒体（计算机教学媒体、工具、设备、文件、手册等）

①本教学法应用的条件和场合。要运用思维导图教学法进行教学，所需要的条件和场合主要有：

- 合格的指导教师。首先教师要对本教学内容进行教学前的准备，包括重点、难点；教学法关键；教学时间；教学设计等。
- 充分的前置知识技能。需要学生有一定的预备知识，比如，学习营业税的自查，要具备关于营业税的相关基础知识，主要包括：营业税的纳税范围、计税依据、税率、计算方法等。
- 合理的教学场所。要能保证学生进行教学法活动的场地，如多媒体教室、分小组空间、展示挂图的设施等。
- 适当的学生配合。学生是教学法的主体，一定要求学生产生对思维导图的兴致，让学生在愉快、轻松的环境中进行学习。应用思维导图教学法，要求学生对所学的知识有一个整体的构思和提炼过程，发挥学生的想象力，调动学生的学习热情，在愉快的绘图中完成学习任务。
- 典型的教学案例等。案例在教学法中起到重要的作用，可以通过让学生收集、整理案例，真正调动学生的自主性。同时通过典型案例的分析，达到举一反三的教学法效果。

②本教学法应用的计算机教学媒体、工具、设备、文件和手册。应用的计算机教学媒体主要有带投影仪的全套多媒体设备，用于指导性的案例操作演示；现行《消费税条例》；消费税纳税申报表及税收缴款书等会计相关资料；绘制思维导图的用纸、彩色笔等。

（5）实施过程和步骤与教学法设计。简单归纳，做思维导图的技巧主要分为两类：准备和应用。在以下各篇中，共有8个阶段。为了方便查找起见，各阶段总结如下，都附有推荐的限制时间。

准备：

①浏览——制作一个中央图像；

②设定时间和总量目标；

③把对该话题现存的知识用思维导图画下来；

④给目标下个定义并用思维导图画出来。

应用：

⑤总述——加上主要的思维导图主干；

⑥预览——第一级及第二级；

⑦内视——把思维导图的细节加上去；

⑧复习——完成思维导图。

教学法设计见表2-4-6。

表 2-4-6

授课教师：	××中职学校	专业：	财政事务
课　　题	消费税的纳税实务	课　　时	4 课时
使用教材	《税收基础》，高等教育出版社（第二版）		
教学内容分析	消费税是对我国境内从事生产、委托加工和进口应税消费品的单位和个人，就其应税消费品的销售额或销售数量征收的一种税。 学习本部分内容要在理解消费税具有的特点、消费税纳税义务人、征税范围、消费税税目、税率等基本知识的基础上，掌握消费税应纳税额的计算方法，消费税纳税申报与缴纳及消费税纳税的会计处理。		
学生情况分析 授课年级：职三级	通过增值税、所得税纳税实务的学习，学生对纳税实务的程序和方法有了初步的认识，但由于学生对消费税的纳税范围（不同税目）了解的不够，因此，需要通过案例、进一步了解和掌握消费税特点及纳税实务的操作技能。此外，由于中职学生普遍具有记忆力强但不善于归纳总结、学的快忘的快的特点，因此，利用思维导图形式进行重点问题的提炼和强化，既能提高学生学习的积极性，也能培养学生的积极动脑，创造性思考的精神。		
教学目标： 1. 知识目标 2. 能力目标 3. 素质目标	(1) 通过学习现行的消费税条例，掌握消费税的纳税范围、计税依据、税目、税率的规定；在此基础上通过案例的学习，进一步理解并运用一定的程序和方法，完成消费税的申报工作任务；通过思维导图教学法的应用，运用教材及案例制作思维导图，帮助和提高对本教学内容的重点问题的理解和记忆。 (2) 通过思维导图教学法的应用，运用教材及其他信息作为素材，学会应用绘制图的方式总结提炼问题的能力；围绕图中的重点、难点问题组织掌握学生自主学习的能力；通过小组互助的方式，在以团队收集信息、分析案例、思考问题。培养学生自己克服、处理在学习中出现的困难和解决问题的能力。 (3) 完成本内容的学习过程，有明确而具体的成果展示（消费税纳税申报表），进一步拓展到掌握消费税纳税申报及会计处理的程序和方法；初次给图，会有一定的难度，不仅是已有知识、技能的应用，而且还要求学生运用新学习的知识和技能，解决过去从未遇到过的实际问题；学习结束时，在教师的引导下，师生共同评价学习成果和总结学习方法。		
教学重点	消费税纳税申报表的填写： (1) 酒及酒精消费税纳税申报表； (2) 烟类应税消费品消费税纳税申报表； (3) 小汽车消费税纳税申报表； (4) 税收缴款书。		
教学难点	费税应纳税额的计算。 消费税应纳税额的计算，分为从价定率计税、从量定额计税和复合计税三种方法。		
教学媒体	制作思维导图用纸、多媒体课件、实物投影等。		
教学方法	思维导图教学法、案例教学法、讲授法、讨论法等。		

教学过程	教学内容	教师活动	学生活动	教学意图
导入（时间：15 分钟）	通过阅读教材，将同学们带入本课程的教学活动中。	概述教学内容。	进入情景；学生开始阅读。	创设情景，提出以个人或小组的形式进行思维导图学习和训练，激发学生学习的积极性和参与欲，培养学生的创造意识。

续表

教学过程	教学内容	教师活动	学生活动	教学意图
教学活动（时间 30 分钟）	总结归纳教学重点内容和关键词。	通过教师的指导，组织和引领学生进行思维导图制作活动。	个人或各小组绘制思维导图。	检查学生的学习效果，及时反馈，培养学生归纳问题、提炼加工学习重点能力及对重点问题的理解。
实训（时间：25 分钟）	每个人或小组将已制作的思维导图进行展示并讲解。	展示背景材料； 教师边看边记录学生制作的思维导图，同时找出图中存在的问题。	选取优秀的个人或小组合作将完成思维导图上台展示并讲解；台下同学填写学习评价表。	有效倡导“做中学”，实现学生的主体地位，此环节让学生自己动手实践，合作完成任务，既能提高学生的专业能力，又能培养学生与人沟通和协作的方法能力。而教师的及时点评能纠正学生在思维导图讲解过程中容易犯的错误，帮助学生准确掌握正确的知识点，这是对教学难点的再次突破，也突出了本课的教学重点。
交流与分享（时间：15 分钟）	学生分享“优秀的思维导图”；教师总结。	教师分析并提出优秀的个人或小组； 为每小组计算成绩。	个人或小组请分享“优秀思维导图”。	培养学生学会与人分享学习成果和感受；让学生理解从事制图工作需要有严谨认真的工作态度和高度的责任心。
课后延伸（时间：5 分钟）	每个人或小组制作思维导图提交作业。	为获胜个人或小组颁奖；教师总结评讲。	巩固复习。	培养学归纳、提炼问题能力，以及“举一反三”的实操能力。

（6）教学法效果评价见表 2－4－7。

4.1.2 思维导图教学法应用分析

（1）思维导图教学法的应用条件、场合和注意事项、教训，目标、内容、媒体、环境、组织。

表 2-4-7　　消费税自查相关知识、技能评价表

被评价者：　　　　评价时间：　年　月　日

训练项目	训练重点	评价标准	小组评价（5分满分）					老师评价				
掌握营业税自查相关知识	资料的获取	资料获取的渠道	1	2	3	4	5	1	2	3	4	5
	资料的解读	能正确理解资料的含义	1	2	3	4	5	1	2	3	4	5
	知识点的掌握	能较好地完成学习任务	1	2	3	4	5	1	2	3	4	5
案例的代表性及制作	案例素材	符合实际情况	1	2	3	4	5	1	2	3	4	5
	PPT 制作	表达准确	1	2	3	4	5	1	2	3	4	5
	案例讲解	讲解清楚	1	2	3	4	5	1	2	3	4	5
团队合作自我学习能力	团队合作	小组成员参与程度	1	2	3	4	5	1	2	3	4	5
	自学能力	自我管理、自我学习能力	1	2	3	4	5	1	2	3	4	5
	表现突出者	小组中优秀成员多少	1	2	3	4	5	1	2	3	4	5
不足与建议								评价汇总： 总分：				

①本教学法适用于高年级的学生，具备一定的分析问题和归纳问题的能力并适合校内教学；注意调动学生积极参与和主动思考，避免相互抄袭。要求每一位或每一组的思维导图要有一定的创意。

②通过这种教学方法的应用，将抽象的、大量的学习内容，进一步简化，在学生的头脑中形成一个清晰的图，便于理解和记忆；在整个教学法中教师的组织与引导十分重要，最后要通过多媒体展示优秀学生的学习成果，同时将教师已绘制好的思维导图与学生共同分享。

③要鼓励学生大胆地进行尝试，制作思维导图的过程可以先易后难，由简到繁荣。但要避免相互抄袭，同时要提倡个性化，并不要求思维导图的统一。

(2) 思维导图教学法教学效果评价。

①对速读记忆的作用。自人们接受学校的教育以来，在阅读或学习过程中，为记住学习内容，养成了按顺序做常规笔记的习惯。然而我们很少意识到：此种传统的笔记方法存在着非常致命的弱点。在经过长期的研究和实践后，明确传统笔记的弊端如下：

- 埋没了关键词：重要的内容要由关键词来表达，然而常规标准笔记中，这些关键词却埋没在一大堆相对不重要的词汇之中，阻碍了大脑对各关键概念之间作出合适的联想。
- 不易记忆：单调的笔记看起来很枯燥，要点也很相似，会使大脑处于一种催眠状态，让大脑拒绝和抵触吸收信息。
- 浪费时间：要求记些不必要的内容；读些不需要的材料；复习不需要的材料；再次寻找关键词。
- 不能有效刺激大脑：标准笔记的线性表达阻碍大脑作出联想，因此，对创造性和记忆造成消解效果，抑制思维过程。

②思维导图适应于应用的领域。从思维导图的特点及作用来看，它可以用于工作、学习和生活中的任何一个领域。

- 作为个人：计划，项目管理，沟通，组织，分析解决问题等。
- 作为学习者：记忆，笔记，写报告，写论文，做演讲，考试，思考，集中注意力等。
- 作为职业人士：计划，沟通，项目管理，组织，会议，培训，谈判，面试，评估，掀起头脑风暴等。

所有这些应用可以极大地提高您的效率，增强思考的有效性和准确性以及提升您的注意力和工作乐趣。

附录：思维导图与传统的学习记忆方法相比有以下十大优势：

- 只记忆相关的词可以节省时间：50%~95%；
- 只读相关的词可节省时间：90%多；
- 复习思维导图笔记可节省时间：90%多；
- 不必在不需要的词汇中寻找关键词可省时间：90%；
- 集中精力于真正的问题；
- 重要的关键词更为显眼；
- 关键词并列在时空之中，可灵活组合，改善创造力和记忆力；
- 易于在关键词之间产生清晰合适的联想；
- 做思维导图的时候，人会处在不断有新发现和新关系的边缘，鼓励思想不间断和无穷尽地流动；
- 大脑不断地利用其皮层技巧，越来越清醒，越来越愿意接受新事物。

4.2 思维导图教学法应用二　企业增值税的申报

4.2.1 思维导图教学法案例

增值税和企业所得税两税申报，旨在培养和指导学生理清两税申报的程序和填报、报送的报表内容。学生通过自主建构有机的知识体系，提高其思维能力和运用知识的能力，并使各层次的学生都能够得到较大的发展。因此，在本模块的教学体系中提出采用思维导图教学方法。

（1）教学对象。财政事务专业高三年级的学生，已经学习财政事务相关专业课两年，并在此基础上学习了“财政与税收基础”课程，对税收相关知识理论、技能、计算方法都有不同程度的掌握和理解。本部分知识为流转税模块中的重要部分。

（2）教学目标。本部分应达到下列目标：

知识目标：

- 通过学习，了解增值税纳税人区分、报送时间并提供相应的报送材料；
- 掌握增值税的报送流程以及报表的填制。

能力目标：

- 学会运用思维导图对讨论过程进行记录及过程管理，并进行成果总结。
- 思维导图的延伸空间可以不受限制地随时扩展，从而培养学生的创造力和联想能力；
- 思维导图是一种打破了传统方式的全新的记笔记方法，让学生学会使用思维导图取代传统的记笔记方式；
- 通过小组成员共同合作完成思维导图的创作，培养学生团队合作的精神。

素质目标：

- 促进学生纳税意识的形成；
- 培养学生良好的职业道德和遵守职业规范。

（3）教学内容。流转税纳税申报实务中的增值税纳税申报。

①增值税的概念。以销售货物、提供加工、修理修配劳务以及进口货物取得的增值额为征税对象的一种税。增值税是对商品生产、流通、劳务服务中多个环节的新增价值或商品的附加值征收的一种流转税。实行价外税，在实际工作中，商品新增价值或附加值在生产和流通过程中是很难准确地计算的。因此，我国也采用税款抵扣的办法，即销项税额扣除进项税额，其差额就是增值部分应交的税额，该方法体现了按增值因素计税的原则。

②增值税的征收范围。增值税的征税范围包括：销售和进口货物，提供加工及修理修配劳务。这里的货物是指有形动产，包括电力、热力、气体等，不包括不动产。加工是指受托加工货物，即委托方提供原料和主要材料，受托方按照委托方的要求制造货物并收取加工费的业务；修理修配是指受托对损伤和丧失功能的货物进行修复，使其恢复原状和功能的业务。

此外以下八种行为在增值税法中被视同为销售货物，均要征收增值税：

- 将货物交由他人代销；
- 代他人销售货物；
- 将货物从一地移送至另一地（同一县市除外）；
- 将自产或委托加工的货物用于非应税项目；
- 将自产、委托加工或购买的货物作为对其他单位的投资；
- 将自产、委托加工或购买的货物分配给股东或投资者；
- 将自产、委托加工的货物用于职工福利或个人消费；
- 将自产、委托加工或购买的货物无偿赠送他人。

③增值税纳税申报需要掌握的内容。增值税的纳税申报分为一般纳税人和小规模纳税人两种，本部分任务要求掌握各种申报表的填制。即：

- “增值税专用发票遗失声明”刊出登记表；
- “丢失、被盗增值税专用发票清单”；
- “代开增值税专用发票缴纳税款申报单”；
- “增值税纳税申报表（适用于小规模纳税人）”；
- “增值税纳税申报表（适用于增值税一般纳税人）”；
- “增值税纳税申报表附列资料（防伪税控增值税专用发票存根联明细）”；
- “增值税纳税申报表附列资料（防伪税控增值税专用发票申报抵扣明细）”；
- “本期进项税额明细表——增值税纳税申报表”；

"本期销售情况明细表——增值税纳税申报表"。

④增值税相关知识框架的思维导图见图2-4-11。

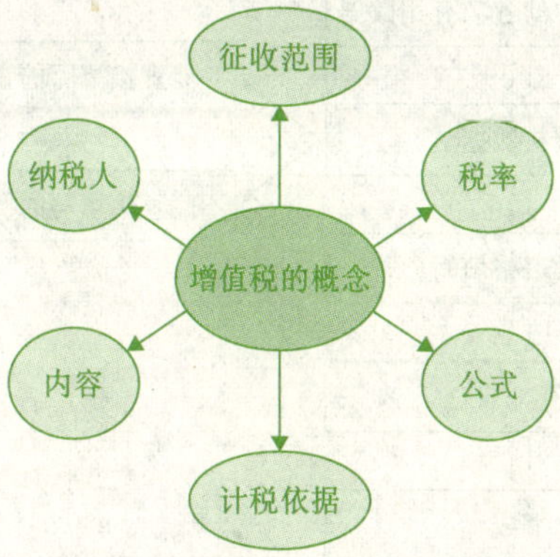

图2-4-11

⑤增值税纳税申报项目思维导图。在我国境内销售货物或提供加工、修理、修配业务以及进口货物的单位和个人，根据其销售额，按照规定的税率计算税款并实行税款抵扣，其余税款应为纳税人应缴纳的增值税税款。我们通过思维导图的形式来展现增值税的纳税申报流程，如图2-4-12所示。

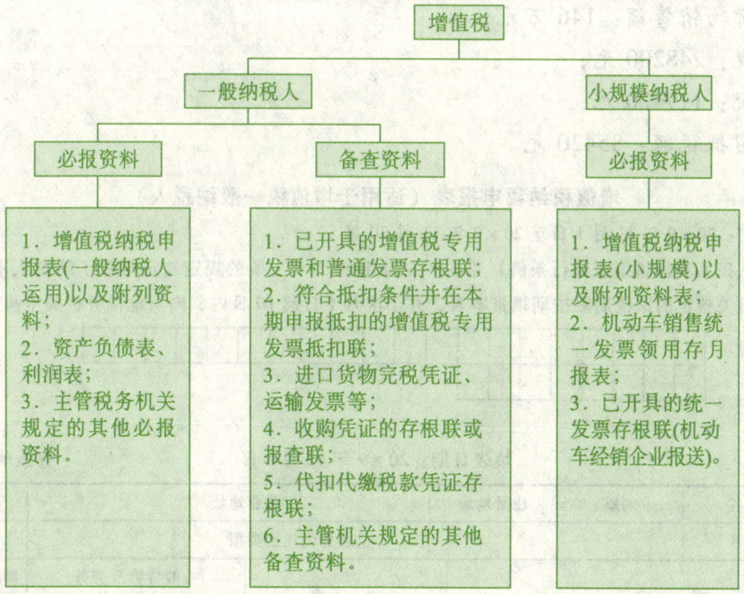

图2-4-12

增值税纳税申报表的填写步骤的思维导图如图2-4-13所示。

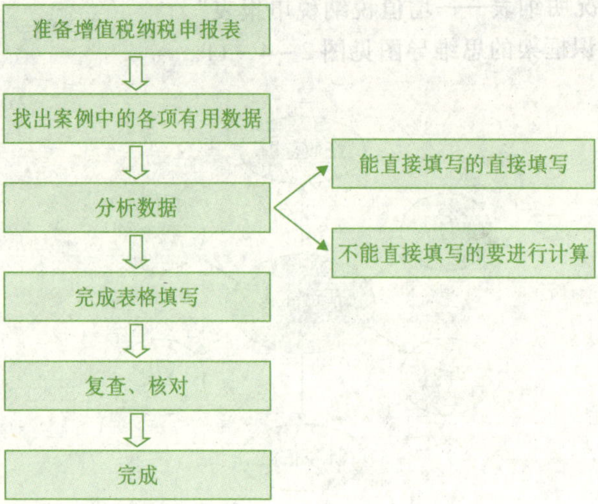

图 2－4－13

应用案例一

以下是北京美龙商务有限公司的财务信息，请根据已知条件，以公司法人代表刘威的身份为该公司进行 20×9 年 11 月 1 日至 20×9 年 11 月 30 日的增值税纳税申报（见表 2－4－8）：

- 应税货物销售额：146 万元；
- 销项税：248200 元；
- 进项税：119420 元；
- 上期留抵税额：85420 元。

表 2－4－8　　增值税纳税申报表（适用于增值税一般纳税人）

税款所属时期：20×9 年 11 月 1 日至 20×9 年 11 月 30 日

根据《中华人民共和国增值税暂行条例》第二十二条和第二十三条的规定制定本表。纳税人不论有无销售额，均应按主管税务机关核定的纳税期限按期填报本表，并于次月 1 日起 10 日内，向当地税务机关申报。

纳税人识别号 | | | | | | | | | | | | | | | | | | | | |

纳税编码 | | | | | | | | |

纳税人名称：

所属行业：　　　　填表日期：20×9 年 12 月 6 日　　　　金额单位：元至角分

法定代表人姓名	刘威	注册地址		营业地址	
开户银行及账号		企业登记注册类型		电话号码	

项目		栏次	一般货物及劳务		即征即退货物及劳务	
			本月数	本年累计	本月数	本年累计
销售额	（一）按适用税率征税货物及劳务销售额	1	1460000.00	1460000.00		
	其中：应税货物销售额	2	1460000.00	1460000.00		
	应税劳务销售额	3				
	纳税检查调整的销售额	4				
	（二）按简易征收办法征税货物销售额	5				

续表

	项目	栏次	一般货物及劳务		即征即退货物及劳务	
			本月数	本年累计	本月数	本年累计
销售额	其中：纳税检查调整的销售额	6				
	（三）免、抵、退办法出口货物销售额	7			—	—
	（四）免税货物及劳务销售额	8			—	—
	其中：免税货物销售额	9			—	—
	免税劳务销售额	10			—	—
税款计算	销项税额	11	248200.00	248200.00		
	进项税额	12	119420.00	204840.00		
	上期留抵税额	13	85420.00	—		—
	进项税额转出	14				
	免抵退货物应退税额	15			—	—
	按适用税率计算的纳税检查应补缴税额	16			—	—
	应抵扣税额合计	17 = 12 + 13 − 14 − 15 + 16	204840.00	—		—
	实际抵扣税额	18（如 17 < 11，则为 17，否则为 11）	204840.00	204840.00		
	应纳税额	19 = 11 − 18	43360.00	43360.00		
	期末留抵税额	20 = 17 − 18		—		—
	简易征收办法计算的应纳税额	21				
	按简易征收办法计算的纳税检查应补缴税额	22			—	—
	应纳税额减征额	23				
	应纳税额合计	24 = 19 + 21 − 23	43360.00	43360.00		
税款缴纳	期初未缴税额（多缴为负数）	25				
	实收出口开具专用缴款书退税额	26			—	—
	本期已缴税额	27 = 28 + 29 + 30 + 31				
	①分次预缴税额	28		—		—
	②出口开具专用缴款书预缴税额	29		—	—	—
	③本期缴纳上期应纳税额	30				
	④本期缴纳欠缴税额	31				
	期末未缴税额（多缴为负数）	32 = 24 + 25 + 26 − 27	43360.00	43360.00		
	其中：欠缴税额（≥0）	33 = 25 + 26 − 27		—		—
	本期应补（退）税额	34 = 24 − 28 − 29		—		—
	即征即退实际退税额	35	—	—		
	期初未缴查补税额	36			—	—
	本期入库查补税额	37			—	—
	期末未缴查补税额	38 = 16 + 22 + 36 − 37			—	—

授权声明	如果你已委托代理人申报，请填写下列资料： 为代理一切税务事宜，现授权 （地址）　　为本纳税人的代理申报人，任何与本申报表有关的往来文件，都可寄予此人。 授权人签字：	申报人声明	此纳税申报表是根据《中华人民共和国增值税暂行条例》的规定填报的，我相信它是真实的、可靠的、完整的。 声明人签字：

填表须知：一、本表条形码具有唯一性，表格复印使用无效，条形码区域请保持整洁；二、请在指定区域内加盖纳税人公章；三、本表一式二份，税务机关、纳税人各一份。

应用案例二

上海乐万家有限公司是一家从事日用品批发的小型企业。该企业2009年10月1日至2009年12月31日的销售额为1万元（不含税）。公司法人代表是王成，财务主管是李玉梅。请以办事员张钰的身份为该公司进行2009年度纳税申报（见表2-4-9）。

表2-4-9　　增值税纳税申报表（适用于小规模纳税人）

填表日期：2010年1月3日　　　　金额单位：　元（列至角分）

纳税人名称	上海乐万家有限公司		纳税人识别号	310xxxxxxxxxxx			纳税编码	310xxxxxxxxxxx
地址			税款所属时期	2009年10月1日至2009年12月31日			联系电话	021-xxxxxxx
货物或应税劳务名称	销售额	核定销售额	征收率	本期实际应纳税额	核定应纳税额	减免税额	预缴税额	应补退税额
序号	1	2	3	4=1×3	5=2×3	6	7	8=4(或5)-6-7
批发	10000			300	300			
预缴税款								

如纳税人填报，由纳税人填写以下各栏		如委托代理人填报，由代理人填写以下各栏				备注
会计主管：李玉梅（签章）	纳税人 上海乐万家有限公司（公章）	代理人名称		代理人（公章）		
		地址				
		经办人		电话		
以下由税务机关填写						
收到申请表日期			接收人			

填表说明：一、该表适用于增值税小规模纳税人填报。二、本表中的“货物或应税劳务名称”，按“货物”、“应税劳务”、“视同销售”分别填列。“货物名称”按国家税务总局计会统计表报表的分类口径及不同的适用征收率分别汇总填列。三、本表一式二份，税务机关、纳税人各一份。

基于案例的问题：

上述两个案例通过北京美龙商务有限公司和上海乐万家有限公司，根据增值税的相关规定，运用思维导图法，将相关的知识点进行归纳，重点掌握增值税纳税申报的流程。

（4）思维导图教学法应用的条件/场合/媒体（计算机教学媒体、工具、设备、文件、手册等）。

①思维导图教学法应用的条件/场合：

- 本教学法适用于具备一定的分析问题和归纳问题的能力的高年级学生；

• 教师应对该教学法有基本的认识，并且熟悉思维导图的画法；

• 本教学法适用于理论性较强的课程，便于学生形成整体的知识构架，但在实操课也可以适当采用；

• 在课堂上应给学生留出足够的时间来完成思维导图的制作；

• 教师要鼓励学生不断创新，大胆尝试。

②计算机教学媒体、工具、设备、文件和手册。应用的计算机教学媒体主要有带投影仪的全套多媒体设备，还需要计算器、算盘等工具，以及各种纳税申报表（一般纳税人、小规模纳税人）和评价表。

（5）教学法设计见表 2－4－10。

表 2－4－10

授课教师：	××中职学校	专业：	财政事务
课　　题	增值税的纳税申报	课　　时	1 课时
使用教材	《税收基础》，高等教育出版社（第二版）。		
教学内容分析	以销售货物、提供加工、修理修配劳务以及进口货物取得的增值额为征税对象的一种税。增值税是对商品生产、流通、劳务服务中多个环节的新增价值或商品的附加值征收的一种流转税。实行价外税，在实际工作中，商品新增价值或附加值在生产和流通过程中是很难准确计算的。因此，我国也采用税款抵扣的办法，即销项税额扣除进项税额，其差额就是增值部分应交的税额，该方法体现了按增值因素计税的原则。 增值税的纳税申报分为一般纳税人和小规模纳税人两种，本部分任务要求掌握各种申报表的填制，即： （1）“增值税专用发票遗失声明”刊出登记表； （2）“丢失、被盗增值税专用发票清单”； （3）“代开增值税专用发票缴纳税款申报单”； （4）“增值税纳税申报表（适用于小规模纳税人）”； （5）“增值税纳税申报表（适用于增值税一般纳税人）”； （6）“增值税纳税申报表附列资料（防伪税控增值税专用发票存根联明细）”； （7）“增值税纳税申报表附列资料（防伪税控增值税专用发票申报抵扣明细）”； （8）“本期进项税额明细表——增值税纳税申报表”； （9）“本期销售情况明细表——增值税纳税申报表”。		
学生情况分析 授课年级：职三级	财政事务专业高三年级的学生已经学习财政事务相关专业课两年，并在此基础上学习了《财政与税收基础》，对税收相关知识理论、技能、计算方法都有不同程度的掌握和理解。本部分知识为流转税模块中的重要部分。		
教学目标： 1. 知识目标	（1）通过学习了解增值税纳税人区分、报送时间和提供相应的报送材料； （2）掌握增值税的报送流程以及报表的填制。		
2. 能力目标	（1）学会运用思维导图对讨论过程进行记录及过程管理，并进行成果总结； （2）思维导图的延伸空间可以不受限制地随时扩展，从而培养学生的创造力和联想能力； （3）思维导图是一种打破了传统方式的全新的记笔记方法，让学生学会使用思维导图取代传统的记笔记方式； （4）通过小组成员共同合作完成思维导图的创作，培养学生团队合作的精神。		
3. 素质目标	（1）促进学生纳税意识的形成； （2）培养学生良好的职业道德和遵守职业规范。		

续表

教学重点	增值税纳税申报的流程			
教学难点	由于增值税的纳税人范围较广，不同的行业其特点不同。在进行纳税申报时，要了解和掌握不同行业的填报要求及营业税的相关规定。			
教学媒体	多媒体课件，实物投影，白板，计算器			
教学方法	思维导图教学法、案例教学法、讲授法、讨论法等			
教学过程	教学内容	教师活动	学生活动	教学意图
导入（时间：5分钟）	复习上节课所学内容，布置本节课内容。	温故知新，提出要求。	复习巩固，明确目的。	为整节课制定中心思想，让学生明确任务。
教学活动（时间：5分钟）	对思维导图进行简单介绍，演示思维导图的画法和在增值税方面的应用。	通过组织和引领学生开展各项学习活动。	各小组准备，分工。	让学生对思维导图有基本的认识和了解，并且基本了解思维导图在增值税纳税申报中的应用。
实训（时间：15分钟）	让学生根据对思维导图法的理解和掌握，进行具体的任务讨论，并且在规定时间内做出一份增值税纳税申报的思维导图。	教师边看边记录学生的表现，同时找中出存在的问题。	分小组合作完成制作思维导图的任务。	教师在讨论过程中，针对不同的学生，给予个别指导； 检查学生的学习效果，做到及时反馈。
交流与分享（时间：10分钟）	学生展示思维导图。	教师分析并为每小组计算成绩。	认真观看成果展示，取长补短。	培养学生学会与人分享学习成果和感受；让学生理解从事纳税申报工作需要有严谨认真的工作态度和高度的责任心。
课后延伸（时间：5分钟）	布置课后作业，继续熟悉纳税申报的操作。	为获胜小组颁奖；教师总结评讲。	记录作业。	培养学归纳、提练问题能力，以及“举一反三”的实操能力。

（6）教学法效果评价。以小组为单位，由组长组织，按表2－4－11中要求作出相应的评价，并对被评价的同学提出改进建议。

案例蕴含的专业能力、方法能力分析：

（1）通过案例的应用，了解增值税纳税人区分、报送时间和提供相应的报送材料；掌握增值税的报送流程以及报表的填制。

（2）通过运用思维导图法，让学生学会运用讨论过程进行记录及过程管理，并进行成果总结。可以不受限制地随时扩展，从而培养学生的创造力和联想能力；全新的记笔记方法，让学生学会使用思维导图取代传统的记笔记方式；通过小组成员共同合作，培养学生团队合作的精神。

表 2-4-11　　增值税纳税申报规范评价表

被评价者：

评价指向：　　　　　　　　评价时间：　年　月　日

训练项目	训练重点	评价标准	小组评价（5分满分）					老师评价				
掌握增值税申报所需要资料	资料类别的认识	对增值税申报表中类别名称的掌握	1	2	3	4	5	1	2	3	4	5
	资料的使用	能根据具体情况选择正确的申报表	1	2	3	4	5	1	2	3	4	5
	资料的解读	能正确理解表中各项内容的含义	1	2	3	4	5	1	2	3	4	5
掌握增值税纳税申报工作过程	增值税申报的申请	正确选择增值税纳税方式	1	2	3	4	5	1	2	3	4	5
	增值税申报表填制	正确填写增值税纳税申报表	1	2	3	4	5	1	2	3	4	5
	增值税申报表管理	正确进行纳税申请的各种单证保管	1	2	3	4	5	1	2	3	4	5
独立性、运用能力与纪律性	独立性	能够独立完成登记的工作过程	1	2	3	4	5	1	2	3	4	5
	运用能力	能够正确运用资料	1	2	3	4	5	1	2	3	4	5
	组织纪律性	遵守课堂纪律，按时完成任务	1	2	3	4	5	1	2	3	4	5
个人努力方向与建议								评价汇总： 总分：				

教学研讨：

你是否理解了增值税的纳税原理，并掌握了结合企业的会计资料进行增值税的计算、申报、缴纳的基本技能？

4.2.2　思维导图教学法应用分析

（1）思维导图教学法应用的注意事项。

①在学生讨论时，老师引导学生将所有环绕主题的观点都写下来，然后再将观点组织合并，画出初步的思维导图；初步的思维导图不一定能马上帮助学生确定项目的任务，这个时候，老师应引导学生暂时休息、放松，然后再对原来写下来的观点进行重新思考，改写思维导图，直至使学生能清晰地确定项目的任务。

②在绘图过程中需要选择及作出决定时，教师应引导学生将需要考虑的因素、目标、限制、后果及其他可行性用思维导图画出来，再将所有因素按重要程度或喜恶加权，最后尝试作出决定，以引导学生抓住重点，把握主体思路。

③思维导图的作用是指导学生的探究步骤和探究内容。在出现问题时，可以让学生通过循环往复地绘制、修改、反思、再设计思维导图，不断地完善，让学生从中学会反思自己的学习过程。

④思维导图对提升逻辑思维和创造性思维都有很大帮助，把思维导图作为一种沟通的方式和习惯来培养，可极大限度地挖掘学生的思维潜能。

⑤教师教学准备：

- 具体实践时，为提高教学效率，建议由老师事先做好一个计划思维导图模板，学生再根据自己的计划修改思维导图，完成计划的制定。
- 课前准备好填报增值税纳税申报表所需的具体案例（要有详细准确的公司财务信息）。
- 准备好课上会用到的所有相关报表，如增值税纳税申报表（适用于增值税一般纳税人及小规模纳税人）等。
- 由于思维导图教学法仍然属于教师较为陌生的领域，所以教师应熟悉思维导图的制作流程及方法，在课前应做一些相关的练习。

（2）教学法教学效果评价

思维导图应用于教学实践的优越性主要有：

第一，思维导图教学法避免了传统记笔记的单调，同时训练学生把自己的知识融入思维导图中，使学习变得更容易、更有趣。

第二，思维导图笔记只记录重点资料和关键词，可以节约 90% 的时间，使学生更能集中精力思考真正的主题，保持思维的连续性。

第三，清晰明白的思维导图，使记忆和复习更有效。

第四，思维导图的末端开放式结构，使得新信息的补充更加方便。

通过运用思维导图，应该达到以下效果：

①成倍提高学生的学习速度和效率，更快地学习新知识与复习整合旧知识；

②激发学生的联想与创意，将各种零散的智慧、资源等融会贯通成为一个系统；

③让学生形成系统的学习和思维的习惯，快速地记笔记，顺利通过考试；

④提高学生学习的积极性，增加学习的乐趣；

⑤让学生尽快掌握所学知识。

4.3 思维导图教学法应用三　支出预算执行

4.3.1 思维导图教学法案例

（1）教学对象。财政事务专业二年级×××班学生，已经学习财政基础知识两个多月了，学习了财政概述、财政职能、公共产品与外部效应纠正、财政原则、财政支出概述、购买性支出、转移性支出等内容。本部分教学是单元十预算支出中的支出预算执行部分。

（2）教学目标。本教学法应该满足以下的目标：

知识目标：

- 通过学习，了解财政支出预算执行的主要任务、预算拨款的原则；
- 掌握财政预算支出的账务处理、支出预算的执行程序；
- 通过支出预算执行去判定现行财政资金拨付流程和使用情况。

能力目标：

- 通过思维导图教学法的应用，运用教材及其他信息作为素材，学会应用绘制图的方式总结提炼问题的能力；
- 通过思维导图教学法的应用，运用教材及案例制作思维导图，帮助和提高对本教学内容的重点问题的理解和记忆。

素质目标：

- 围绕图中的重、难点问题，引导学生掌握自主学习的能力；
- 初次给图，会有一定的难度，不仅是已有知识、技能的应用，而且还要求学生运用新学习的知识、技能，解决过去从未遇到过的实际问题。
- 学习结束时，在教师的引导下，师生共同评价学习成果、总结学习方法。

（3）教学内容：《财政基础知识》教材单元十二“预算编制——支出预算执行”。

课堂教学的主要目的在于以教学内容为载体发展学生的智力。因此，根据一定的教育目的选择适合的教学内容是非常重要的，可以用思维导图协助教师分析选择教学内容。

应用案例

海南市教育局下属的A职业学校，属于有预算外收入的全额财政供给经费事业单位（单位代码：201010）。该单位需要向国库支出2×10年1月份的工资。为此，该校财务部门负责人编制了1月份工资用款计划表（见表2-4-12、表2-4-13）并送市财政局，财政局审核该单位工资用款计划无误后，进行拨款。

A校单位人员的基本情况：现有在职教职工106人（编制人数110人），退休人员10人，离休人员2人。

基于案例的问题：

①依据提供的有关资料熟悉该单位的基本情况，确定基本数据：主要是部门单位的机构人员编制方面的基本数字和定员定额。

表 2-4-12　在职教职工工资表

单位：A 职业学校　　日期：2×10 年　　金额单位：元

序号	姓名	职务工资	津贴（活的部分）	教护龄津贴	教护龄提高 10%	保留工资	开放补贴	适当补贴	保留补差工资	生活补贴	粮差补贴	应发工资
1	李英	626	268.3	5	62.60	52	150	15	50	330	4.3	1653.20
2	王力	557	238.7	0	0	52	150	14	51	300	4.3	1448.0
3	梁山	535	229.3	5	53.5	52	150	15	50	330	4.3	1514.10
……	……	……	……	……	……	……	……	……	……	……	……	……
合计		58936	25271.8	371	3710.8	5512	15900	15885	52.6	33490	455.8	159585

表 2-4-13　离退休类人员工资表

单位：A 职业学校　　日期：2×10 年　　金额单位：元

姓名	职务工资	级别工资	……	开放补贴	适当补贴	生活补贴	粮差补贴	……	……	……	应发工资
刘三	996	426.9	……	150	160	350	4.3	……	……	……	2244.2
陈强	996	426.9	……	150	165	380	4.3	……	……	……	2306.0
吕美	783.5	0	……	150	155	300	4.3	……	……	……	1461.0
……	……	……	……	……	……	……	……	……	……	……	……
合计	10604.2	853.8	……	1800	1820	3665	51.6	……	……	……	19547.5

注：刘三、陈强为离休人员。

②该市财政局采用授权方式支付该职业学校的工资，要求说明授权方式下工资用款支付的流程，并用思维导图法表示出来。

案例教学法组织与实施：

（1）咨询。A 职业学校预算编制涉及的主要知识点：

①财政支出的方式——授权支付；

②工资用款支出的流程。

（2）计划。各小组根据思维导图法提出的问题和工作任务，制订学习计划（见表 2-4-14）。

（3）决策：完成工资支出的过程（见图 2-4-14）。

（4）教学法设计见表 2-4-15。

（5）教学效果评价。教学效果评价的主要内容：思维导图的内容是否符合教学目标和教学内容，教学目标和教学内容的安排是否合理；教师引导和课前的准备是否充分；形式是否生动、活泼；学生展示得是否真实、有效；学生的参与是否是积极状态；结论是否按预算进行财政支出；教学档案的建立是否完整、科学等等（见表 2-4-16）。

表 2-4-14 **学习计划**

时间	工作任务	准备资料	可能遇到的问题	解决问题的方法
1 课时	• 小组集中学习思维导图法的做法并明确核心的问题 • 小组内部分工	教材	• 多数学生看不懂教材 • 部分同学没有学习的毅力	教师要强调阅读教材的重要性，并积极帮助学生坚持认真看教材的相关内容
1 课时	查阅资料	• 支出预算执行的方式和流程 • 网络信息 • 走访实务工作	• 各组进度不一 • 搜集的资料、信息不正确 • 缺少加工整理的经验	跟踪学生的自主学习过程，给予必要的帮助
2 课时	各组交流答案	思维导图法问题答案 制作 PPT 案例	• 知识性的错误 • 各组之间的分歧	教师应起主导作用，给予正确的引导和评判
1 课时	总结评价	评价表	成绩不公平	正确评价各组的成绩
学生填写	学生填写	学生填写	学生填写	教师填写

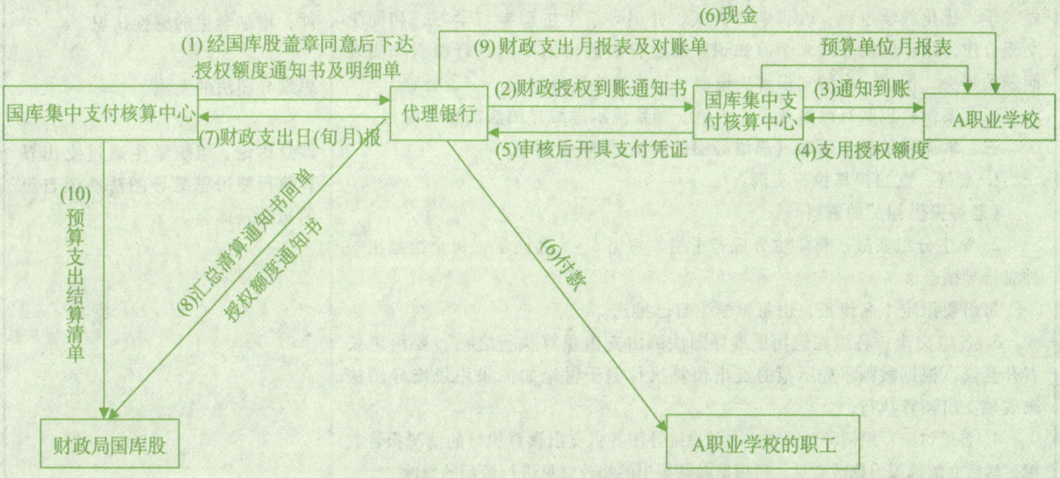

图 2-4-14 财政授权支付业务流程图

表 2-4-15 **“支出预算执行”课程教学设计**

授课时间	2010 年×月×日　　第×节（需要课时 4 课时）
授课班级	中职会计专业××年级××班
教学内容	单元十二预算编制　任务二支出预算执行
教学目的及要求	通过本任务的学习，了解财政支出预算执行的主要任务、预算拨款的原则，掌握财政预算支出的账务处理、支出预算的执行程序
教学方法	思维导图教学法、项目教学法、讲授法、案例教学法、模拟教学法
教具、挂图	PPT

续表

<table>
<tr><td>教学重点难点</td><td colspan="2">重点：
1. 使学生了解思维导图的全流程。
2. 综合运用知识解决实际问题。
3. 熟练所学的财政预算支出账务处理、支出预算执行的程序以及其相关知识，并能运用来解决实际支出预算执行的问题。
难点：
1. 学生综合运用知识解决实际问题的能力。
2. 分工合作完成整个任务。</td></tr>
<tr><td colspan="2">教学过程（教学内容及环节）</td><td>教学措施、手段及方法</td></tr>
<tr><td colspan="2">一、复习、提问（10 分钟）
上次课所授内容回顾：如何编制用款计划？
前面我们已经学习了支出预算执行，并感受了根据这些知识进行的一个具体实例。那么在实际工作哪一级财政部门或行政事业单位会用到这一知识点呢？如何编报用款计划呢？让学生讨论、回答……
教师根据回答进行总结，展示编报用款计划的重要性。
二、授新课（40 分钟）
引出今天的课程，展示支出预算执行的全过程。根据支出预算执行的相关知识，设计实际工作中支出预算执行的全过程。让学生从亲身的感受中说、做、学，优化教学过程，改进学习方式，并倡导学生主动参与学习，和同学交流合作，用不同的方式来学习知识。通过自己的讨论交流进行探索和实现问题的解决，形成一定的知识解决模型，最终解决实际问题。
示范案例：以某行政事业单位为例，细致演示思维导图法的整个流程。
三、本课程的教学活动（思维导图的实施，150 分钟）
1. 案例：支出预算执行实例。
（老师提供相关的资料）
2. 学生分组实战。将学生分成若干组，每组 3～5 名同学，每个组画出一种思维导图。
每组要指定 1 名组长，由每组学生自己推选。
3. 各组交流：各组在运用思维导图法画出支出预算执行之前，要由组长召开会议，根据教师事先示范的支出预算执行例子讨论如何采用思维导图法来表现支出预算执行。
4. 各组讨论：用何种画图方法表示思维导图并将支出预算执行的情况报告教师，然后由教师提出修改意见，再根据教师提出的修改意见进行最后的修改。
5. 各组将本组的用思维导图法表示的支出预算执行的结果报告给教师。
四、验收（内部验收）
各组组长向全班汇报、展示、交流本组的最终作品，在介绍过程中要求说明各组是如何进行用思维导图支出预算执行的思路以及在进行支出预算执行过程中遇到过什么问题，这些问题是如何解决的。同时，其他组的同学也可提出问题，让该组组长解释支出预算执行所用的思维导图的形状的理由。
最后各组之间进行互评，互相学习，通过相互评价进一步修改各自的支出预算执行的具体操作，评选出最佳小组，教师点评。
案例：由案例引导学生进而设想遇到不可预料的情况如何调整支出预算的执行。</td><td>采用提问方式回顾旧知。再通过案例使学生了解支出预算执行的整个过程。

案例启发，如何编报用款计划。

整个演示过程制作成多媒体课件，增加学生的感性认识。

思维导图法的实施。

课堂讨论，组织学生通过支出预算执行使用思维导图法谈谈自己的想法及体会。</td></tr>
<tr><td>本课小结</td><td colspan="2">本次课通过介绍支出预算执行的例子认识到财政支出预算执行的最终意义是什么？如何进行支出执行？（3 分钟）</td></tr>
<tr><td>课外作业</td><td colspan="2">到实际工作中去了解支出预算执行的做法。（2 分钟）</td></tr>
<tr><td>课后分析</td><td colspan="2">对上述教学设计的实际授课感受、体会和改进措施。</td></tr>
</table>

表 2－4－16　　教学效果评价表

总体印象：优 □　良 □　中 □　差 □　评议分数：________

	评 价 项 目	分值	A	B	C	D	E
			1.0	0.8	0.6	0.4	0.2
1	内容符合教学目标和教学内容	10 分					
2	教学目标和教学内容的安排要合理	10 分					
3	能加深学生对自己做的思维导图的价值观的了解	10 分					
4	思维导图的内容充实，信息量大	10 分					
5	教学环境安静	10 分					
6	教学气氛愉快、活跃，学生学习积极性高	10 分					
7	思维导图的内容能反映或联系学科发展的新思路、新概念、新成果	10 分					
8	能给予学生思考、联想、创新的启迪	10 分					
9	教学组织工作井然有序	10 分					
10	能有效地利用各种教学媒体	10 分					
对本节课的教学内容、方法、手段等的具体指导意见或建议： 签字： 年　月　日							

案例蕴含的专业能力、方法能力分析：

（1）通过案例的实际应用，让学生熟练所学的财政预算支出账务处理、支出预算执行的程序以及其相关知识并能运用来解决实际支出预算执行的问题。

（2）通过小组的讨论交流进行探索和实现问题的解决，形成一定的知识解决模型，最终解决实际问题。

教学研讨：

通过 A 职业学校支出预算执行的案例，认识到财政支出预算执行的最终意义是什么？如何进行支出执行？

4.3.2　思维导图教学法的应用分析

思维导图教学法在运用过程中一定要考虑教学对象、课程特点、应用场合等具体要素和问题。本教学设计中所授课程为财政基础知识的支出预算执行中的工资支出，由于本课程的政策性、管理性要求高，因而对于情境描述的要求也比较高，同时需要学生思维要开阔，要有一定的想象空间，有一定的绘图能力，需要开放型的案例和学习环境。

（1）应用条件、场合和注意事项、教训。运用思维导图教学法进行本项内容的教学，需要的条件主要有：合格的指导教师（教师要有良好的组织能力、良好的逻辑思维能力、良好的反映能力、充分的前置知识）；合理的教学场所的布置；恰当的场景设计等等。

注意事项主要包括：

①学生分组应注意的事项：

第一，注意组织能力强弱、动手能力强弱的合理搭配。在进行小组划分时，任课教师应事先和班主任进行沟通，了解学生各自的特点和特长，以保证分组的合理性，继而保障项目工作的顺利进行。

第二，小组人数以5~6人为宜。因为学生各有所长，知识的互补性可以帮助他们解决更多的问题。组成小组后，由学生推选组长、副组长，进行适当的小组分工，让每一个人都明确自己的任务。

②教师的作用：

第一，引导作用。学生在完成思维导图的整个过程中，教师要进行适当的引导。引导主要包括对新知识的讲解和对思维导图具体实施的解释。

新知识的讲解要抓重点，避重复。应该只包括对重点教学内容的讲解，其过程应该精练，最好是通过简单的例子用实际操作的方法进行，这样，学生才更容易理解、接受，也为学生独立完成思维导图打下良好的基础。

教师要解释清楚思维导图实施的步骤，相关资料要及时给出。教师除了要告诉学生即将完成的思维导图任务是什么，还应该适当地提醒学生先做什么、后做什么。

第二，指导作用。在任务确定后，教师指导学生获取资料、制订计划，确定理论授课和实践培训的具体操作办法。教师和学生共同确定思维导图任务实施计划的提纲，然后由教师对学生拟订的计划进行修改并最终确定统一标准。

学生在完成思维导图任务的过程中如遇到困难，教师应及时给予指导。针对不同层次的学生，教师指导的深度要有所不同。思维导图教学法的根本宗旨是让学生自己将所学知识用图示表达出来，因此，教师一定要把握好指导的尺度。

第三，让学生学会反思、学会讨论。反思是不断创造的原动力。只有不断反思，才会扬长避短，才会有新的创造，才会上升到更高层次，获取更多的专业知识和技能。在教学过程中，教师要善于发现学生在专业学习过程中存在的问题，但不要急于告诉学生答案，要让学生反思自己的专业学习过程，帮助学生找到问题的症结所在，让学生自行解决问题。

第四，检查评估作用。在思维导图内容讨论评估时，教师要尊重学生的成果，不要在学生面前评论谁对谁错，思维导图实施成功与否应看整个过程的进行情况。检查评估要以学生完成思维导图任务的情况来评价学生学习效果，更要关注过程，从中发展存在的问题和教训，以利于教学工作的完成。

（2）目标、内容、媒体、环境、组织。在思维导图教学法中，学生学习的途径由以课本为中心转变为以“思维导图”为中心。好的思维导图任务可以充分调动学生学习的积极性，所以情景的选取非常关键。必须设计合理的思维导图任务难度梯度，思维导图所涉及的知识和技能在教学大纲所要求的范围以内，内容是学生所比较熟悉的，通过学生主动的探索和学习是有能力完成的。

思维导图任务的确定可由几位任课教师和部分学生共同制定。思维导图任务的确定应注意以下事项：

①从已有的教学资源和社会实际状况出发，任务要可行。

②最初实施的任务所涉及的内容应是学生较易掌握的，这样学生的信心就会增强，学习积极性就会提高。以后可以逐步提高任务的难度，可促使学生学习和运用新的知识、技能，解决过去从未遇到过的实际问题。

③任务必须是非常具体的、可操作的。

④任务应能激励学生搜集有关资料，激发学习自觉性。

附录：思维导图的制作方法

制作工具：

- 白纸（A4）。
- 一套12支或更多的软芯笔。
- 4支以上不同颜色、色彩明亮的涂色笔。
- 1支标准钢笔。

（1）主题。

①最大的主题（文章的名称或书名）要以图形的形式体现出来。我们以前的笔记都会把最大的主题写在笔记本纸面上最顶格的中间，而思维导图则把主题体现在整张纸的中心，并且以图形的形式体现出来，我们称之为“中央图”。

②中央图要使用3种以上的颜色。

③一个主题一个大分支。思维导图把主题以大分支的形式体现出来，有多少个主要的主题，就会有多少个大的分支。

④每个分支要用不同的颜色。每个分支用不同颜色可以使人对不同主题的相关信息一目了然。

（2）内容要求。

①运用代码。小插图不但可以更强化每一个关键词的记忆，同时也更加突出关键词要表达的意思，而且还可以节省大量的记录空间。当然除了这些小的插图，我们还有很多代码可以用，比如厘米可以用cm来代表，所以可以用代码的应尽量用代码。

②箭头的连接。当我们在分析一些信息的时候，各主题之间会有信息相关联的地方，这时，可以把有关联的部分用箭头连起来，这样就可以很直观地了解到信息之间的联系了。如果你在分析信息的时候，有很多信息是相关有联系的，但是如果都用箭头连接起来会显得比较杂乱。这时，你可以运用代码，用同样的代码在相关联部分的旁边注明，当你看到同样的代码时，你就知道这些部分是有联系的。

③只写关键词，并且要写在线条的上方。思维导图的记录用的全都是关键词，这些关键词代表着信息的重点内容。不少人刚开始使用思维导图时，会把关键词写在线条的下面，这样是不对的，一要写在线条的上面。

（3）线条要求。

①线长＝词语的长度。思维导图有很多线段，每一条线条的长度都是与词语的长度一致的。刚开始使用思维导图的人会把每根线条画得很长，词语写得很小，这样不但不便于记忆，还会浪费大量的空间。

②中央线要粗。思维导图体现的层次感很分明，越靠近中间的线会越粗，越往外延伸的线会越细，字体也是越靠近中心图的越大，越往后面的就越小。

③线与线之间相连。思维导图的线段之间是互相连接起来的，线条上的关键词之间也是

互相隶属、互相说明的关系，而且线条要直行，换言之线条上的关键词一定要让你自己能直观地看到，而不是要把纸的角度转了120度角才能看清楚自己在写什么。

④环抱线。有些思维导图的分支外面围着一层外围线，也叫“环抱线”，这些线有两种作用：

第一，当分支多的时候，用环抱线把它们围起来，能让你更直观地看到不同主题的内容。

第二，可以让整幅思维导图看起来更美观。

要注意的是，你要先完成思维导图，再画外围线。

（4）总体要求。

①纸要横着放。大多数人在写笔记的时候，笔记本是竖着放的。但做思维导图时，纸是横着放的，这样空间感比较大。

②用数字标明顺序。可以有两种标明顺序的方式，主要依需要和个人的习惯而定。

第一种方式：从第一条主题的分支开始，用数字从1开始，把所有分支的内容按顺序标明出来，这样就可以通过数字知道内容的顺序了。

第二种方式：每一条分支按顺序编排一次，比如第一条分支从1标明好顺序后，第二条分支再重新从1开始编排，也就是说，每条分支都重新编一次顺序。

③布局。做思维导图时，它的分支是可以灵活摆放的，除了能理清思路外，还要考虑到合理地利用空间。你可以在画图时思考，哪条分支的内容会多一些，哪条分支的内容少一些，你可以把最多内容的分支与内容较少的分支安排在纸的同一侧，这样就可以更合理地安排内容的摆放了。画思维导图前，要先思考如何布局会更好。

④个人的风格。思维导图最好能够形成自己的风格。虽然每一幅思维导图都有一套规则，但都能形成个人的风格。

上述思维导图的15条技法中，关键词是最重要的部分，因为思维导图只记录关键词，如果关键词选择不正确，思维导图所要表达的信息就不准确了。要想学会全面总体地分析信息，你需要学会判断信息当中哪部分是它们的关键部分，并搜索到它们的关键点，也就是关键词。

思维导图是一种可以唤醒人们大脑的有效工具，它用画的方法来记录思考和创作的过程。思维导图用颜色、图像、关键词、曲线等要素构成，发挥了大脑的“想象”与“联想”的特点，充分地挖掘大脑的记忆力和创新力的潜能，对于开发学生智力因素，培养学生主动掌握学习技巧和方法有很好的效果。

在应用思维导图时要注意：

第一，在制作思维导图时，对于一个相对独立的问题，在我们的大脑中要形成一个“全景图”，既要考虑最终的教学目标，又不会漏掉细枝末节。在画思维导图过程中，自始至终都要围绕关键主题思考，并用丰富多彩的图形加以标注，既赏心悦目又容易记忆。

第二，运用思维导图法激发学生的创造力。主要是通过图中的关键词，打破传统的记笔记不分主次的做法，从关键词入手，使思维导图的延伸空间不受限制地随时扩展。让学生充分发挥想象力，将教材的知识点向外扩展，培养学生的发散思维。

第三，思维导图法与其他教学方法应有效结合，如案例教学法、项目教学法、头脑风暴法。通过分小组集体讨论的方式，使大家产生共鸣，最终用思维导图对讨论过程进行记录及过程管理。也可以让每个学生各自画出小思维导图，最后汇总成一个大的思维导图。

5 财政事务专业模拟教学法

结合岗位对员工的技能要求进行有针对性的训练，是职业教育中的重要内容，但是由于设备、场地、资金等条件的限制，学生很少能到实际工作岗位上实习，从而削弱了学生实际技能训练这一重要的教学环节。模拟教学就是指在教师指导下，学生模拟扮演某一角色进行技能训练的一种教学方法。模拟教学能在很大程度上为学生提供近似真实的训练环境，提高学生的职业技能。

模拟教学需要通过设计特定的场景、人物、事件，让学生进入相关的角色，以现实生活中类似的情景为参照物，进行模仿、比较、优化，并通过反复演练，以求得理论的升华和能力的提高。在模拟教学过程中，教师不是教给学生现成的理论或提供对实际问题的现成答案，而是通过对某一专题情景的模拟、点评分析和跟学生的交流，帮助学生掌握基本知识和技能，培养分析问题和解决问题的能力，提高学员的整体素质和职业能力。

模拟教学方法，对于解决课堂与社会分隔，学与用脱节，理论与实践分离的问题，具有不可低估的积极意义。其基本的要求是：通过教学的设计、组织和管理，充分调动起学生学习的主动性、积极性，使学生真正成为学习的主体，使教学过程成为学生主动地、独立地开展思维的过程，成为教与学、学与学之间开展思维互动的过程，使学生在这样的过程中完成教学内容的内化，实现理论、知识等向素质、能力的转化。

仿真模拟教学法的应用原则是：一是知识传授与能力培养相结合原则；二是教学情境真实的原则；三是师生共同参与原则。

仿真模拟教学法的步骤一般分为：知识准备→以学生兴趣为起点，创设情境，设计仿真模拟程序→开展实训，完成任务→师生交流和总结评价。

在财政事务专业教学中，模拟教学法主要适用于有特定情景、不同人物、从事不同岗位工作的教学内容。由于财政、税务工作实务中往往会与不同的单位、部门进行必要的业务往来，不同的工作岗位有不同的工作内容，需要相互配合完成，因此，为了使学生有身临其境的感觉，帮助他们更好地理解和把握要掌握的知识与技能，并达到在校内与校外工作岗位仿真的效果，可以运用模拟法组织教学法活动。需要教师通过设置不同的工作场景、给学生分配不同岗位的人员、相应地完成不同的工作内容，以达到学以致用的效果。

本部分通过两个教学内容：政府定点采购、核算增值税实训，对模拟教学法进行应用。

5.1 模拟教学法应用一　定点采购实训

5.1.1 模拟教学法案例

（1）教学对象。财政事务专业三级一班学生已经学习财政课程一年，学习了财政拨款、预算执行、预算编制、国库集中支付等的基本知识，开始学习电子政务的内容。本部分教学内容是电子政务中的政府采购部分之一定点采购。

（2）教学目标。本教学应该完成下列目标：

知识目标：

①通过自学的方式，掌握政府采购的概念、分类、过程等基础知识和业务知识；

②在此基础上通过运用仿真政府采购业务管理实务软件系统，使学生进一步理解并掌握政府采购的分类、采购原则、采购程序等的实践环节；

③结合系统流程，掌握政府采购的法律、法规、程序、规则等相关知识。

能力目标：

①培养学生认真学习的态度及自主学习的能力；

②通过仿真实务软件的使用，使学生能够熟练操作各类采购系统流程，增强学生相关专业技能，提高学生实际动手能力。

素质目标：

①培养学生如何从政府的角度，坚持“公平、公正、科学、效益、合理、客观”的原则，进行采购。

②增强学生按政府采购程序办事和依法办事的职业意识和习惯，使学生能把政府采购理论运用于实践，将来能很快适应采购管理工作的需要。

（3）教学内容。

应用案例

中南市公安局需购置一批办公照明设备，通过定点采购的方式向指定供货商朗科进行采购，采购商品明细如表2-5-1所示。

表 2－5－1　采购商品明细表

商品名称	单位	单价（元）	数量	金额（元）	资金来源
朗科灯管	支	10	200	2000	预算内
朗科开关	个	30	100	3000	预算内
朗科插座	个	20	50	1000	预算内
朗科灯座	个	20	200	4000	预算内
合　计				10000	

基于案例的问题

利用兰贝斯政府采购业务管理系统软件，实现以上案例中描述的定点采购流程。即采购立项→立项审核→定点采购证建立→定点采购证审核→产品签收。

（4）模拟教学方法的实施过程。模拟教学法通常采用模块教学法、项目教学法、角色扮演法、案例分析法等现代行为导向教学方法。定点采购实训教学除采用传统的案例分析法以外，最有效的教学法是模块教学法和角色扮演法。

①知识准备。

首先，设计布置预习思考题：

- 政府采购的分类、采购原则？
- 各类政府采购系统的流程？
- 政府采购各个环节所需注意的事项？
- 利用“政府—供应商”博弈的理论，分析如何从政府的角度坚持采购原则？

其次，课堂讲授相关知识：提出需要解决的任务（教师根据模块内容告知学生主要学习什么知识，应当达到的目标）→传授相应的理论知识→告知将会碰到的问题及其解决的对策。

②以学生兴趣为起点，创设情境，设计仿真模拟程序。激发学生的学习动力，培养其好奇心、求知欲，应根据学生的身心发展规律，创设学生感兴趣的情境，只有这样学生才能积极主动地投入到学习中去。当然情境的创设既要符合学生的身心特点，让学生有兴趣参与其中，又要落实课堂目标，并使二者有机统一起来，使学生通过情境探究活动，既激发“兴趣”，更增强“知识、技能”。

这里模拟政府定点采购的工作程序设置了三大模块：“采购立项”、“定点采购证建立”、“产品签收”。然后运用角色扮演法，根据各模块的工作需要，由学生扮演“剧情”中的角色，按照要求完成角色任务的教学训练。

第一，角色扮演的要求：

- 教师要根据学生的意愿，结合学生自身特点进行角色分工；
- 要明确各种角色应当完成的任务；
- 要强调角色扮演的技巧和方法，尽量做到逼真。

第二，角色的分配：根据班级学生的总人数，将学生分成几个独立的工作组，每组 5 人。每个组完成相同的工作任务，在组中进行角色的分配，具体分配情况表 2－5－2。

表 2-5-2　　角色分配表

单位（部门）	角色	人数（人）	完成任务
政府采购管理中心	采购立项员	1	采购立项
			定点采购证的建立
	采购立项审核员	1	采购立项审核
			定点采购证的审核
	产品签收员	1	产品检验与签收
政府采购单位	采购员	1	采购业务
政府采购供应商	销售员	1	供应商品

③开展实训，完成任务。仿真模拟教学其实质在“真”而不在“仿”。因此，整个模拟活动都应该体现真实性和严肃性。教师的责任在于有组织地使全体学生按事先编排的角色“上岗”，从而使全体学生都积极地参与到生动的仿真模拟训练中，达到预期的教学效果。

这是仿真模拟教学的关键环节，需做好三方面工作：

- 要求学生认真扮演角色，严肃对待每一次业务活动，不能视同游戏或走形式。
- 安排未担任角色的学生以下任务：做笔录；对本次仿真模拟进行分析评价。
- 重视教师的引导作用。教师应注意调节气氛，及时引导，给予必要的启示，使模拟活动顺利进行。

④师生交流和总结评价。在政府定点采购实训结束后，教师要组织学生进行交流和总结。目的是让学生通过交流，对各角色成员所承担的任务完成情况作出全面评价，肯定成绩，找出不足或失败的原因。这样不仅有利于复习巩固课堂理论知识，而且也能提升知识运用的能力。教师在组织学生交流和总结时，必须对学生的实训表现作出客观评价，同时也应当进行自我总结，对实训教学效果要作出客观评价，对模拟实训的教学设计进行反思，并作出相应的修改和调整。

总结评价工作的步骤如下：

- 学生分小组讲评，谈感受、谈工作任务完成情况、谈个人知识和能力的改善，进行小组自评。
- 由每一小组的监督员讲评，谈小组成员参与程度、团队合作情况、任务完成情况等，展开双方或多方讨论，完成小组间的互评。
- 学生撰写实训总结报告，描述实训过程、总结成败得失，从而达到知识和能力的提升。
- 教师对整个实训和各小组工作情况进行点评，对单个成员的表现逐一点评，对每个学员进行成绩评定。肯定成绩，指出不足，量化考核，以激发学习热情，改进不足之处。

政府定点采购实训总结评价表见表 2-5-3，小组互评表见表 2-5-4，小组自评表见表 2-5-5。

（5）教学法设计见表 2-5-6。

表 2-5-3　　教师评价表

被评价者：　　　　评价时间：　年　月　日

评价内容	评价标准	教师评价				
知识点的掌握和自学能力	前期的知识准备情况；自我管理、自我学习能力	优	良	中	及格	不及格
角色任务完成情况	任务完成的质量、程序是否规范、操作是否正确和熟练程度	优	良	中	及格	不及格
工作态度和工作作风	工作责任心、克服困难的决心和信心、团结协作精神等	优	良	中	及格	不及格
团队合作和表现突出者	小组成员参与程度，小组中优秀成员数目	优	良	中	及格	不及格
学生撰写模拟实训报告	文字是否流畅，内容是否客观、全面，体会和总结是否深刻具体	优	良	中	及格	不及格
不足与建议		评价汇总（总分）：				

表 2-5-4　　小组互评表

被评价者：　　　　评价时间：　年　月　日

评价内容	评价标准	小组互评				
知识点的掌握	前期的知识准备情况	优	良	中	及格	不及格
任务完成情况	任务完成的质量、程序是否规范，操作是否正确和熟练程度	优	良	中	及格	不及格
团队合作和表现突出者	小组成员参与程度，小组中优秀成员数目	优	良	中	及格	不及格
不足与建议		评价汇总（总分）：				

表 2-5-5　　小组自评表

被评价者：　　　　评价时间：　年　月　日

评价内容	评价标准	小组自评				
知识点的掌握和自学能力	前期的知识准备情况；自我管理、自我学习能力	优	良	中	及格	不及格
角色任务完成情况	任务完成的质量、程序是否规范，操作是否正确和熟练程度	优	良	中	及格	不及格
工作态度和工作作风	工作责任心、克服困难的决心和信心、团结协作精神等	优	良	中	及格	不及格
团队合作和表现突出者	小组成员参与程度，小组中优秀成员数目	优	良	中	及格	不及格
学生撰写模拟实训报告	文字是否流畅，内容是否客观、全面，体会和总结是否深刻具体	优	良	中	及格	不及格
不足与建议		评价汇总（总分）：				

表 2-5-6

“政府定点采购实训”教学设计	
授课时间	20××年×月×日　　第×节（共需4课时）
授课班级	财政事务专业××班
教学内容	政府采购——定点采购的流程
教学目的及要求	通过本节学习，掌握电子政务中定点采购的原则与操作
教学方法	项目教学法、案例教学法、角色扮演法、模拟教学法
教具、挂图	PPT、兰贝斯政府采购业务管理系统软件、计算机机房
教学重点难点	对政府采购的原则理解、操作过程的熟悉

续表

教学过程（教学内容及环节）	教学措施、手段及方法
一、实训理论知识准备（30 分钟） 1. 对之前布置的预习问题进行提问，了解学生的自学情况。 2. 讲授相关的理论知识，如政府采购的含义、政府采购分类、政府采购的程序等。	采用提问的方式检查学生的自学情况，再通过讲授法使学生掌握政府采购的相关理论知识。
二、实训准备阶段（15 分钟） 1. 实训指导教师让学生明确各个实训的目的、要求及操作程序。 2. 指导学生熟悉兰贝斯软件程序。	运用演示法，使学生熟悉软件的操作。
三、开展实训（60 分钟） 1. 分析实训案例，使学生掌握相应的知识和技能要点。 2. 每 5 人分成一个小组，在每个小组中分配角色及任务，各小组独立完成实训内容。 3. 教师巡回监督和指导。	采用模块导向法，将实训内容分成三大模块，以模块为导向进行分析，实现知识的迁移和能力的培养。运用模块任务驱动法和角色扮演法组织学生对各模块内容进行实践操作，从而提高学读横的知识、技能和素质。
四、师生交流（30 分钟） 1. 学生讲评、分组讨论、小组座谈等多种形式，总结实验的过程，收获，以及自身的不足等。 2. 小组自评、小组互评。 3. 教师点评，对整个实训过程进行总评。	通过讲评、自评和互评，使学生发现自我的优势和不足。通过教师点评，加深对知识的理解。
五、实训总评（15 分钟） 1. 学生撰写实训报告。 2. 教师根据学生的实训准备、实训过程、实训报告，以及学生间的自评和互评，给出每个小组和每个学生的最后评价，最终量化成实训成绩。	学生通过撰写实训报告，总结成败得失，达到知识和能力的提升。教师给出学生的最终成绩。
六、课堂练习（30 分钟） 各小组中的成员，转换角色进行相同或类似案例的实训练习，从而使每位学生都具有综合的实训经验。	通过转变角色的实训和相关案例的实训，提高了全班学生的综合实训能力。

本课小结	本次课首先介绍了政府采购的相关理论知识，然后指导学生利用兰贝斯软件进行定点采购的模拟操作，最后评价了实训过程。
课外作业	1. 了解询价采购、招标采购、其他采购的流程； 2. 进一步熟悉政府采购的原则。
课后分析	通过整个实训环节，对模拟实践教学的效果作出评价，使之成为调整教学方案的依据。

案例蕴含的专业能力、方法能力分析：

通过案例实际应用，运用角色扮演的实训，模拟政府定点采购的工程程序设置了三大模块："采购立项"、"定点采购证建立"和"产品签收"不同角色的工作任务，再通过转变角色等方法，培养和提高了学生综合解决问题的能力。

在实行模拟教学时，应尽量采用合作学习的方式。合作是为了竞争，竞争反过来又促进了学生间和小组间的合作，合作与竞争并存，既增强了学生的合作精神，又培养了学生的竞争意识。

教学研讨：

通过介绍中南市公安局需购置一批办公照明设备的案例，你对政府定点采购的原则、意义和程序的理解如何？

5.1.2 模拟教学法应用分析

(1) 模拟教学法应用的条件/场合/媒体。

①模拟教学法的应用条件。运用模拟教学法进行政府定点采购实训内容的教学，对教师的综合素质要求较高，教师不仅有一定的理论知识、实践技能，还应有处理问题的能力、协调组织的能力等。将学生每5人分配一个小组，在小组中进行角色的分配，要求学生认真严肃地融入到工作角色中，体会工作的责任、原则及乐趣等。

组织模拟实训教学，工作量大，从前期准备到组织实施，再到总结交流，教师不仅是设计师，更是具体的操作指导者。因此，加强师资队伍建设，强化教师的职业责任意识也是必需的。

②模拟教学法的应用媒体。定点采购模拟教学是在计算机机房中，通过兰贝斯政府采购业务系统软件实现的。在教学过程中，既有工作岗位的模拟，也有业务操作过程的模拟。教师在前期做知识准备时要利用PPT进行讲解和演示，后期的测评，则由教师将评价表通过网络发给每一位同学或小组，填好后再发回给指导教师，作为最后评分的依据。

因此，需要安装有兰贝斯政府采购业务模拟系统软件的多媒体机房，同时保证机房内安装有广播教学系统，并且支持局域网的功能。

(2) 模拟教学法应用的注意事项和教训。

①模拟教学法应用的注意事项。模拟教学法教学效果是明显的，要使其有效进行，在教学设计时需注意以下原则：

第一，针对性原则。针对性原则要求根据学生所学专业的未来职业与岗位特点展开实训，使学生形成与未来职业及岗位所必需的知识、技能和心理品质。针对性原则不仅体现在教学整体目标上，也体现在模块内容和分解目标的设计上。

第二，反馈互动性原则。整个模拟实训过程应当是在师生之间，特别是在学生之间的交流、互帮互助互补、分享体验中完成的。反馈互动原则要求：教师的教学意图学生能领会，并能在实训中自觉贯彻；模拟实训过程能提升学生释放自己和积极投入的良好情绪；教师不直接在现场作好、坏、对、错的评价，让整个模拟活动的结果来启发学生；学生参与整个模拟实训的体验必须进行交流分享，从而使学生产生深层次的感受，教师引导只是点到为止；尽量使模拟过程接近真实，通过学生的角色扮演，充分体验角色的责任、原则及情感，从而提升职业道德品质。

第三，潜能激发性原则。在模拟实训的模块教学内容设计上，既不能太难也不能太容易。只有具备适中的难度，对学生形成一定的心理考验，才会促使学生挑战自我，在克服困难中体会到发自内心的成就感和自豪感。

第四，开放性原则。一是知识内容的开放性，将书本知识延伸与模拟实训相结合，强调学生的经验和体会；二是人际关系的开放性，强调师生、学生之间的互动交流；三是教学气氛的开放性，整个实训过程既是紧张的，又是活跃、民主、融洽和平等的。

②模拟教学法应用的教训。在中专课堂上实施政府采购的实践教学，仍然存在着若干的问题。主要有：

- 课堂模拟情境的操作，需要占用大量的课堂时间，容易影响教学的课程进度；
- 模拟教学涉及的知识面较广，实操性较强，因此，对教师的理论知识水平、实际操作经验和问题处理能力要求很高；

- 模拟教学给学生充分的自主发挥，这就对教师的课前预见和驾驭课堂教学方面带来了一定的难度；
- 一部分学生基础较差，对知识的领悟和应用能力不强，使得模拟实训进行不顺利，影响了实训中力求真实的效果。

针对以上问题，可以通过以下方式找出解决办法：

- 提供给学生大量的课外阅读内容，自己总结学习心得。教师通过批改作业，从中发现学生欠缺所在，组织学生集体讨论或者课堂讲解。既让学生从中吸收知识、丰富阅历，也通过重点传教增强理解的深度，形成学生金字塔式的知识结构，达到专精与广博的统一。
- 针对目前的师资条件，可通过与行业专家进行合作的方式，院校教师侧重于理论教育，行业专家传授实践经验，从而解决现存的教学需求。
- 教师要根据班级、学校的不同，确定不同的教学策略。尽可能地预测出教学过程中可能出现的情况并预备相应的对策，包括资料的准备、情境的选择、活动方式的确定等。但模拟法在教学中运用时，尽管教师课前已经做了精心准备，课堂中不可预见的问题还是会出现，这就要求教师能随机应变，机智灵活地处理。因此，教师应提高自身驾驭课堂的能力。

（3）模拟教学法的教学效果评价。

①改变了专业学科教学现状，提高了教学质量。长期以来，最具有实践应用性的专业课由于教师自身和客观外界的原因，教学模式一成不变，教学水平停滞不前，教学质量无法提高。因此，作为直接影响教学设施配置和布局的实践教学模式的改革和实施，有力地改变专业学科教学的现状。

②激发了学生学习热情，培养了良好的综合素质。传统的职业教学方法偏重于知识灌输，以教师为中心，缺乏学生的主动探索；以各知识点的单项讲授为主，缺乏对知识的综合运用；理论与实践脱钩，内容空洞呆板，学生学习兴趣缺乏。模拟实践教学，将知识运用到实践，将多模块知识串成整体，将想象变成身临其境，这种教学模式因为情景性、趣味性和知识性极大地调动了学生的学习热情。通过模拟实践，学生不仅巩固了理论知识，在较短的时间里掌握了专业技能，提高了动手能力，而且还培养了学生的意志力、想象力、协作能力等。

③模拟实践教学促进了教师自身素质的提升。在以往的教学中，教师只能在教室里通过讲解或几张图片进行教学，教师费力地给学生提供“想象场景”，教学效果不明显。通过模拟实践教学，教师与学生共同参与，“乐在其中”，达到了教师乐教、学生爱学的良性互动。模拟实践教学，是专业教师理论知识、业务能力、教学方法、组织能力及职业道德的综合体现，因此，开展该项实践教学，有力地促进了教师自身素质的全面提升。

④为中职学生学习成绩的评判提供了新的理念和标准。过去对学习成绩的评判往往以期末考试成绩为标准，卷面成绩成为度量学生掌握知识程度的唯一标准。这种方法是有失公正客观的。模拟实践教学，是一种非常直观有效的教学方法。学生理论知识把握的程度、专业技能的熟练程度，直接在他们模拟实践中得到检验。教师可对学生进行多方面评判，评判结果要比过去更真实可靠，更符合客观事实。

5.2 模拟教学法应用二 增值税核算实训

5.2.1 模拟教学法案例

（1）教学对象。财政事务专业二年级一班学生，已经学习财政税收课程一年，学习了财务会计、税法等基本知识，开始学习中小企业涉税实务的内容。本部分教学内容是企业涉税业务会计核算实务中的核算增值税实务部分，是涉税业务会计核算的主要内容。

（2）教学目标。本教学应该完成下列目标：

知识目标：

- 了解税务会计业务处理的流程；
- 掌握应交增值税额的计算方法；
- 掌握增值税的账务处理；
- 掌握相关会计处理的账簿登记。

能力目标：

- 培养自主学习的能力；
- 通过仿真模拟的操作，使学生能够熟练掌握涉税业务会计核算，增强学生专业技能，提高学生实际动手能力。

素质目标：

- 培养学生爱岗敬业的基本职业道德；
- 增强学生依法处理业务的职业意识和习惯，使学生能把涉税业务会计运用于实践，将来能很快适应工作的需要。

（3）教学内容。

任务 核算增值税

应用案例

纳税人名称：东港市光华实业股份有限公司；纳税人类型：股份有限公司（增值税一般纳税人）；法定代表人：刘黎；地址及电话：东港市铁东区长江路18号0418－12345678；开户银行及账号：工商银行东港市铁东区分理处21－1234××××；税务登记号：25535688025××××；主管税务机关：东港市国家税务局直属分局。

企业主要业务：企业主要从事食品、饮料的生产与销售，适用的增值税税率为17%和13%，按月缴纳增值税。3月份发生下列部分涉税业务：

①业务一，见原始凭证 1－1、1－2、1－3。

原始凭证 1－1

全国统一发（票监制章）

广东省增值税专用发票

发　票　联

№

开票日期 2009 年 3 月 3 日

购货单位	名称	光华实业股份有限公司			纳税人登记号	25535688025xxxx
	地址、电话	东港市铁东区长江路18号			开户银行及账号	工行铁东区长江路1分理处21-1234xxxx
货物或应税劳务名称	计量单位	数量	单价	金额（千百十万千百十元角分）	税率（%）	税额（百十万千百十元角分）
玉米	吨	200	1500	30000000	17	3900000
合　计				￥30000000		￥3900000
价税合计（大写）	[illegible]零佰叁拾叁万玖仟零佰零拾零元零角零分				（小写）￥339000.00	
销货单位	名称	田间米业有限公司			纳税人登记号	26634197823xxxx
	地址、电话	南海市五四街10号			开户银行及账号	工行南海市五四街分理处18-4561xxx
备注						

销货单位（章）：　　收款人：武力　　复核人：李林　　开票人：潘美

（印章：田间米业有限公司 增值税发票专用章）

第二联　发票联　购货方记账凭证

原始凭证 1－2

全国统一发（票监制章）

广东省增值税专用发票

抵　扣　联

№

开票日期 2009 年 3 月 3 日

购货单位	名称	光华实业股份有限公司			纳税人登记号	25535688025xxxx
	地址、电话	东港市铁东区长江路18号			开户银行及账号	工行铁东区长江路1分理处21-1234xxxx
货物或应税劳务名称	计量单位	数量	单价	金额（千百十万千百十元角分）	税率（%）	税额（百十万千百十元角分）
玉米	吨	200	1500	30000000	17	3900000
合　计				￥30000000		￥3900000
价税合计（大写）	[illegible]零佰叁拾叁万玖仟零佰零拾零元零角零分				（小写）￥339000.00	
销货单位	名称	田间米业有限公司			纳税人登记号	26634197823xxxx
	地址、电话	南海市五四街10号			开户银行及账号	工行南海市五四街分理处18-4561xxx
备注						

销货单位（章）：　　收款人：武力　　复核人：李林　　开票人：潘美

（印章：田间米业有限公司 增值税发票专用章）

（印章：东港市国家税务局直属分局 准予（3）抵扣 2009年3月30日）

第一联　抵扣联　购货方扣税凭证

原始凭证 1－3

中国工商银行支票存根
支票号码：
科　　目：
对方科目：
签发日期：××年3月3日
收款人：田间米业有限公司
金额：¥339 000.00
用途：支付购货款
备注：
单位主管：　　　　会计：

②业务二，见原始凭证 2－1、2－2。

原始凭证 2－1

广东省增值税专用发票

发　票　联

（全国统一发票监制章 实习专用）

№

开票日期 2009 年 3 月 8 日

购货单位	名称	云东商场股份有限公司			纳税人登记号	25537888025xxxx	
	地址、电话	东港市甘河区黄河路18号			开户银行及账号	工行甘河区黄河路分理处28-1987xxxx	
货物或应税劳务名称		计量单位	数量	单价	金额（千百十万千百十元角分）	税率（%）	税额（百十万千百十元角分）
酸乳饮料		箱	200	500	10000000	17	1700000
					¥10000000		¥1700000
价税合计（大写）		零仟零佰壹拾壹万柒仟零佰零拾零元零角零分				（小写）¥117000.00	
销货单位	名称	光华实业股份有限公司			纳税人登记号	25535688025xxxx	
	地址、电话	东港市铁东区长江路18号			开户银行及账号	工行铁东区长江路1分理处21-1234xxxx	
备注							

（光华实业股份有限公司 增值税发票专用章）

第三联 发票联 销货方记账凭证

销货单位（章）：　　　　收款人：李玉琴　　复核人：张帆　　开票人：刘爽

原始凭证 2－2

中国工商银行进账单（回单）　1

××年3月8日

出票人	全称	云东商场股份有限公司	持票人	全称	光华实业股份有限公司
	账号	28－1987xxxx		账号	21－1234xxxx
	开户银行	工行甘河区黄河路分理处		开户银行	工行铁东区长江路1分理处
金额	人民币（大写）	⊗壹拾壹万柒千元整		亿千百十万千百十元角分	¥11700000
票据种类		转账支票			
票据张数		1张		开户银行签章	
单位主管 刘江　会计 林明　复核　记账					

（中国工商银行 东港市甘河区黄河路分理处 收讫）

此联银行盖章后退回持票人

③业务三，见原始凭证3－1。

原始凭证3－1

出 库 单

第98号

科目： ××年3月16日 对方科目：

品　名	数　量	单　位	单位成本	金额（元）	用途或原因
精制面粉	1000	斤	2.00	2000.00	职工福利
合　计				2000.00	

二交会计

仓库负责人：张家名　　保管员：林茹　　领货员：张军

④业务四，见原始凭证4－1、4－2、4－3。

原始凭证4－1

广东省增值税专用发票

发　票　联

全国统一发票监制章 实习专用

No

开票日期××年3月20日

购货单位			
名称	光华实业股份有限公司	纳税人登记号	25535688025xxxx
地址、电话	东港市铁东区长江路18号	开户银行及账号	工行铁东区长江路1分理处21-1234xxxx

货物或应税劳务名称	计量单位	数量	单价	金额：千	百	十	万	千	百	十	元	角	分	税率（%）	税额：百	十	万	千	百	十	元	角	分
灌装机	台	1	50000				5	0	0	0	0	0	0	17				8	5	0	0	0	0
合　计						¥	5	0	0	0	0	0	0				¥	8	5	0	0	0	0

价税合计（大写）	零仟零佰零拾伍万捌仟伍佰零拾零元零角零分	（小写）¥58500.00	
销货单位 名称	富强食品设备有限公司	纳税人登记号	26634197025xxxx
地址、电话	东港市开发区修竹路18号	开户银行及账号	工行开发区修竹路分理处02-1234xxxx
备注			

富强食品设备有限公司 增值税发票专用章

第二联 发票联 购货方记账凭证

销货单位（章）：　　收款人：李琴　　复核人：张路　　开票人：刘平

原始凭证4－2

广东省增值税专用发票

抵　扣　联

全国统一发票监制章 实习专用

No

开票日期××年3月20日

购货单位			
名称	光华实业股份有限公司	纳税人登记号	25535688025xxxx
地址、电话	东港市铁东区长江路18号	开户银行及账号	工行铁东区长江路1分理处21-1234xxxx

货物或应税劳务名称	计量单位	数量	单价	金额：千	百	十	万	千	百	十	元	角	分	税率（%）	税额：百	十	万	千	百	十	元	角	分
灌装机	台	1	50000				5	0	0	0	0	0	0	17				8	5	0	0	0	0
合　计						¥	5	0	0	0	0	0	0				¥	8	5	0	0	0	0

价税合计（大写）	零仟零佰零拾伍万捌仟伍佰零拾零元零角零分	（小写）¥58500.00	
销货单位 名称	富强食品设备有限公司	纳税人登记号	26634197025xxxx
地址、电话	东港市开发区修竹路18号	开户银行及账号	工行开发区修竹路分理处02-1234xxxx
备注			

东港市国家税务局直属分局 准予（3）抵扣 2009年3月30日

富强食品设备有限公司 增值税发票专用章

第一联 抵扣联 购货方记账凭证

销货单位（章）：　　收款人：李琴　　复核人：张路　　开票人：刘平

原始凭证 4－3

中国工商银行支票存根
支票号码：
科　　目：
对方科目：
签发日期：××年3月20日
收款人：富强食品设备公司
金额：¥58500.00
用途：支付购车款
备注：
单位主管：　　　　会计：

⑤业务五，原始凭证5－1、5－2。

原始凭证 5－1（红字发票）　　广东省增值税专用发票

发　票　联

№

开票日期××年3月8日

购货单位				
名称	云东商场股份有限公司	纳税人登记号	2553788802 5xxxx
地址、电话	东港市甘河区黄河路18号	开户银行及账号	工行甘河区黄河路分理处28-1987xxxx

货物或应税劳务名称	计量单位	数量	单价	金额 千	百	十	万	千	百	十	元	角	分	税率（%）	税额 百	十	万	千	百	十	元	角	分
橙汁饮料	箱	20	100					2	0	0	0	0	0	17					3	4	0	0	0
合计							¥	2	0	0	0	0	0					¥	3	4	0	0	0

价税合计（大写）	零仟零佰零拾零万贰仟叁佰肆拾零元零角零分	（小写）¥2340.00	
销货单位 名称	兴华实业股份有限公司	纳税人登记号	255356880 25xxxx
销货单位 地址、电话	东港市铁东区长江路18号	开户银行及账号	工行铁东区长江路1分理处21-1234xxxx
备注			

销货单位（章）：　　收款人：李玉琴　　复核人：张帆　　开票人：刘爽

第三联 发票联 销货方记账凭证

原始凭证 5－2

中国工商银行支票存根
支票号码：
科　　目：
对方科目：
签发日期：××年3月22日
收款人：云东商场有限公司
金额：¥2340.00
用途：支付退货款
备注：
单位主管：　　　　会计：

⑥业务六，计算本月应缴纳增值税。

基于案例的问题：

通过东港市光华实业股份有限公司（增值税一般纳税人）本月发生的六笔经济业务，综合练习增值税的会计核算方法。

（4）模拟教学方法的实施过程。

①知识准备。

教师的知识准备。模拟教学涉及的知识面较广，实操性较强，因此，对教师的理论知识水平、实际操作经验和问题处理能力要求很高。教师除把握教材的知识点外，应具备涉税会计业务的实际操作能力，同时做好教学设计（见表2－5－7）。

表2－5－7　　　　教学设计

“核算流转税实训”教学设计	
授课时间	20××年×月×日　　第×节（共需2课时）
授课班级	财政事务专业××班
教学内容	核算增值税实训
教学目的及要求	通过本节学习，掌握增值税实务操作
教学方法	模拟教学法、案例教学法、角色扮演法
教具准备	实训用增值税发票、支票等原始凭证、记账凭证、明细账簿等
教学重点难点	原始凭证审核、增值税明细账簿登记
教学过程（教学内容及环节）	教学措施、手段及方法
一、实训理论知识准备（10分钟） 1. 对之前布置的预习问题进行提问，了解学生的自学情况。 2. 讲授增值税涉税业务账户设置、账务处理重点及注意事项。 **二、实训准备阶段（10分钟）** 1. 实训指导教师让学生明确需完成的任务及操作程序。 2. 指导学生熟悉岗位职责。 **三、开展实训（70分钟）** 1. 每6人分成一个小组，在每个小组中分配角色及任务，各小组独立完成实训内容。 2. 教师巡回监督和指导。 **四、师生交流（10分钟）** 1. 组内互评的方式总结实验的过程、收获以及自身的不足等； 2. 组间交流，借鉴经验； 3. 教师点评，对整个实训过程进行总评。 **五、实训总评（10分钟）** 1. 学生撰写实训报告； 2. 教师根据学生的实训准备、实训过程、实训报告，以及学生间的自评和互评，给出每个小组和每个学生的最后评价，最终量化成实训成绩。	采用提问的方式检查学生的自学情况。 采用模块导向法，将实训内容分成三大模块，运用任务驱动法和角色扮演法组织学生对各模块内容进行实践操作，从而达到知识的学习和能力的培养目的。 通过讲评、自评和互评，使学生发现自我的优势和不足；通过教师点评，加深对知识的理解。 学生通过撰写实训报告，总结成败得失，达到知识和能力的提升。教师给出学生的最终成绩。
本课小结	本次课首先介绍了增值税涉税业务相关理论知识，然后指导学生利用仿真的场景模拟操作，最后评价了实训过程。
课外作业	1. 熟悉税法中增值税计算的相关规定。 2. 进一步掌握增值税涉税业务的账务处理。
课后分析	通过整个实训环节，对模拟实践教学的效果作出评价，使之成为调整教学方案的依据。

学生的知识准备。

教材知识的预习：

- 增值税一般纳税人会计处理应设置的科目有哪些？核算内容是什么？
- 增值税一般纳税人购进/销售货物应如何进行账务处理？
- 增值税一般纳税人月末应纳税额应如何进行账务处理？
- 增值税明细账如何登记？
- 小规模纳税人购进货物/销售货物应何如进行账务处理？

税法相关内容的复习：

- 增值税一般纳税人销项税额及进项税额的计算；
- 增值税一般纳税人应纳税额的计算；
- 增值税一般纳税人涉及销项税额及进项税额的法律规定；
- 小规模纳税人应纳税额的计算。

②设计仿真模拟程序。

首先，根据本部分知识的特点，采用模拟局部教学和模拟过程教学法。选择增值税一般纳税人涉税业务会计处理程序作为模拟教学内容。

增值税一般纳税人涉税业务会计处理具有典型性，能够综合考察学生对知识的把握，所以选择东港市光华实业股份有限公司增值税涉税业务作为模拟教学的内容。

其次，设定角色及任务。视班级学生的人数，将学生分成几个独立的工作组，每组6～8人。每个组完成相同的工作任务，在组中进行角色的分配，具体分配情况见表2－5－8。

表2－5－8　　角色分配及任务表

岗　位	角　色	人数（人）	职　责
出纳工作岗位	出纳员	1	• 负责办理现金收付和银行结算业务 • 登记现金、银行存款日记账 • 保管库存现金和各种有价证券 • 保管印章、空白收据和空白支票
会计工作岗位	会计员	1～2	• 负责原始凭证的审核及记账凭证的编制 • 相关明细账簿、总账账簿的登记 • 报表的编制
稽核工作岗位	稽核员	1	• 审核会计凭证 • 复合会计账簿、报表

说明：若学生人数较多，可将会计工作岗位细分，分为财产物资核算岗、往来业务核算岗等岗位。因篇幅原因，在此只列示会计员登记的增值税明细账，其他总账及明细账可在实训中应用。

③开展实训，完成任务。

业务一

①业务分析：3月3日，购入玉米200吨，每吨1500元，适用增值税率13%，取得增值税专用发票，其中扣税凭证已通过税务机关认证，货款通过银行转账支付。

②出纳员开出转账支票支付货款，登记银行存款日记账。

③会计员进行账务处理，编制记账凭证（见表2－5－9），登记总账及明细账簿。

④稽核员审核。

表 2 - 5 - 9

付 款 凭 证

贷方科目：银行存款　　××年3月3日　　银付字第8号

摘　要	借方科目		金　额									记账
	总账科目	明细科目	百	十	万	千	百	十	元	角	分	
支付购货款	在途物资	玉米		3	0	0	0	0	0	0	0	√
	应交税费	应交增值税（进项税额）			3	9	0	0	0	0	0	√
附件2张	合　计		¥	3	3	9	0	0	0	0	0	

会计主管　　记账　　出纳　　审核　　制证

业务二

①业务分析：3月8日，销售酸乳饮料200箱，每箱500元，货款已收。

②出纳员收到进账单，登记银行存款明细账。

③会计员进行账务处理，编制记账凭证（见表2-5-10），登记总账及明细账簿。

④稽核员审核。

表 2 - 5 - 10

收 款 凭 证

借方科目：银行存款　　××年3月8日　　银收字第10号

摘　要	借方科目		金　额									记账
	总账科目	明细科目	百	十	万	千	百	十	元	角	分	
销售产品	主营业务收入	酸乳饮料		1	0	0	0	0	0	0	0	√
	应交税费	应交增值税（销项税额）			1	7	0	0	0	0	0	√
附件2张	合　计		¥	1	1	7	0	0	0	0	0	

会计主管　　记账　　出纳　　审核　　制证

业务三

①业务分析：3月16日，将精制面粉1000斤作为福利分给职工，发放给职工，面粉成本每斤2元，卖价2.50元。销项税额 = 2.50 × 1000 × 13% = 325元。

②会计员进行账务处理，编制记账凭证（见表2-5-11），登记总账及明细账簿。

③稽核员审核。

业务四

①业务分析：3月20日，购买罐装设备一台，设备价款5万元，取得增值税专用发票，其中扣税凭证已通过税务机关认证，货款通过银行转账支付。

②出纳员开出转账支票支付货款，登记银行存款日记账。

③会计员进行账务处理，编制记账凭证（见表2-5-12），登记总账及明细账簿。

④稽核员审核。

表 2－5－11

转 账 凭 证

××年 3 月 16 日　　　　转字第 10 号

摘　要	总账科目	明细科目	金额									记账
			百	十	万	千	百	十	元	角	分	
发放职工福利	应付职工薪酬	应付福利费				2	3	2	5	0	0	√
	库存商品	精制面粉				2	0	0	0	0	0	√
	应交税费	应交增值税（销项税额）					3	2	5	0	0	√
附件 1 张	合　计				¥	2	3	2	5	0	0	

会计主管　　记账　　出纳　　审核　　制证

表 2－5－12

付 款 凭 证

贷方科目：银行存款　　××年 3 月 20 日　　银付字第 16 号

摘　要	借方科目		金额									记账
	总账科目	明细科目	百	十	万	千	百	十	元	角	分	
支付设备价款	固定资产	罐装设备			5	0	0	0	0	0	0	√
	应交税费	应交增值税（进项税额）				8	5	0	0	0	0	√
附件 2 张	合　计			¥	5	8	5	0	0	0	0	

会计主管　　记账　　出纳　　审核　　制证

业务五

①业务分析：3 月 22 日，上个月销售橙汁饮料 20 箱因质量问题被退回，开除红字发票，退款通过银行转账支付。

②出纳员开出转账支票支付货款，登记银行存款日记账。

③会计员进行账务处理，编制记账凭证（见表 2－5－13），登记总账及明细账簿。

④稽核员审核。

表 2－5－13

付 款 凭 证

贷方科目：银行存款　　××年 3 月 22 日　　银付字第 18 号

摘　要	借方科目		金额									记账
	总账科目	明细科目	百	十	万	千	百	十	元	角	分	
支付退货款	主营业务收入	橙汁饮料				2	0	0	0	0	0	√
	应交税费	应交增值税（销项税额）					3	4	0	0	0	√
附件 2 张	合　计				¥	2	3	4	0	0	0	

会计主管　　记账　　出纳　　审核　　制证

业务六

①业务分析：3月31日，编制本月应交增值税明细表（见表2－5－14）。

②会计员进行账务处理，编制记账凭证（见表2－5－15），登记总账及明细账簿。

③稽核员审核。

表2－5－14

增值税应纳税额汇总计算表

2009年3月31日

	货物名称	适用税率	计税金额	税　额
销项	乳酸饮料	17%	100000	17000
	精制面粉	13%	2500	325
	销售退回	17%	（红字）2000	（红字）340
小计				16985
进项	玉米	13%	300000	39000
	罐装机	17%	50000	8500
小计				47500
进项税额转出				0
				0
小计				
转出多交增值税				30165

会计主管：　　　　　　　　　　　　　　　　填表人：

表2－5－15

转　账　凭　证

××年3月31日　　　　　　　　　　转字第28号

摘　要	总账科目	明细科目	百	十	万	千	百	十	元	角	分	记账
转出多交增值税	应交税费	未交增值税			3	0	1	6	5	0	0	√
	应交税费	转出多交增值税			3	0	1	6	5	0	0	√
附件1张	合　计			¥	3	0	1	6	5	0	0	

会计主管　　　记账　　　出纳　　　审核　　　制证

增值税明细账见表2－5－16。

④师生交流及评价总结。

- 学生组内互评的方式总结实训的过程，收获，以及自身的不足等；
- 组间交流，借鉴经验；
- 教师点评（见表2－5－17），对整个实训过程进行总评。

表 2－5－16

应交税费——应交增值税明细账

××年 月	日	凭证号 种类	摘要	借方：进项税额（亿千百十万千百十元角分）	借方：已交税金（亿千百十万千百十元角分）	借方：减免税（亿千百十万千百十元角分）	借方：出口抵减内销产品应纳税额（亿千百十万千百十元角分）	借方：转出未交增值税（亿千百十万千百十元角分）	借方：合计（亿千百十万千百十元角分）
3	3		购货	3900000					3900000
3	8		销售产品						
3	16		集体福利						
3	20		购固定资产	850000					850000
3	22		销售退回						
3	31		本月合计						4750000
3	31		转出多交增值税					3061500	

××年 月	日	摘要	贷方：销项税额（亿千百十万千百十元角分）	贷方：出口退税（亿千百十万千百十元角分）	贷方：进项税额转出（亿千百十万千百十元角分）	贷方：转出多交增值税（亿千百十万千百十元角分）	贷方：合计（亿千百十万千百十元角分）	借或贷	余额（亿千百十万千百十元角分）
3	3	购货							
3	8	销售产品	1700000				1700000		
3	16	集体福利	32500				32500		
3	20	购固定资产							
3	22	销售退回	红字 34000				红字 34000		
3	31	本月合计					1698500	借	3061500
3	31	转出多交增值税				3061500		平	0

表 2-5-17　　教师评价表

被评价者（小组）：　　评价时间：　　年　　月　　日

评价内容	评价标准	教师评价				
出纳员任务完成情况	是否规范填制转账支票填制；是否正确使用财务印章；是否正确登记现金明细账及银行存款明细账	优	良	中	及格	不及格
会计员任务完成情况	是否正确应用相应业务的会计科目；是否正确登记总账及明细账	优	良	中	及格	不及格
稽核员任务完成情况	是否认真审核会计凭证；是否认真复核会计账簿	优	良	中	及格	不及格
学生撰写模拟实训报告	文字是否流畅；内容是否客观全面；体会和总结是否深刻具体	优	良	中	及格	不及格
不足与建议		评价汇总（总分）：				

5.2.2　在增值税涉税业务中应用模拟教学法应注意的问题

（1）尽量选用简短的实务案例，使学生能够在短时间内完成任务。增值税业务涉及范围广，内容复杂，课堂模拟教学的操作，需要占用大量课堂时间，容易影响教学的课程进度；采用简短案例，使学生短时间内即完成了任务，取得了成就感，具有学习的积极性，又避免影响教学进度。

（2）教师应具有较强的实务操作能力。而增值税涉税业务模拟教学涉及的知识面较广，实操性较强，因此，教师应对增值税税法规定有准确的把握，增值税明细账的登记是学生在实际操作中的难点，教师应具有实际操作能力，为学生提供指导。

（3）开展模拟实训前，要做好充分的准备。这里包括知识的准备和创设模拟情境的准备。其中，模拟情境的创设既要符合学生的身心特点，让学生有兴趣参与其中，又要落实课堂目标，并使二者有机统一起来，使学生通过情境探究活动，增强知识和技能。

6 其他教学法

本部分结合财政事务专业的具体情况，对头脑风暴教学法、角色扮演法和四阶段教学法三种教学方法进行介绍。

6.1 头脑风暴教学法的应用

头脑风暴法（Brainstorming）又称“集体思考法”或“智力激荡法”，它的特点是让参与者敞开思想，集体讨论，相互启发，引起创造性设想的连锁反应，产生尽可能多的设想，使各种设想在相互碰撞中激起脑海的创造性风暴。最后对提出的设想逐一客观、连续地分析，找出解决问题的“黄金”方案。

头脑风暴教学法是教师引导学生就某一课题自由地发表意见，在发表意见时，教师不对其正确性进行任何评价的方法。它是一种能够在最短时间里，获得最多思想观点的教育方法。在职业教育教学实践中，教师和学生可通过头脑风暴法，讨论和收集解决实际问题的意见和建议（称为“建议集合”）。通过集体讨论，集思广益，促使学生对某一教学课题产生自己的意见，通过同学之间的相互启发引起连锁反应，从而获得大量的构想，经过组合和改进，达到创造性地解决问题的目的。采用头脑风暴教学法时，要求所有的学生都要参与到创造性的思维过程中。学生不需要为自己的观点陈述原因，其他学生也不能立刻对某个学生的观点加以评价和讨论。一般情况下，应鼓励同学提出一些乍看似乎很唐突的想法，而这极有可能引发出智慧的火花，所有意见均放在最后统一进行整理和评判。

头脑风暴教学法按照下面三个教学步骤进行：

第一步：起始阶段。首先，由教师向学生介绍头脑风暴法的含义及运作方法，说明本节课要解决的问题，鼓励学生进行发散性思维和创造性思维，并引导学生进入本节课的论题。

第二步：意见产生阶段。学生即兴表达各自的想法、建议，然后由每个小组选派一名代表就选中的论题进行有理有据的陈述，不足之处由小组其他同学加以补充。在每个小组代表陈述过程中，教师应避免对学生的想法和建议立刻发表评论，也应阻止学生对其他同学的意见立刻发表评论。教师应尽可能地调动学生思考的积极性，鼓励求异、创新。

第三步：总结评价阶段。各小组陈述完各自的观点后，由师生共同总结，分析实施或采纳每一条意见的可能性，并对其进行总结和归纳。经验表明，由头脑风暴产生的建议约有5% ~10%是可行的。当学生人数多于6人时，可把建议集合分成几部分进行分组讨论。

在财政事务专业教学中应用头脑风暴教学法的领域较少。由于财政、税收政策性较强，教材中法规、规范性的内容较多，需要学生通过学习和理解，进一步加深对相关问题的理解，并掌握其中的一些规范。因此，本专业学习内容的教学不适合使用头脑风暴法。适合头脑风暴教学法的教学内容主要是纳税筹划的内容。纳税人的所有涉税行为都是纳税筹划的内容，从内涵上看，它包括企业的筹资活动、投资活动（包括企业重组活动）、经营活动和分配活动等方面的活动；从时间上看，它包括从企业设立到废止清算的整个过程。本部分介绍头脑风暴教学法在税收筹划中的应用。

6.1.1 头脑风暴教学法案例　一家高新技术民营企业创立阶段如何进行纳税筹划

（1）教学对象。财政事务专业二年一班学生已经学习税收课程一年，学习了税法的基本知识，增值税、所得税等内容。本部分教学内容是结合所学过的税收知识帮企业进行合理的纳税筹划。

（2）教学目标。本教学应该完成下列目标：

知识目标：

- 熟悉头脑风暴法及其活动规则，理解头脑风暴法的原理；掌握企业纳税筹划的基本方法和步骤，会进行简单的纳税筹划设计；
- 通过头脑风暴法的应用，运用教材及案例作为基础，提出并解决本教学内容的相关问题。

能力目标：

- 通过典型案例的分析，使学生学会并掌握企业纳税筹划的程序和方法，培养学生分析问题和实际解决问题能力；
- 通过本节课的教学活动，使学生能根据活动规则组织好头脑风暴法活动，能运用头脑风暴法寻求解决问题的方法。

素质目标：

- 积极参与头脑风暴活动，感受头脑风暴法的活动氛围和实效，培养富于想象、敢于表现、勇于创新的个性品质及良好的合作交流态度；
- 形成从事企业税收筹划意识。

（3）教学内容。

应用案例

现有一家高新技术民营企业——华能公司，创立阶段如何进行纳税筹划？请同学们结合所学过的税收专业知识，帮这家在创立之初的高新技术民营企业进行合理合法的纳税筹划。

因提前一周将本题目已布置给学生，现分成5个学习小组，从以下5种方式中任选一种形式进行有理有据的纳税筹划设计，并能举案例加以说明：

第一组：选择企业组织方式的纳税筹划；

第二组：选择企业注册地点的纳税筹划；

第三组：选择企业投资行业的纳税筹划；

第四组：选择企业投资方式的纳税筹划；

第五组：选择企业投资结构的纳税筹划。

案例教学法组织与实施：

第一阶段：起始阶段。

- 第一组选派一名代表进行如下陈述：因本组选择的是企业组织方式的纳税筹划，新办企业可以选择以下几种组织形式：有限公司；合伙企业；个人独资企业。

有限公司：适用企业所得税法，需缴纳企业所得税；个人投资者分回利润时要缴纳个人所得税。有限公司承担有限的法律责任，如果经营风险大，股东结构复杂的公司，适合采用有限公司的组织方式。一般而言，主要依赖资本实力或者劳动力密集的行业比较适合有限公司的形式。

合伙企业与个人独资企业：不适用企业所得税法，企业无需缴纳企业所得税。个人从有限公司分回的红利要缴纳个人所得税。合伙企业或个人独资企业承担连带的法律责任，如果小本经营，风险不大，股权结构单一，家庭或者家族式经营的生意比较适合采用合伙或者独资的形式。

因此，当这家企业做个人投资时，如果资金规模不是太大的话，还是成立合伙企业比较合算。等到经营有一定规模，市场扩大以后再转为有限责任公司。

- 第二组选派一名代表进行如下陈述：因本组选择的是企业注册地点的纳税筹划。新办企业可以从国际和国内两种注册地点进行纳税筹划。

从全球范围来讲，跨国纳税企业可以选择国际避税港、避税国进行公司注册；以一国范围来讲，企业可以选择到相对低税率的地区进行注册。

国际注册地点的筹划：国际上有三种类型的避税地：第一类是没有直接税的纯“避税地”。在这种避税地没有个人所得税和法人所得税，也没有净财富税如遗产税和赠与税，如巴哈马、开曼群岛等。第二类是普通避税港，这一种是对外国经营者给予特别税收优惠，如新加坡、牙买加等。第三类是对经营投资者提供某些税收优惠的国家和地区，如英国、加拿大等。在这些地方设立公司或分公司，利用当地税基窄、税率低的便利条件转移或冲抵企业利润从而可以达到避税效果。

目前，我国个人投资者从有限责任公司分回的利润，是已经征收了企业所得税的税后利润，个人投资者还要为这些已缴纳过所得税的利润再缴纳个人所得税，所以投资者的所得税税负非常高。通过成立海外公司再回国内投资，不但能享受到外企的税收优惠，而且税务机关对从国内公司分回海外公司的利润不再征收所得税，投资者就可以从海外公司拿到自己的分红。

国内注册地点的纳税筹划：在注册地点筹划中，首先是对区域间税收差别待遇的把握。那么我国有哪些地区有税收优惠政策呢？下面几大区域都可以成为注册地点筹划的考察对象：

- 经济特区，包括深圳、珠海、汕头、厦门和海南经济特区。
- 经济技术开发区，包括大连、天津、烟台、青岛、上海、哈尔滨、武汉等。
- 高新技术产业开发区，1991 年以来，国务院先后共批准建立了 53 个国家高新技术产业开发区。
- 保税区。
- 沿海经济开放区，包括长江三角洲、珠江三角洲、辽东半岛等。
- 沿海开放城市。
- 内陆开放城市。
- “老、少、边、穷”地区。
- 旅游度假区。
- 第三组选派一名代表进行如下陈述：因本组选择的是企业投资行业的纳税筹划，现从九个方面进行如下陈述：

对我国比较脆弱而又重要或对未来经济增长贡献比较大的行业，政府就会给予比较优惠的税收政策来支持行业发展。我国现行主要行业税收优惠政策有：

第一，第三产业的税收优惠：对新办的独立核算的从事咨询业（包括科技、法律、会计、审计、税务等咨询业）、信息业、技术服务业的企业或经营单位，自开业之日起，第一年至第二年免征所得税。

第二，对新办的独立核算的从事公用事业、商业、物资业、饮食业、教育文化事业、卫生事业的企业或经营单位，自开业之日起，报主管税务机关批准，可减免所得税一年。

第三，软件、集成电路等高新技术产业：对软件产品、集成电路产品增值税实际税负超过 3% 的实行即征即退。

第四，新办的高新技术企业头两年免征所得税，所得税税率减按 15%。

第五，特殊性行业的税收优惠政策：托儿所、幼儿园、养老院、残疾人福利机构提供的育养服务、婚姻服务、殡葬服务，医院、诊所和其他医疗机构提供的医疗服务，纪念馆、博物馆、文化馆、美术馆、展览馆、书画院、图书馆、文物保护单位举办文化活动的门票收入，宗教场所举办文化、宗教活动的门票收入，免征营业税。

第六，福利生产企业的税收优惠政策：凡安置“四残”（盲、聋、哑和肢体残疾）人员占生产人员总数 35% 以上的，暂免缴纳所得税；凡安置“四残”人员占生产人员总数的比例超过 10% 未达到 35% 的，减半缴纳所得税。

第七，新办的劳动就业服务企业的税收优惠政策：当年安置城镇待业人员超过企业从业人数 60% 的新办城镇劳动就业服务企业，经主管税务机关批准，可免缴所得税三年；免税期满后，当年新安置待业人员占企业原从业人员总数 30% 以上的，经主管税务机关审核批准，可减半缴纳所得税两年。

第八，农林牧渔业：我国税法规定，乡、村的农技推广站、植保站、水管站、林业站、畜牧兽医站、水产站、种子站、农机站、气象站，以及农民专业技术协会、专业合作社，对其提供的技术服务或劳动所取得的收入，以及城镇其他各类事业单位开展技术服务或劳务所取得的收入，暂免缴纳营业税、所得税；农业生产者销售自产农产品免征增值税，农产品、初级加工的农产品按13%的低税率征收增值税。

第九，利用“三废”产品税收优惠政策：企业利用废水、废气、废渣等废弃物为主要原料进行生产的，可在五年内减免所得税。

在设立企业时，应充分利用这些优惠政策，进行纳税筹划，少缴税，多赚钱。

- 第四组选派一名代表进行如下陈述：因本组选择的是企业投资方式的纳税筹划，现从以下四个方面进行纳税筹划。投资方式的税务比较如下：

现金：现金投资对股东和被投资企业双方而言都不涉及税务问题。

货物、设备、运输工具：企业用这些财产对外投资，投资一方要开增值税发票，要缴增值税。例如：投资100万元的产品，就要缴纳17万元的税，实际投资成本就达到117万元。如果被投资企业是增值税一般纳税人，这17万元可以抵扣；如果是从事服务行业，这17万元税就没有办法抵扣。如果是用设备投资，被投资企业是一般纳税人也不能抵扣；如果是运输工具，还要办理过户手续，也需要一笔费用。

房屋：用房屋投资不涉及税项。但在办理房产过户的时候，需要缴纳契税，以及过户的一些费用。

专利技术、商标：如果用无形资产投资，也不涉及税务问题，只涉及到资产的过户问题。

在作投资决定之前，先进行税务分析是非常必要的。

- 第五组选派一名代表进行如下陈述：因本组选择的是从投资结构对这家企业进行纳税筹划。

投资结构对企业税负以及税后利润的影响有机地体现在三个方面因素的变动之中：有效税基综合比例、税率的总体水平和纳税综合成本的高低。这三个方面的变化，必然会对企业最终的税后金额、水平产生直接的影响，因而由投资结构所形成的应税收益来源的构成及其变动是决定企业税务筹划绩效的重要因素。

第二阶段：意见产生阶段。五个小组都陈述完本组的观点后，下面请各个小组再选派一名代表就这5种观点进行综合阐述，你们会如何帮助这家高新技术民营企业在创立阶段进行纳税筹划？

- 第一小组陈述如下：本小组结合这五种方式后，发表以下观点：由于这家高新技术民营企业是创立阶段，我们为它选择的企业组织形式是成立合伙企业，因不用缴纳企业所得税，只需缴纳个人所得税，可减轻企业的税负；注册地点选在大连的高新技术产业开发区，因大连有相对成规模和优势的高新技术企业，并且国家对新办的高新技术企业头两年免征所得税，所得税税率减按15%；投资方式最好是现金占30%、房屋占40%、专利技术占30%，因用现金投资不涉及税收问题，用房屋、专利技术投资只涉及房产过户缴纳契税、过户费用和资产的过户费用。至于投资结构的选择我们倾向于选择B方案。

- 第二小组陈述如下：本小组结合这五种方式后，发表以下观点：由于这家高新技术民营企业是创立阶段，我们为它选择的企业组织形式是成立个人独资企业，因不用缴纳企业所得税，只需缴纳个人所得税，可减轻企业的税负；注册地点选在合肥的高新技术产业开发区，因合肥属于1997年至今国务院批准的十个向APEC成员特别开放的科技工业园区，以促进APEC成员与中国在高新技术产业领域的合作与交流，显示出中国高新区走向世界的决心，并且国家对新办的高新技术企业头两年免征所得税，所得税税率减按15%；投资方式最好是现金占20%、房屋占40%、专利技术占40%，因用现金投资不涉及税收问题，用房屋、专利技术投资只涉及房产过户缴纳契税、过户费用和资产的过户费用。至于投资结构的选择我们倾向于选择B方案。
- 第三小组陈述如下：本小组结合这五种方式后，发表以下观点：由于这家高新技术民营企业是创立阶段，我们为它选择的企业组织形式是成立合伙企业，因不用缴纳企业所得税，只需缴纳个人所得税，可减轻企业的税负；注册地点选在沈阳的高新技术产业开发区，因沈阳高新技术产业开发区相对比北京、上海等高新区而言，有人力资源价格优势、房价优势等便利条件，并且国家对新办的高新技术企业头两年免征所得税，所得税税率减按15%；投资方式最好是现金占20%、房屋占50%、专利技术占30%，因用现金投资不涉及税收问题，用房屋、专利技术投资只涉及房产过户缴纳契税、过户费用和资产的过户费用。至于投资结构的选择我们倾向于选择B方案。
- 第四小组陈述如下：本小组结合这五种方式后，发表以下观点：由于这家高新技术民营企业是创立阶段，我们为它选择的企业组织形式是成立有限公司，有限公司承担有限的法律责任，如果经营风险大，股东结构复杂的业务适合采用有限公司的组织方式。一般而言，主要依赖资本实力或者劳动力密集的行业比较适合有限公司形式。

注册地点选在苏州的高新技术产业开发区，因苏州属于2000年以来，科技部和外经贸部联合认定的为20家“国家高新技术产品出口基地”之一，并且国家对新办的高新技术企业头两年免征所得税，所得税税率减按15%；投资方式最好是现金30%、房屋占30%、专利技术占40%，因用现金投资不涉及税收问题，用房屋、专利技术投资只涉及房产过户缴纳契税、过户费用和资产的过户费用。至于投资结构的选择我们倾向于选择B方案。

- 第五小组陈述如下：本小组结合这五种方式后，发表以下观点：由于这家高新技术民营企业是创立阶段，我们为它选择的企业组织形式是成立有限公司，有限公司承担有限的法律责任，如果经营风险大，股东结构复杂的业务适合采用有限公司的组织方式。一般而言，主要依赖资本实力或者劳动力密集的行业比较适合有限公司形式。

如果这家企业属于软件产业，注册地点选在长沙软件园，因自1995年以来科技部先后认定19个园区为国家“火炬计划软件产业基地”，这些基地已经成为全国软件产业的支柱力量，并且国家对新办的高新技术企业头两年免征所得税，所得税税率减按15%；投资方式最好是现金20%、房屋占30%、专利技术占50%，因用现金投资不涉及税收问题，用房屋、专利技术投资只涉及房产过户缴纳契税、过户费用和资产的过户费用。至于投资结构的选择我们倾向于选择B方案。

第三阶段：总结评价阶段。教师和学生互评：各小组都发表了各自的观点，非常富有特色、各有所长。这说明同学们都积极主动地参与进这个案例中来，运用头脑风暴法进行了创造性思维，效果较好。现将老师的想法与同学们作交流，供大家参考。

我为这家高新技术民营企业在创立阶段进行纳如下税筹划：

- 企业组织形式上的纳税筹划：由于这家高新技术民营企业在创立阶段当这家企业做个人投资时，如果资金规模不是太大的话，还是成立合伙企业比较合算。等到经营有一定规模，市场扩大以后再转为有限责任公司。成立合伙企业无需缴纳企业所得税，只需缴纳个人所得税，这样税负上就无需缴纳25%的企业所得税，税负减轻许多。

- 企业注册地点的纳税筹划：这家高新技术民营企业应先到海外成立一家公司，然后在回来投资，可以节省很多税款！如果这家高新技术民营企业在海外先成立一家公司，就摇身一变成了外资公司，公司在享受外商投资企业优惠的同时，还节约了个人所得税。因为通过成立海外公司再回国内投资，这样建立起来的公司不但能享受到外企的税收优惠，而且税务机关对从国内公司分回海外公司的利润不再征收所得税，投资者就可以从海外公司拿到自己的分红。在国内注册地点选择在重庆高新技术产业开发区，属于享受国家“西部大开发的税收优惠”政策，在2001—2010年期间，减按15%的税率征收企业所得税，享受税收优惠。

- 企业投资行业的纳税筹划：由于这家高新技术民营企业属于高新技术企业，享受国家对新办的高新技术企业头两年免征所得税，所得税税率减按15%的税收优惠政策。同时这家企业可考虑在用工方面可安置一定比例的“四残”人员，享受税收优惠。国家规定凡安置“四残”人员占生产人员总数的比例超过10%未达到35%的，减半缴纳所得税。这家企业可以借鉴。

- 企业投资方式的纳税筹划：由于这家高新技术民营企业属于以专利技术为主导的高新技术民营企业，最好以专利技术占50%、现金占20%、房屋占30%，因用现金投资不涉及税收问题，用房屋、专利技术投资只涉及房产过户缴纳契税、过户费用和资产的过户费用。

- 企业投资结构的纳税筹划：我倾向于选择B方案。

最后请各小组进行打分互评（第五组给第一组打分，第一组给第二组打分，依此类推），将得分填在“小组合作评价表”上。

（4）头脑风暴教学法应用的条件/场合/媒体（计算机教学媒体、工具、设备、文件、手册等）。

①头脑风暴教学法应用的条件和场合。本节课应用头脑风暴教学法的首要条件就是，教师要为学生营造一个自由畅想的氛围和适合本教法的案例问题设计。在课堂上要大量使用激励性的语言，不仅老师对学生，学生相互之间也要使用激励性语言；本节课的教学场合可以选择在教室上或者在多媒体教学实验室上，场地以各小组课桌围成一个个椭圆型最好，取消正常上课时的课桌摆放形式，以利于各小组最具向心力的小组讨论格局。

②头脑风暴教学法应用的计算机教学媒体、工具、设备、文件和手册。本节课采用头脑风暴教学法应用的是计算机教学媒体，主要有带投影仪的全套多媒体设备，用于指导性的案例操作演示，并使用Power Point多媒体工具，对教学的具体内容进行动画等方式的演示。

首先以幻灯片播放形式向学生介绍头脑风暴法，是由美国创造学家 A·F·奥斯本于1939 年首次提出、1953 年正式发表的一种激发性思维的方法；然后介绍头脑风暴法的应用原理及案例，结合本节课的课题要求学生运用此法进行脑力激荡，以碰撞出智慧的火花，找出解决问题的方法；最后各小组要进行互评并填列“小组合作评价表”的方式进行上墙展示。

（5）教学法设计见表 2-6-1。

表 2-6-1

<table>
<tr><td colspan="3">一家高新技术民营企业创立阶段进行纳税筹划课程教学设计（某中等专业学校某老师）
财政事务专业——税收基础中　纳税筹划</td></tr>
<tr><td>授课时间</td><td colspan="2">某年某月某日第 1 周星期三 第 3~4 节</td></tr>
<tr><td>授课班级</td><td colspan="2">某职高财政事务专业二年级</td></tr>
<tr><td>教学内容</td><td colspan="2">税收事物——如何进行企业设立初期的纳税筹划</td></tr>
<tr><td>教学目的及要求</td><td colspan="2">通过本节学习，了解有关纳税筹划的原则与操作</td></tr>
<tr><td>教学方法</td><td colspan="2">头脑风暴教学法、案例教学法、讲授法</td></tr>
<tr><td>教具、挂图</td><td colspan="2">PPT</td></tr>
<tr><td>教学重点
教学难点</td><td colspan="2">企业设立初期纳税筹划的原则、具体操作的规定。
如何帮助企业进行有效的纳税筹划，以不违背国家的税收法规？</td></tr>
<tr><td colspan="2">教学过程（教学内容及环节）</td><td>教学措施、手段及方法</td></tr>
<tr><td colspan="2">一、复习、提问（10 分钟）
1. 上节课所授内容回顾：如何进行纳税筹划？起到的作用？
2. 分析案例说明纳税筹划起到的作用：
案例：将班级学生分成 5 个学习小组，就各组选择的论题进行充分的纳税筹划设计，并举一案例加以有效说明。
二、授新课（60 分钟）
现有一家高新技术民营企业创立阶段如何进行纳税筹划？
案例：（见教学内容）。
分析案例：综合陈述这家高新技术民营企业创立阶段的纳税筹划设计并加以说明。
问：通过该例子，你认为在这项纳税筹划中获得了一个什么启示？
分析：合法合理的纳税筹划对这家高新技术企业非常重要。
引入五种相关的企业纳税筹划形式进行讨论：
1. 各组选派一名代表先分述；
2. 各组再选派一名代表综述；
之后按照头脑风暴教学法三个教学步骤安排教学。</td><td>采用提问方式回顾上节课知识点，再通过案例使学生认识企业进行纳税筹划的基本过程。
案例启发，纳税筹划要遵循哪五种形式？
采用阅读教材的方式先了解教材有关企业纳税筹划的内容，请学生举出一些生活中的案例来体现教材要求，然后老师再抛出新案例引出本节课的教学内容，最后教师予以分析总结案例。
课堂讨论，组织学生通过本节课的案例，谈谈自己的想法及体会。</td></tr>
<tr><td colspan="2">课堂练习（20 分钟）
案例：对照案例进行练习。</td><td></td></tr>
<tr><td>本课小结</td><td colspan="2">本次课通过介绍一家高新技术民营企业创立阶段进行纳税筹划的例子，你从中受到什么启示？纳税筹划的最终意义是什么？今后对我们生活或工作中有什么影响？</td></tr>
<tr><td>课外作业</td><td colspan="2">了解相关企业纳税筹划的实物与案例</td></tr>
<tr><td>课后分析</td><td colspan="2">对上述教学设计的实际授课感受、体会和改进措施</td></tr>
</table>

（6）教学效果评价。教学效果评价的主要内容有：项目引用或设计的合适性、教师指导的有效性、学生操作过程的合理、合规性、学生操作结果的正确性及原因、教学档案的科学、完整性等。评价表如表 2－6－2 所示。

表 2－6－2　　学生小组合作评价表

班级＿＿＿＿＿＿评价小组＿＿＿＿＿＿日期＿＿＿＿＿＿

评分标准	小组名称	得分	得分依据或存在问题
分工协作好，并能充分发挥团队作用（20 分）			
资料组织有条理，内容丰富，并与题目主题相对应（20 分）			
内容具有创新性，能反映小组成员的接待能力与技巧（10 分）			
能够掌握好理论运用的幅度（15 分）			
展示手段多样化，效果良好（10 分）			
演示仪态好、语言简练、气质佳（5 分）			
组织纪律好；遵守课堂纪律，做好笔记（5 分）			
小组评价认真，能为其他小组提出一些建设性的建议（15 分）			
小　计			

案例蕴含的专业能力、方法能力分析：

设计案例包括了纳税筹划的相关内容，从内涵上看，它包括企业的筹资活动、投资活动（包括企业重组活动）、经营活动和分配活动等方面的活动；从时间上看，它包括从企业设立到废止清算的整个过程。通过全方位的设计，让学生全面了解税收筹划的相关知识。

“头脑风暴法”第一条规则就强调自由畅想，不受任何条件限制，我觉得这一点非常重要。其次适当的学生项目操作小组分组（以三到五人设一小组为宜），各组选出一名组长负责本小组选中论题的讨论和调动每个组员都要参与进来，群策群力以碰撞出智慧的火花；这堂课的关键就是组织好活动，让活动真正产生“头脑风暴法”应有的效果。

教学研讨：

本次课通过介绍一家高新技术民营企业创立阶段进行纳税筹划的案例，你从中受到什么启示？纳税筹划的最终意义和作用是什么？

6.1.2　头脑风暴教学法的应用分析

头脑风暴教学法在运用过程中一定要考虑到教学对象、课程特点、应用场合等具体要素和问题。本教学设计中所授课程为财政事务之中的税收基础，纳税筹划是科学性和社会性高度统一的课程，对于情境陈述和描述要求较高，需要开放型的案例和开放型的学习环境。

（1）应用条件、场合和注意事项、教训。本教学法主要适用于企业设立初期阶段的纳税筹划，其他不同阶段的纳税筹划可以参考本项目的做法。注意不同地区、不同级别的企业、不同税种在运用纳税筹划政策上的差别。主要注意事项包括：

①学生分组应注意的事项：

第一，注意组织能力强弱、动手能力强弱的合理搭配。在进行小组划分时，任课教师应事先和班主任进行沟通，了解学生各自的特点和特长，以保证分组的合理性，继而保障项目工作的顺利进行。个别后进生，由于自学能力和自控能力较差，容易产生依赖思想。对此，可充分利用鲇鱼效应——以动带静，让学习好的学生对后进生给予及时的帮助和纠正。再者，男女同学搭配，不但是体力上，而且在思维方式上是很好的搭配。

第二，小组人数以3~5人为宜。若项目涉及知识面较广、难度较大，则要分组合作完成，因为学生各有所长，知识的互补性可以帮助他们解决更多的问题。组成小组后，由学生推选组长、副组长。进行适当的小组分工，让每一个人都明确自己的任务。

②注意教师的作用。

第一，引导作用。学生在完成项目的整个过程中，教师要进行适当的引导。引导主要包括对新知识的讲解和对项目具体实施的解释。

新知识的讲解要抓重点，避重复。应该只包括对重点教学内容的讲解，其过程应该精练，最好是通过简单的例子用实际操作的方法进行，这样学生才更容易理解、接受，也为学生独立完成项目打下良好的基础。

教师要解释清楚项目实施的步骤，相关资料要及时给出。教师除了要告诉学生即将完成的项目是什么，还应该适当地提醒学生先做什么、后做什么。

第二，指导作用。在项目任务确定后。教师指导学生获取资料、制定计划确定理论授课和实践培训的具体操作办法。教师和学生共同确定项目实施计划的提纲，然后由学生利用图书馆内藏书或电子阅览室查找相关资料，从而制订出项目实施计划。教师对学生拟定的计划进行共同讨论修改并最终确定统一标准。

学生在学习过程中如遇到困难，教师应及时给予指导。针对不同层次的学生，教师指导的深度要有所不同。头脑风暴教学法的根本宗旨是让学生自己发现知识、提高技能，因此，教师一定要把握好指导的尺度。

第三，让学生学会反思、学会讨论。反思是不断创造的原动力。只有不断反思，才会扬长避短，才会有新的创造，才会上升到更高层次，获取更多的专业知识和技能。在教学过程中，教师要善于发现中职生在专业学习过程中存在的问题，但不要急于告诉学生答案，要让学生反思自己的专业学习过程，帮助学生找到问题的症结所在，让学生自行解决问题。

讨论是头脑风暴教学法的关键环节之一，讨论穿插于项目活动过程的每一阶段，包括项目活动的设计、小组成员的分工、实地考察的准备和项目成果的分享。讨论可以提高中职生学习的激情，可以辨别正误，可以促进学生专业水平的快速提升。在讨论过程中，教师要注意适时点拨，起到抛砖引玉的作用。

第四，检查评估作用。在项目内容讨论评估时，教师要尊重学生的成果，不要在学生面前评论谁对谁错，项目实施成功与否应看整个过程的进行情况。检查评估要以学生完成项目的情况来评价学生学习效果，更要关注过程，从中发展存在的问题和教训，以利于教学工作的完成。

(2) 目标、内容、媒体、环境、组织。在头脑风暴教学法中，本节课的教学目标是以提高学生的能力目标为主、知识目标和素质目标为辅，激发学生进行一种创造性思维的教学方法。教学内容的选择是就学生学习的途径由以课本为中心转变为以“案例”为中心。好案例可以充分调动学生学习的积极性，所以案例的选取非常关键。必须设计合理的案例难度梯度，案例所涉及的知识和技能在教学大纲所要求的范围以内，内容是学生所比较熟悉的，通过学生主动的探索和学习是有能力完成的。在案例完成过程中，最好能有利于对学生进行情感、态度和价值观的教育，介绍案例内容要讲究艺术性，吸引学生的注意力，激发学生学习的积极性和讨论的热情，特别是结合学生自身亲朋好友纳税的情况，使学生对所确定的案例及其结果有着较强的兴趣。教学媒体以播放幻灯片的形式为主，辅以表格和相关资料；教学环境应为学生营造出宽松和谐的氛围，以利于找出解决问题的方案。组织学生进行分组讨论，让每一个学生都要积极参与进来，集体讨论，相互启发、相互激励、相互弥补知识缺陷，产生尽可能多的设想，使各种设想在相互碰撞中激起脑海的创造性风暴。

案例的确定可由几位任课教师和部分学生共同制定。案例的确定应注意以下事项：

①从已有的教学资源和社会实际状况出发，案例要可行。发掘学生身边的案例，可以让学生自身形成一个比较完整的案例，让学生谈问题、谈感想、谈设想、谈自己亲朋好友的想法和期望。

②最初实施的案例所涉及的内容应是学生较易掌握的，这样学生的信心就会增强，学习积极性就会提高。以后可以逐步提高案例的难度，可促使学生学习和运用新的知识、技能，解决过去从未遇到过的实际问题。

③案例任务必须是非常具体的、可操作的。部分学生家庭有亲朋好友纳税的情况，让学生掌握有关纳税案例是非常具体的，可操作性比较强。

④案例应能激励学生收集有关资料，激发学习自觉性。

6.2 角色扮演教学法的应用

角色扮演是指让学生尝试着承担一个预先设定好的工作任务，并实施完成这项任务，要求学生在规定的表演时间内与其他角色进行协同工作，承担起按时按量完成工作任务的责任。角色扮演教学法是以实践为导向，教师为主导，学生为主体的教学方法，是从职业的实际出发选择具有典型性的事例作为教学的内容，学生在教师的指导下，两个或多个演员进行表演，相互间或者分工合作，或者对立竞争，系统化的角色互换加深和扩展了学生对职业过程的理解。这种教学方法促进了学生的专业能力、行动能力和社会能力的提升。

角色扮演法一般按照下面五个教学步骤进行：

(1) 准备。通常由教师首先确定学习目标，阐明角色扮演类型，即合作式，分配和界定工作岗位和工作内容；其次，教师计划和组织扮演过程，设计工作手段；再次，教师描述扮演情景，检查学生预演，提出改善意见及相关知识，学生则需熟悉整体过程、参演角色、学习目标等。

（2）计划。学生分配角色，了解所承担的角色和角色扮演的目标内容，确定行动过程和目标实现途径。

（3）决策。学生按照需求、任务和质量要求进行具体实施，并进行必要的决策，期间可以进行系统化互换，通过这种方式加深对知识的掌握程度。

（4）评价。首先由各小组派代表汇报项目成果，进行自我评估，之后再由教师和其他学生对项目工作成绩进行检查评分。师生共同讨论、探讨在工作中出现的问题以及需要改进的方面。通过对比师生的评价结果，找出造成评价结果差异的原因。

（5）反馈。教师和学生通过评价进而进行反馈，应用到以后的学习中去，并对于此次活动资料进行归纳存档。

6.2.1 角色扮演教学法案例 失业保险业务

财政是经济大系统中的重要子系统，其本身也是由众多的子系统组成，各个子系统具有各自的运行特点和运行方式。在财政工作实际运行中，各子系统具有相对独立性，因此在教学过程中有许多教学内容比较适合运用角色扮演教学法教学。教师采用角色扮演的教学方法，让学生通过分饰社会保障相关部门工作人员以及失业人员来了解失业保险待遇审核及失业证发放问题。

（1）教学对象。财政事务专业高二年级学生已学习财政与税收课程3个月，学习了财政支出的基本含义和分类，社会保障制度的基本概念、分类和有关规定等内容。开始学习社会保障的具体类别，本部分教学内容是社会保障教学中的社会保险部分之失业保险。

（2）教学目标。本项目应该满足下面的目标：

知识目标：

- 掌握失业保险待遇审核业务的办理流程；
- 了解失业保险待遇审核需准备的材料；
- 掌握失业证领取以及失业金支付业务流程；
- 了解失业证领取以及失业金支付的相关资料。

能力目标：

- 学生能够看懂业务流程，并熟记业务流程；
- 学生能够知道办理业务所需的资料。

素质目标：

- 通过业务训练，提高学生的业务水平；
- 提高学生解决日常生活中出现失业保险问题的能力；
- 穿插职业教育，培养学生的职业道德。

（3）教学内容。

《社会保障》单元七“失业保险业务”。

在前期的教学中，学生已经了解和认识了养老、医疗两大社会保险，因此，对于这一单元学生可以通过前期的知识储备以及自身的专业能力，在老师的帮助下，三人为一小组通过合作来扮演服务人员和领取人员，掌握失业保险业务。

应用案例

在王明的投资咨询公司，有一名员工小李，由于小李工作马虎大意，致使公司遭受了巨额的损失。王明解雇了小李，首先由单位专管人员小张在参保职工小李失业当月的1～15日携带相关材料到社保中心支付部办理失业登记手续。然后失业人员小李本人于失业登记当月20—22日持相关手续到银行领取存折。这样失业人员就可以在自登记下月起，每月20—22日持失业证到商业银行办理验印手续，并于每月25日后到商业银行各网点领取失业金。（本案例以大连市为例）

基于案例的问题：

通过本案例，教师采用角色扮演的教学方法，三名学生为一组分别扮演小张、小李以及社会保障部门服务人员，共同完成失业保险的办理业务。

案例教学组织与实施：

- 准备。

学习目标：了解办理业务所需资料，熟悉业务流程。

角色类型：合作式。

工作岗位、工作内容："小李"：扮演失业人员，领取失业证失业金；"小张"：扮演公司主管人员，查询所需资料和业务流程；社会保障部门服务人员：审核材料，发放失业证。

- 计划。学生分配角色，了解所承担的角色和角色扮演的目标内容，确定行动过程和目标实现途径。知道办事流程（以大连市为例），见图2－6－1。

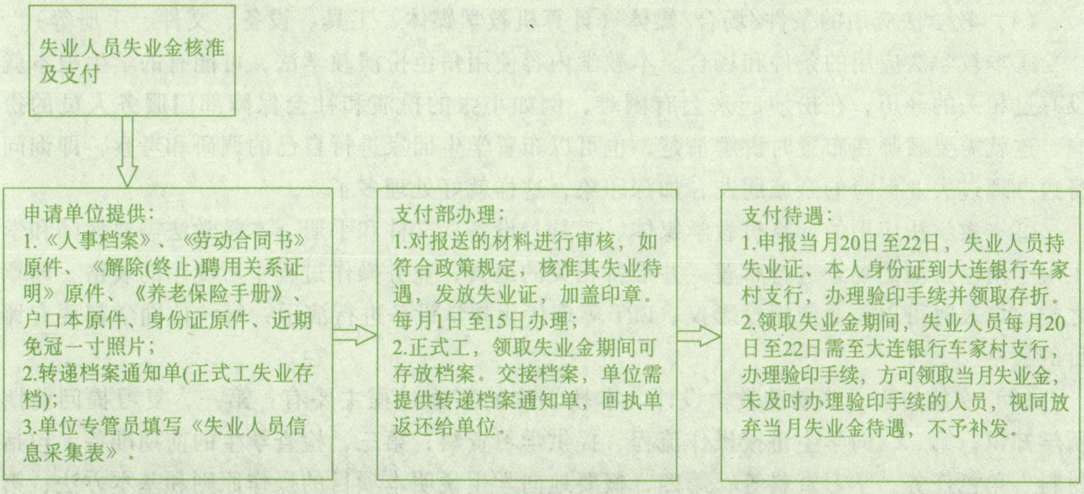

图2－6－1

- 决策。学生按照需求、任务和质量要求进行具体实施，并进行必要的决策，期间可以进行系统化互换，通过这种方式加深对知识的掌握程度。

第一步，由小张携带相关资料（人事档案、劳动合同书、解除（终止）聘用关系证明、养老保险手册、户口本、身份证、近期免冠一寸照片、转递档案通知单）交给社会保障部门服务人员。

第二步，经社会保障部门审核无误，发放失业证。

第三步，由小李领取失业证后，再到相关银行领取失业存折，享受失业待遇。

- 评价。教师给出评价表如表2-6-3所示。

表2-6-3　失业保险待遇审核及发放失业证业务评价表

被评价者：

评价指向：　　评价时间：　年　月　日

训练项目	训练重点	评价标准	小组评价（5分满分）					老师评价				
掌握失业保险待遇审核业务所需资料	资料的认识	能掌握资料类别名称	1	2	3	4	5	1	2	3	4	5
	资料的获取	能知道资料获取的渠道	1	2	3	4	5	1	2	3	4	5
	资料的解读	能正确理解资料的含义	1	2	3	4	5	1	2	3	4	5
独立性完成与纪律性	独立性	能够独立填写申请表	1	2	3	4	5	1	2	3	4	5
	运用能力	能够正确运用资料	1	2	3	4	5	1	2	3	4	5
	组织纪律性	遵守课堂纪律，按时完成任务	1	2	3	4	5	1	2	3	4	5
个人努力方向与建议								评价汇总： 总分：				

- 反馈。教师和学生通过评价进而进行反馈，应用到以后的学习中去，并对于此次活动资料进行归纳存档。

（4）教学法应用的条件/场合/媒体（计算机教学媒体、工具、设备、文件、手册等）。

①本教学法应用的条件和场合。本教学内容使用角色扮演教学法，可能有的学生根本就没有过相关的经历，在扮演起来会有困难，例如小张的扮演和社会保障部门服务人员的扮演，这就需要教师在布置时讲解清楚，也可以布置学生回家进行自己的调研和考察，即询问身边办理过失业保险的亲戚朋友，加深印象，这样就好处理多了。

②本教学法应用的计算机教学媒体、工具、设备、文件和手册。本教学法需要教师和学生对于角色扮演的场景进行布置，并准备相关的道具，业务操作过程中所使用的表格，印章之类，填表时可以需要使用投影仪、PPT等现代化教学设备进行演示，每一位同学都要有评价的表格。

（5）实施过程、步骤和教学设计。本教学法的实施过程主要有：第一，复习提问前期所学知识；第二，向学生讲授操作流程、提供学习资料；第三，检查学生的前期准备，包括材料、角色任务，学习资料等，第四，概要地向学生说明本项目的操作原则和基本方法；第五，由学生操作小组进行具体操作；第六，在学生操作过程中进行个体指导；第七，收集操作结果，进行检查、分析、评价；第八，总结操作结果体现的经验、教训、有待于改进的地方，填写相关的教学档案文件，并进行归档。

教学法设计见表2-6-4。

表 2-6-4　　　　　　　　**教　学　设　计**

<table>
<tr><td colspan="3">财政事务专业失业保险待遇审核以及发放课程教学设计</td></tr>
<tr><td>授课时间</td><td colspan="2">某年某月某日第 1 周星期三　第 1~2 节</td></tr>
<tr><td>授课班级</td><td colspan="2">职高财政事务专业二年级</td></tr>
<tr><td>教学内容</td><td colspan="2">失业保险事务——失业保险待遇审核及发放</td></tr>
<tr><td>教学目的
教学要求</td><td colspan="2">通过本节学习，掌握失业保险待遇审核及发放业务的办理流程、所需资料</td></tr>
<tr><td>教学方法</td><td colspan="2">角色扮演法、讲授法</td></tr>
<tr><td>教具、挂图</td><td colspan="2">PPT</td></tr>
<tr><td>教学重点
教学难点</td><td colspan="2">失业保险待遇审核及发放业务办理流程</td></tr>
<tr><td colspan="2">教学过程（教学内容及环节）</td><td>教学措施、手段及方法</td></tr>
<tr><td colspan="2">一、导入新课
1. 导入案例；
2. 讲解失业问题的严重性，以及失业保险的必要性。
通过这个环节提高学生的学习兴趣，很好地导入新课中。
二、新授
1. 准备
（1）学习目标：学会失业保险待遇审核及发放业务流程；
（2）工作岗位：教师分配学生角色，三人一组；
（3）讲解分析：向学生讲解具体流程；
（4）工作任务：通过合作式角色扮演熟悉和掌握业务办理流程；
（5）预演检查：教师检查学生角色分配、各项材料准备情况。
2. 计划
（1）角色分配；
（2）熟悉业务流程；
（3）进行操作。
3. 执行
（1）小组中 1 人饰工作人员向失业人员讲清办理流程以及所需材料；
（2）小组中 1 人饰失业人员，在听明白工作人员所讲的之后，准备相关资料，领取失业证以及失业金；
（3）依据相关法律法规核实无误，发放失业证。
4. 进行项目评价。教师对于三个步骤的工作给出三个评价标准表，学生教师进行评价。
5. 反馈。师生共同讨论通过本工作任务学习到了什么，可以做到怎么样的运用，并检验是否达到了教学目标。</td><td>教师讲解案例以及失业现状。

进行角色扮演教学法的第一步，教师给出学习目标和工作任务等。

进行项目教学法的第二步和第三步，由学生自己组内研究讨论制订自己的工作计划和决策，教师巡回给予指导和帮助。

进行项目教学法第四步，分组展示项目成果，检验学生的知识掌握程度、协同工作能力和自我控制意识。
进行项目教学法第五步进行反馈。</td></tr>
<tr><td colspan="2">课后作业
就本节课所学内容到社保部门进行实地考察，找出理论与实践的差距并加以完善。</td><td>运用考察教学法，利用课余时间可以带领学生到社会保障相关部门去具体了解。</td></tr>
<tr><td>课后分析</td><td colspan="2">本节课使用角色扮演教学法，充分调动了学生的积极性，锻炼了学生的协同工作能力和自我控制意识。</td></tr>
</table>

（6）教学效果评价。教学效果评价的主要内容有：项目引用或设计的合适性、教师指导的有效性、学生操作过程的合理、合规性、学生操作结果的正确性及原因、教学档案的科学、完整性等。评价表如表2－6－5所示。

表2－6－5　　小组合作评价表

班级__________评价小组__________日期__________

工作内容	评分标准	得分	得分依据或存在问题
前期准备	• 角色分配合理，且有互换角色。 • 工作任务掌握准确，熟悉业务流程（40分）。		
项目实施	• 二人配合默契，展示条理清晰，展示手段多样化，效果良好。 • 能够掌握好理论运用的幅度。 • 演示仪态好、语言简练、气质佳（50分）。		
项目评价	小组评价认真，能为其他小组提出一些建设性的建议。（10分）		
	小　计		

案例蕴含的专业能力、方法能力分析：

参加社会保险是每个公民关注的问题，如何根据不同的角色来了解投保、受理、审核、发放等程序和方法是本课要解决的专业问题。

通过学生分配不同的角色，了解所承担的角色和角色扮演的目标内容，确定行动过程和目标实现途径，完成不同角色的工作任务。

教学研讨：

运用考察教学法，利用课余时间可以带领学生到社会保障相关部门去具体了解，找出理论与实践的差距并加以完善。

6.2.2　角色教学法的应用分析

角色扮演教学法在运用过程中一定要考虑到教学对象、课程特点、应用场合等具体要素和问题。本教学设计中所授课程为财政事务之中的社会保险。财政事务是科学性和社会性高度统一的课程，对于情境陈述和描述要求较高，需要开放型的案例和学习环境。

（1）应用条件、场合和注意事项。本项目主要适用于参加城镇职工基本失业保险的情况，其他保险情况可以参考本项目的做法。注意不同地区在运用基本失业保险政策上的差别。注意事项主要包括：

①学生分角色应注意的事项：在角色扮演教学中，因为只是三个学生为一组，所以要特别注意角色的互换，让学生在有限的时间内扮演不同角色，利于学生对于知识的掌握和学习积极性的调动，在进行小组划分时，任课教师应事先和班主任进行沟通，了解学生各自的特点和特长，以保证分组的合理性，最好是以关系相近学生分在一组，便于表演的放开，继而保障工作的顺利进行。

②注意教师的作用。

第一，教师在描述角色时要形象、简练、贴近生活，学生从来没有接触过的社会角色要回避，并给予一定的表演演示和指导。确定学生了解角色之后，让学生根据自己的性格、兴趣、喜好等选择自己想要扮演的角色，这样在首次角色扮演尝试中会起到事半功倍的效果。但是，教师不要忘记提醒学生趁热打铁进行角色互换，这样既可以换位思考又可以拓展知识和经验，充分理解工作过程中复杂的内在联系、相互依赖性、作用和影响。

第二，在角色扮演前，教师应根据本节课的内容做好前期准备，最重要的是学习材料的准备。在角色扮演教学法中，教师必须是指导者、主持人的角色，教师指导学生通过调研、实验和研究来获取资料、搜集信息、制订计划，学生在完成项目的过程中如遇到困难，教师应及时给予指导。针对不同层次的学生，教师指导的深度要有所不同。

第三，角色扮演教学法，是经验学习与小组工作相结合，所以学生的团队合作能力很重要，每个学生都发挥自己的长处，为小组出力。

讨论是角色扮演教学法的关键环节之一，讨论穿插于角色扮演活动过程的每一阶段，讨论可以提高职校生学习的激情，可以辨别正误，可以促进学生专业水平的快速提升。在讨论过程中，教师要注意适时点拨，起到抛砖引玉的作用。

第四，在讨论评估时，教师要尊重学生的成果，不要在学生面前评论谁对谁错，角色扮演实施的成功与否应看整个过程的进行情况。检查评估要以学生完成项目的情况来评价学生学习效果，更要关注过程，从中发展存在的问题和教训，以利于教学工作的完成。

（2）目标、内容、媒体、环境、组织。在角色扮演教学法中，学生学习的途径由以课本为中心转变为以“角色扮演”为中心。良好的角色扮演可以充分调动学生学习的积极性，所以工作任务的选取非常关键。必须设计合理的表演情景，所涉及的知识和技能在教学大纲所要求的范围以内，内容是学生比较熟悉的，通过学生主动的探索和学习是有能力完成的。在项目完成过程中，最好能有利于对学生进行情感、态度和价值观的教育，分配角色时要讲究艺术性，吸引学生的注意力，激发学生学习的积极性和讨论的热情，让学生对相关内容进行更加深入的了解。

应用角色扮演教学法，应注意以下事项：

①要精心设计剧情、角色，剧情不宜过于简单或者过于复杂，否则会出现学生表演简单化、虚假化、人工化的情况，不利于教学效果以及教学目标的达成。

②最初进行的角色分配，要按照学生的实际情况及喜好去做，而且一定要把学生带入表演情景之中，不可敷衍了事，这样学生的信心就会增强，学习积极性就会提高。然后再进行角色互换，可促使学生学习和运用新的知识、技能，解决过去从未遇到过的实际问题。

③在具体实施前必须进行检查，但是作为第三者要尽量减少对学生扮演的影响，对于学生的刻意模仿性行为给予制止，并作出相应的指导，检查后可以要求学生再进行自我检查，并书面上交。

④角色扮演法应能激励学生搜集有关资料，激发学习自觉性。对于以后生活中出现的失业保险问题可以灵活应对。

6.3 四阶段教学法应用

"四阶段教学法"是兴起于美国岗位培训的教学模式，该方法以"示范—模仿"为核心，由准备、示范、模仿、归纳四个阶段组成。在将其引入到我国职业技术学校、岗位培训机构后，取得了比较明显的成效。本章将结合房产税授课内容，讨论该方法在教学实践中的应用。

最早总结出规范的四阶段教学法的是被后人誉为"科学教育之父"的德国著名教育家赫尔巴特。根据对学生接受知识时不同心理过程的研究，赫尔巴特把教学过程分为"给学生明确地讲授新知识、将新知识与旧知识建立联系、进行概括与总结、将理论知识应用于实际"四个主要阶段。上述四个阶段分别对应于学生接受知识时的四种心理过程，即注意、期待、探究和行动。

教师在课堂上应用四阶段教学法时，可以根据学生对新知识的心理接受过程逐步引导。首先，教师概括性地介绍新知识，让学生专心注意该知识点，并做好学习新知识的准备。其次，教师把与该新知识有关的其他原有知识逐一罗列，使新旧知识结合在一起，但又尚未得出新知识的最后结论，引导学生寻找新旧知识的联系。再次，教师给出新知识的结论，并要求学生对新旧知识的联系进行检查，使新旧观念得到有机结合。最后，通过教师给学生布置相关习题，通过练习巩固新习得的知识。四阶段教学法执行步骤如图 2-6-2 所示。

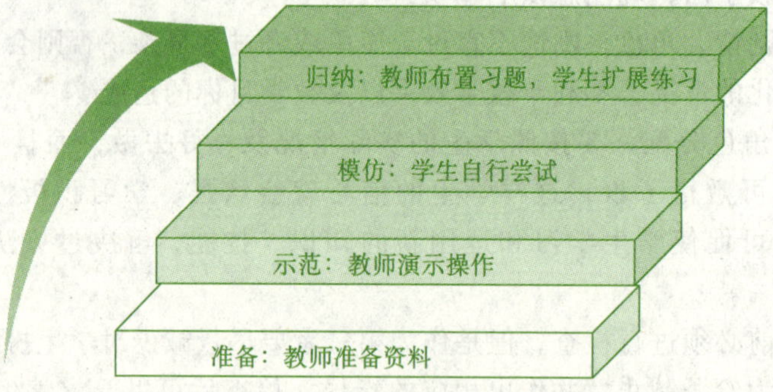

图 2-6-2　四阶段教学法步骤示意图

6.3.1　四阶段教学法案例——房产税自查实务

（1）教学对象。财政事务专业三年级学生。已经学习了一年的财政课程，能够掌握基本财政基础知识，同时了解与财政相关的会计、税法等基础内容，了解我国目前推行的主要税种如增值税等知识，能独立完成相关的会计核算，但是对于纳税实务中一些小税种缺乏概念，分不清特定税种的缴纳范围、税率等税收政策。

（2）教学目标。教学内容细分为以下几项目标：

知识目标：

- 通过本课程学习，能分清房产税的征收范围，可以准确区分房屋自营与出租两种基本形式以及各自适用的纳税征税条款。
- 通过本课程学习，能够分清房产税“从价计征”以及“从租计征”两种基本计量模式，能够针对具体业务选择正确的方法。

能力目标：

- 在理解房产税基本计量的基础之上，能够完成对某具体经济组织的房产税自查任务，并且可以正确填写相关业务的会计分录，对涉及以前年度的纳税差异业务能调整到税法的要求范围内。
- 通过对房产税的学习，能够理解其他小税种的征收、核算方法，并且能够与之前学习的增值税、所得税等主要税种结合起来，完整地掌握我国目前纳税体系的征收管理制度，为今后从事相关纳税实务工作奠定基础。

素质目标：

- 通过本课程学习，培养学生团队合作的意识，树立与他人合作解决学习、工作中所遇困难的良好品格。
- 通过本课程学习，强化学生依法纳税的意识，使学生能够正确对待各类应缴纳的税收支出，为今后从事财税工作做好准备。

（3）教学内容。

1. 阅读本单元引导案例。

2. 阅读教材“房产税征收管理及企业自查实务”部分。

应用案例一

村民李某利用自家宅基地上的房屋开办了一家旅店，对外经营。其居住的村落系镇政府所在地。区地方税务局某税务所向李某征收旅店经营用房的房产税420元。李某对此不服，以农村不应收取房产税、旅店所用房屋系其自有住宅、不属于房产税征收范围为由，先后提起行政复议和诉讼。经一审法院审理判决后，李某不服，提起上诉。中院经查，终审驳回了李某上诉，维持原判，支持了税务机关的征税行为。

基于案例的问题：

根据上述案例，如何解决房产税征收管理及会计自查实务。

教学组织与实施：

①教师准备资料。采用四阶段教学法时，第一阶段主要是教师准备资料。该阶段主要应处理好两方面的问题：一是教师为学生准备恰当的课题资料，二是教师采用恰当的方法引导学生。对第一点而言，考虑到学生接受新知识的心理过程，案例资料的选择、使用应遵循由简入难的原则。即最先提供的资料尽量通俗易懂，在教师讲解过后班级大多数学生都可以接受。以后，教师可以陆续提供一些更加复杂的、真实的资料给学生，体现某一知识点在不同学生之间的区分度。对于第二点，由于本章节集中处理企业纳税实务中的房产税，因此教师应选择某个与企业缴纳自营房产、出租房产税金有关的小案例，并通过某种

易于被学生接受的授课方式，自然过渡到将本节讲授内容中。比如，在授课开始时，教师可以采用提问的方式，通过向学生询问“计提某生产车间房屋、办公用房屋”的会计分录这一问题，引起学生对该知识点的回忆。该会计分录为（板书 / PPT 幻灯片）：

借：制造费用（针对车间用房屋）

　　管理费用（针对办公用房屋）

　　贷：累计折旧

在大多数同学完成对该会计分录的反应后，教师可以自然地提出一个启发性问题：假如企业新购买、租入一栋房屋，在考虑折旧问题之前，是否应该为这一经济业务缴纳某种专项税金呢？如果应该的话，又按照什么标准缴纳呢？接下来，教师为学生提供事先准备好的资料，交由学生思考、讨论。

②教师演示操作。在本环节，教师的主要任务是为学生提供一种解决该类型业务的一般模式。针对房产税纳税实务知识点而言，教师为学生准备的第一个案例资料应该简洁易懂。结合教材本环节的第一份资料，教师的教学重点仅仅在于通过案例告知学生什么业务范畴内的个人、单位应该缴纳房产税，即着重解决纳税主体的问题。通过教师对该资料内容的剖析，学生应该记住“凡是地处城市、县城、建制镇和工矿区的营业用房产，均应缴纳房产税”这一结论。作为新知识的扩展，学生应该熟记本教材使用的四个名词——“城市”、“县城”、“建制镇”和“工矿区”以及一项重要的限制性条件——“营业用”。

③学生自行尝试。本环节的主角应该是接受知识的学生。学生在经过授课之初教学引入和教师本节新内容的授课后，对新知识具备了一定的接受度，可以对教师提出的进一步思考材料进行分析处理。结合上述资料，教师可以尝试提出一下几条新问题，供学生思考讨论：

- 北京市朝阳区某居民赵某 2009 年购买的一套新商品房，是否应该缴纳房产税？
- 内蒙古自治区下辖大兴安岭原始林区内，某个体木材加工厂新建一间仓库，是否应该缴纳房产税？
- 上海市浦东新区某公司自行建造房屋一栋，完工后作为机械加工车间已投入生产使用，但未取得房产证，是否应该缴纳房产税？

【答案提示】

①赵某虽然在北京市朝阳区购房，地处应纳房产税范围，但由于该房屋是居民自行居住用途，因此不必缴纳房产税。

②虽然该个体木材加工厂新建的房屋定位于仓库用途，属于“营业性”范畴之内，但其地处原始林地范围，不满足房产税征收的最低行政组织级别要求，因此不必缴纳房产税。

③该公司自建的房产用于经营，并地处房产税征收范围内，法律规定该房屋自建成之日的次月起计征房产税，不能因为暂时未取得房产证就不缴纳房产税。

（4）教师布置习题，学生扩展练习。在本阶段，教师的主要任务是在完成了新知识基本教学内容的基础上，为学生安排一些其他资料，用于学生的扩展练习。在形式上可以选择课堂案例讨论、课后习题等多样形式。在本环节的案例资料中，教师可以选择一些具有代表性、难度高于授课之初所使用案例的资料，以接近于经济生活实际为原则。

应用案例二

甲企业本年发生以下有关房产税的涉税业务：

①2月10日对刚建成的一个生产车间办理竣工决算，并于当月投入使用，原值400万元。该企业于当月起计算房产税 $=400\times(1-30\%)\times1.2\%\times11/12=3.08$ 万元。3月5日，企业因资金紧张，将这个车间抵押，房屋仍由企业使用。

②5月7日，将原值为100万元的闲置房产出典给某金融机构，获得资金50万元，出典期间房屋空置，甲企业与金融企业都没有缴纳房产税。甲企业进行纳税自查时发现该企业的房产税计算缴纳有误。

【答案提示】

①根据税法规定，纳税人自建的房屋自建成之日的次月起征收房产税。甲企业本年度真实房产税金额为 $400\times(1-30\%)\times1.2\%\times10/12=2.8$ 万元，两相比较，错误方法将导致企业多缴纳房产税0.28（$=3.08-2.8$）万元。

②按照《房产税暂行条例》的规定，产权出典的，由对房屋具有支配权的承典人缴纳房产税。因此，该企业的出典厂房在1~5月份应纳房产税 $100\times(1-30\%)\times1.2\%\times5/12=0.35$ 万元。在6~12月份，应由承典方的金融机构缴纳房产税 $100\times(1-30\%)\times1.2\%\times7/12=0.49$ 万元。因此本例中金融机构没有缴纳房产税是错误的。

另外，甲企业本年共应缴纳房产税为 $2.8+0.35=3.15$ 万元。

本资料的教学重点是房产税的计算。

应用案例三

某企业在对本年度房产税缴纳情况自查时发现，一处职工宿舍用房未申报缴纳房产税，该房产原值100万元，当地税务机关规定房产原值扣除比例为30%。现该企业计算补缴的房产税税款为：$100\times(1-30\%)\times1.2\%=0.84$ 万元。

【答案提示】

计算出应补缴房产税时：

借：管理费用　　8 400

　　贷：银行存款　　8 400

如自查补缴的税款属以前年度，则会计处理为：

借：以前年度损益调整　　8 400

　　贷：银行存款　　8 400

本资料的教学重点是对以前年度会计差错的更正。

(5) 四阶段教学法应用的条件/场合/媒体。

①采用四阶段教学法，在不同阶段教师具有不同的角色安排。在准备资料阶段，教师的行为占主导地位。教师应该在课前做好准备，通过引导环节唤起学生的求知欲，激发学生的兴趣，从而调动学生的学习积极性，为以下各阶段做准备。

在演示操作阶段，课堂的主角仍然是教师。教师应该首先将某个解题过程、操作过程演示一遍，让学生通过观察获得感性认识。当然，大多数学生不可能立即学会，一般只是对其该解题思路或操作流程有了框架性的了解。此后教师可以分步骤或重复示范，加深学生对新知识的理解。

在学生自行尝试阶段，学生的行为处于主导地位。通过教师示范，学生对操作过程有了进一步的理解，这时学生开始模仿教师的操作过程。此时教师应该注意观察学生的独立学习结果，发现共性问题应该暂停进度，教师重复该知识点的示范。

在联系与模仿阶段，教师可以安排一些典型性的习题、案例，由学生或独立、或小组进行练习。最后，教师再对本环节学习内容进行归纳总结，指出重点、难点以及操作过程中需特别注意的问题等。

②教师在为学生提供所需资料的时候，可以利用各种有效展示的形式。对于动手操作要求比较强的课程等，教师可以编写操作工艺说明书，直接下发到学员手中。对于和实际生活联系紧密的课程，教师可以直接通过多媒体，把挑选好的互联网资料现场播放给学生，以提高学生的注意力。

③另外，在鼓励学生自行操作阶段，教师应该掌握不同学生对新知识的接受程度，条件允许时，可以让同学之间互相学习，形成一种互帮互助的学习氛围，既鼓励了接受能力较强学生的积极性，也适当减轻了教师的重复劳动。

(6) 教学法设计见表 2-6-6。

(7) 教学法效果评价。

①运用四阶段教学法时，教师应尽力做到三个结合：辅导与讨论相结合、教师提问与学生质疑相结合、理论与实践相结合。这样做的目的是使学生不但“知其然”，还能“知其所以然”。在教学过程中，把教师“教”的分量向学生“学”的活动倾斜。

②四阶段教学法是一项环环紧扣、步步深入的学习过程。学生接受知识的模式由感性升华为理性，由知识转化为技能，进而达到提高、创新的目的。每经过一个阶段，教师都应该对课堂教学效果和学生掌握知识的程度进行跟踪考核，并及时、准确地收集反馈信息，以便调整教学内容，加强对薄弱环节的改善。

案例蕴含的专业能力、方法能力分析：

通过案例涵盖知识点。比如，“如何界定房产税纳税主体”？房产税的从价征收与从租征收、房产税的减免税规定、企业房产税纳税自查等资料，在内容上由浅入深，多个案例不同角度，将房产税的检查的相关知识点展开。

通过四阶段教学的应用，把握每一个步骤如何设计，在以学生自学为主，教师点评为辅的基础上，培养学生之间互帮互相学习，形成一种互帮互助的学习氛围。

表 2-6-6　　　　课程教学设计表

<table>
<tr><td colspan="2">“房产税纳税实务”课程教学设计</td></tr>
<tr><td>授课时间、班级</td><td>201×年×月×日、第×节（共需4课时）、财税专业××班</td></tr>
<tr><td>教学内容</td><td>房产税会计核算实务及企业税务自查</td></tr>
<tr><td>教学目的及要求</td><td>通过本课学习，掌握房产税纳税实务核算</td></tr>
<tr><td>教学方法、形式</td><td>四阶段教学法、PPT课件</td></tr>
<tr><td>教学重点难点</td><td>房产税税金核算、以前年度纳税事项调整</td></tr>
<tr><td>教学过程（教学内容及环节）</td><td>教学措施、手段及方法</td></tr>
<tr><td>一、教师准备材料（15分钟）
教师首先通过学生比较熟悉的“为企业房屋计提折旧”问题，引导出本环节新知识点：是否应该为自用的、出租的房产缴纳某种税金？可以要求会计基础比较扎实的学生写出该问题的会计分录。</td><td>通过给定的案例资料引出本环节授课内容。</td></tr>
<tr><td>二、教师演示操作（90分钟）
通过引导资料，教师将学生的注意力定位到房产税上。并给出关于应交房产税的纳税主体：单位、个人，并结合教材资料讲解与应交房产税有关的不同行政级别划分。</td><td>讲解新知识，力求简洁、准确，让学生一目了然。</td></tr>
<tr><td>三、学生自行尝试（25分钟）
在大多数学生可以掌握缴纳原则时，教师给出几道与该引导案例有关的扩展问题，要求学生思考讨论。对于教师提出的问题，既可以由学生独立完成，也可以由学生根据兴趣组成小组针对教学案例展开讨论。待学生意见比较集中后，教师给出该扩展问题的解题思路，并要求学生作为不同的实务类型加以识记。允许学生在这一阶段提出不同意见，并尽量通过教师的解释使学生接受正确观点。</td><td>组织、引领学生围绕扩展问题展开学习活动。
教师分析并公布正确答案。</td></tr>
<tr><td>四、教师布置习题，学生扩展练习（30分钟）
教师为学生布置精心选择出来的不同资料、习题，要求学生逐项完成。</td><td>设置的不同资料、习题应该具有典型性，能覆盖本知识点主要方面。</td></tr>
<tr><td>本课小结</td><td>检查学生的学习效果，培养学生对案例资料的理解能力、总结能力。</td></tr>
<tr><td>课外作业</td><td>应结合房产税核算重点环节布置计算练习题。</td></tr>
<tr><td>课后分析</td><td>对上述教学设计的实际授课感受、体会和改进措施。</td></tr>
</table>

教学研讨：

通过搜集身边生活中的一些案例，结合所学的内容，进一步理解和掌握房产税的计税依据、计算方法和检查方法。

6.3.2　四阶段教学法应用分析

（1）在采用四阶段教学法的时候，为了使学生顺利接受新知识，教师在授课之初所准备的引导案例资料显得至关重要。一方面，该案例若与本环节授课知识关联度不高，教师给出资料后可能使学生的思维过于发散，不能迅速进入接受知识的状态；另一方面，假如开篇就给学生提供一份内容、结构都很复杂的资料，很可能打消了学生的积极性，使其产生畏难情绪，放弃学习。另外，在给出恰当的引导材料之后，教师还应该根据本环节知识的内容特点，分别从不同侧面设计案例，通过一系列的资料组合涵盖该知识点。比如，在教材房产税授课内容上，编者首先通过一个“如何界定房产税纳税主体”的相对简单案例开篇，并在其后逐渐引入房产税的从价征收与从租征收、房产税的减免税规定、企业房产税纳税自查等资料，内容上由浅入深，比较符合学生接受知识的心理过程。

（2）四阶段教学法在我国的推广运用已经有一段时间，不同的学校结合本校、本地区实际情况作出一系列具体规定，从根本上为教育教学改革提供了保障。但是，从互联网上搜索到的应用范例来看，某校规定一节课学生自学必须是多少分钟、教师讲解必须是多少分钟，这种要求恐怕有些拘泥于形式。四阶段教学法总体上分四大步骤，但每一个步骤如何处理，是以教师讲解为主、学生自学为辅，还是学生自学为主、教师点评为辅，应该结合具体的授课知识类型、知识难易程度、学生对该知识的了解程度及其自身学习能力等因素区别对待，这也正是我们教师经常援引的一条教学经典原则：“教学有法，但无定法，贵在得法”。

主要参考文献

1. 教育部办公厅、财政部办公厅：《中等职业学校重点专业师资培养培训方案、课程和教材开发项目实施办法》，教职成厅［2007］6号。

2. 重庆市教育局：《重庆市中等职业学校专业教师能力标准》，2005年。

3. 教育部：《财政事务专业教学方案》，2007年。

4. 柳世平："网络环境下大学生自主学习环境创设探析"，《河南教育》，2009年第5期。

5. 周筱、曹晓林："试谈教学环境的优化策略"，《理论探讨》，2005年第10期。

6. 傅涛："教学环境及其在教育教学中的意义和作用刍议"，《甘肃广播电视大学学报》，2006年第9期。

7. 石莉萍、刘纯："教学媒体的涵义、地位及作用刍论"，《学术平台》，2009年第5期。

8. 张莉："慎选教学媒体提高教学实效"，《远教探索》，2009年第3期。

9. 高占兰："让数学课堂活起来——由新数学教材改进谈起"，《资治文摘》，2009年第3期。

10. 周新力："对测量学教材改进的探讨"，《零陵学院学报》，2004年第2期。

11. 梁绍君："数学文化课程教学内容组织探讨"，《重庆文理学院重庆文理学院学报》，2008年第4期。

12. 张红专：《财政与金融基础知识》，高等教育出版社2007年版。

13. 余家凤："浅谈《财政学》教学内容的优化"，《长江大学学报（社会科学版）》，2008年第10期。

14. 刘寒波："财政科学的发展与教学内容的选择"，《湖南财经高等专科学校学报》，2006年第4期。

15. 冷俊峰："对财政学教学若干问题的研究"，《长沙铁道学院学报（社会科学版）》，2007年第12期。

16. 董智勇："浅析财政学教学存在的问题及创新方向"，《教研教改》，2009年第4期（中旬刊）。

17. 李新："浅论案例教学法在财政学教学中的运用"，《中国农业银行武汉培训学校学报》，2005年第1期。

18. 杨龙、王骚：《公共经济学案例分析》，南开大学出版社2007年版。

19. 潘小璐："加强镇区非税收入管理的思考"，地方财政研究网站，2009年11月25日。

20. 李佳鹏、丁文杰："'土地财政'寅吃卯粮难以为继"，《经济参考报》，2008 年 11 月 20 日。

21. 车文军："案例教学法在财政学教学中的应用"，《广西工学院学报》，2007 年第 6 期。

22. 王景新、李玲："苏浙农村资金互助合作社的调查与评价"，《中国经济时报》，2009 年 10 年 13 日。

23. 樊勇、孙玉栋：《资源税、财产税、行为税制度与操作实务》，清华大学出版社 2009 年版。

24. 财政部会计司编写组：《企业会计准则讲解 2008》，人民出版社 2008 年版。

25. 金允坤、聂少林主编：《财政预算管理实务》，辽宁大学出版社 2006 年版。

26. 陈共：《财政学（第四版）》，中国人民大学出版社 2004 年版。

27. 李克桥、王岩："关于高职院校《纳税筹划》教程的设想"，《职业教育研究》，2005 年 12 期。

28. 居秀芳："工资、薪金所得应纳个人所得税的纳税筹划"，《金华职业技术学院学报》，2006 年 2 期。

29. 金人庆："企业所得税法，我国社会主义市场经济走向成熟的重要标志"，《中国财政》，2007 年第 7 期。

30. 史正保：《税法原理与实务》，经济科学出版社 2006 年版。

31. 中国注册会计师协会：《税法》，经济科学出版社 2008 年版。

32. 张雅丽、王静、王荃：《税收筹划》，清华大学出版社、北京交通大学出版社 2008 年版。